Aladar von Wesendonk *Bella Ischia*

Bella Ischia

Spaziergänge auf Ischia – beschrieben und photographiert von Aladar von Wesendonk

mit 38 Farb- und 69 Schwarzweißbildern

BRUCKMANN MÜNCHEN

Für Katharina

Klischees, Satz und Druck: F. Bruckmann KG, Graphische Kunstanstalten, München
Verlagsnummer ISBN 3 7654 1371 2 Printed in Germany

Inhalt

Bambusschilf im Silbermond
Duftberankte Parracine
Meeresglitzern bis zum Horizont
Die Najaden tummeln sich am Strand
Bacchus schnarcht im Traubenbett
Pan spielt bei den Schafen im Gefelse
Satyr jagt verliebte Elfen
Venus flüstert mit Vulkanus
und Apoll schläft bei den Quellen

Letztes Licht in stiller Hütte
Fiebernd pochen junge Herzen
Seufzt ein Atem von befreiter Lust
Sanfte Nachglut heißer Wirren
Ischia im Septemberdunst

Vorwort

Ich hasse diese Insel, die einen betrügt, die sich so übertrieben malerisch gibt, ohne es eigentlich zu sein.
Ein hypnotisches Scheusal, das einen in Bann schlägt, einem alle Lust raubt, sich frei und unbefangen nach anderen Orten zu begeben. Eduard Bargheer

Was heißt Bella Ischia?

Dieses Vorwort ist eine Leserplage, denn Etymologien sind mehr Abschreckung als Einleitung. Ich weiß! Aber wen die Insel Ischia erst einmal aufgenommen hat, der wird bald von dortigen Zusammenhängen zwischen Geschichte, Namensform und Wesen des Ortes berührt und mir recht geben, daß sich im Schicksal dieser Erde und ihrer Menschen durch die Magie der Namen besondere Merkwürdigkeiten auftun, die fürs Vergessenbleiben zu interessant sind. Außerdem ist es eine hilfreiche Voraussetzung des Kennenlernens, Genaueres über ihre vielen deutungsreichen Bezeichnungen zu erfahren.
Da Namen Omen ist, der Name also Herkunft und Bedeutung der Dinge birgt, muß Ischia seiner Bedeutung nach ein Inbegriff der Bella Isola, der schönen Insel, sein. So ist es in der Tat!
Daher hat sich dieser kleine, vom Paradiese abgebröckelte Gebirgsfetzen in einem der blauesten aller Meere mit fast einem Dutzend Namen durch die turbulente Vergangenheit ihrer Gegend hindurchverwandelt. Mit Namen, deren verwirrende, zu Irrtümern verwucherte Legenden den klügsten Wortklaubern allerhand Kopfzerbrechen bringen.
Zuerst hieß es, daß die Böotier, die sich als erste zur Kolonisation jenes waldgrünen Eilands im Tyrrhenischen Meer aufgemacht hatten, es nach einer zwergenhaften Urbevölkerung, den Kerkopen, Affeninseln benannt hätten. Denn so leitete man ab: Pithekoussai, wie sich der erste Ort jener Griechensiedler zweifelsohne bezeichnet, käme von Pithecus, dem Orang-Utan oder Waldmensch, von pithecoid gleich affenähnlich oder Cercopithecus, der langschwänzigen Meerkatze.
Dazu gibt es eine Heraklessage, wonach die schlitzohrigen Kerkopen, die mißratenen Sprößlinge der Titanin Theia, verstohlene Kobolde seien, die Wanderern auflauern. Folglich Straßenräuber, die auch vor dem berühmten Mundschenk des Olymp und tapferen Beistand seines Vaters Zeus im Kampf gegen die Giganten, zu denen auch der sturmstarke Typhoeus, das Stammungeheuer Urischias, zählte, nicht haltgemacht hatten. Diese vagabundierenden Schnapphähne also sollen Herakles gefangen, beraubt, ja, beinahe niedergemacht haben. Was dieser ihnen nachgesehen hätte, doch war Vater Zeus da anderen Sinnes. Besagte Kerkopen dienen seither als lebendige Exempel dafür, daß der Sonnenbeherrscher falsche und diebische Leute nicht unbestraft läßt, denn fortan sind die kleinen Dämonen, in schwatzhafte Affen verwandelt, dazu verdammt, die vulkanischen Inseln zu bewohnen – und Ischias Epomeo-Berge sind ein Kratereiland.
Diodorus Siculus II., der Verfasser einer griechischen Weltgeschichte aus dem ersten vorchristlichen Jahrhundert, hat diese Legende mit dem parthenopeischen Pithekoussai, unserem jetzigen Ischia, verknüpft. Bei dem römischen Dichter Ovid, der 14 n. Chr. in der Verbannung am Schwarzen Meer starb, liest man es in seinen berühmten »Metamorphosen« infolgedessen ähnlich: Cercopitheci waren die Einwohner der Insel Inarime (auch mit diesem Namen ist Ischia gemeint), allein von so betrüglicher Art, daß sie, als sie von Jupiter – so gibt sich Zeus lateinisch – um hohe Belohnung zum Kriegsdienst gegen den Saturnus geworben wurden, wohl

das Gold einstrichen, ohne für den wohlgemeinten Vorschuß das geringste zu tun, und darauf dem Götterregenten noch eine lange Nase machten, worauf freilich der erbitterte Jupiter sie ihrer Gaukelei halber alle miteinander zu Meerkatzen werden ließ.
Daher gilt dieser Name Pithecusae, was für die Ischitaner nicht gerade schmeichelhaft ist, als Spitzname für schlaue, aber übelgesittete Vorteilfänger. Doch tut man den Ischitanern damit unrecht, denn hier liegt eine Verwechslung vor. Mit Kerkopeninseln sind nämlich die Pithusen gemeint, im Lateinischen Insulae Pitysae genannt, und zwar die Ischia ähnlichen Kieferninseln vor der spanischen Küste, zu deren Gruppe Ibiza, Formentera, Espalado, Cunillera und Tagomango gehören.
Der obenerwähnte altgriechische Ausdruck Pithekoussai geht in Wahrheit nämlich von Pithos, den großen Vasen, oder genauer von Pithoi, als dem Ort, wo sich Ton für die Großtöpferei findet, aus. Nichts gibt uns einen eindrücklicheren Hinweis auf die zivilisatorische Bedeutung Ischias in der Antike als dieser Namenszusammenhang, denn Pithoi waren Großamphoren, statische oder halbstatische Tonbehälter für Wein, Öl, Honig, Getreide, geschmolzenes Metall usw., Vorratsgefäße, die ursprünglich im ganzen Mittelmeerraum verbreitet waren und auch als Maßgrundlage für die Schiffstonnage dienten. In Nimrod ausgegrabene mesopotamische Pithoi faßten über 375 Liter, in Anatolien gefundene 240 Liter und die kretischen Pithoi aus den minoischen Kellern auf Knossos zwischen 185 und 222 Litern. Aus dem mykenischen Weinmagazin im Palaste Nestors trug man ganze Batterien von 200-l-Pithoi, während die in den Ölkammern ein Drittel kleiner waren.
Ischia war ein Fabrikationszentrum mit Einrichtungen für so mächtige Terrakottazylinder, Zisternen, Silos, Grabgefäße und Mostfässer, sogenannte doliis, die man für die Fermentation von Wein benutzte und die 70 Amphoren faßten, deren jede eine Kapazität zwischen 14 oder 36 l besaßen. Daran angeschlossen war eine Weidenflechterei für transportgeschützte Korbkrüge. Eine solche Industrie mußte – einmal ganz abgesehen von der Kunst der Vasentöpfer und Maler – von eminenter wirtschaftlicher Bedeutung für den Handel mit flüssigem Gut, den regen Containerverkehr, die militärische Nachschubsicherung und den Exporthandel der Antike gewesen sein.
Der Irrtum entstand wohl durch die Veränderung der griechischen Schreibweise Pithekoussai zum römischen Pythecussae und Pytecusae, was einen Gleichklang mit der Bezeichnung jener von den Römern beherrschten Inselgruppe bei den Balearen ergab.
Mit einer hübschen Geschichte von Apolls Gefilden wäre der Name dieser bukolischen Höhen mit den sumpfigen Quellgründen in sibyllischen Schluchten und dionysischen Hainen auch auf den Begriff Pythicos, apollonisch-delphisch, zurückzuführen.

Inarime

Homer, selbst eine Sagenfigur, die mindestens vier Generationen vor der hellenischen Wanderbewegung und damit vor der Entstehung Großgriechenlands im gesamten Mittelmeerraum gewirkt haben muß, gab zu einer weiteren Verwirrung in dieser Sache Anlaß.
In seiner Ilias ist nämlich von Agamemnons Achäern und der Sammlung ihrer Bundesgenossen mit Troß und Rossen die Rede, wobei es in ihrem Aufmarschlager gegen Troja turbulent gewesen sei wie im Lande Arima, unter dessen heißer Erde das abnorme Ungetüm, der verstoßene Typhoeus, wüte.
Typhoeus ist die bildliche Wiedergabe aller vulkanischen Unruhen, dessen Behausung Homer in die Tiefen des Landes der Arimer verlegt.
Soviel wir bis jetzt wissen, spielt sich Homers Leben im 8. und 9. Jahrhundert, die Geschichte der Ilias aber

schon 1500 bis 1200 v. Chr. in Kleinasien ab, so daß dieses Arima wohl in den von Naturumwälzungen heimgesuchten Gegenden Lydiens, Phrygiens, vielleicht auf einer der Inseln vor der Küste Lydiens im kymeischen Raum zu suchen wäre. Denn auch von dort sind im 8. Jahrhundert Kolonisten nach Ischia ins Tyrrhenische Meer gezogen, die den traditionellen Titanenmythos mitgenommen haben, so daß spätere Dichter wie Hesiod und Pindar den Begriff Arime und die Taifuninsellegende mit Ischia in Verbindung brachten. Legenden und Gerüchte segeln gleich schnell.

Hesiod, dieser erste als Person faßbare Dichter Europas, der im böotischen Askra als Landwirt aufgewachsen war, wußte sicher, daß Homer nicht Ischia gemeint haben konnte. Sein Vater war nämlich um etwa 700 v. Chr. aus dem kleinasiatischen Lydien, genauer aus Kyme in der südlichen Äolis dorthin gezogen. Und just von da aus hatte sich erst hundert Jahre nach Homer die Mission der Neugründer Pithekoussais eingeschifft.

Es ist vielmehr Hesiod, der sowohl den mythischen Begriff des Arimalandes als auch ein gewaltiges allegorisches Wortgemälde von den vulkanischen Tumulten im Kampfe zwischen Typhoeus und Zeus auf die neue Insel überträgt. Aischylos, der etwas jüngere Zeitgenosse Pindars, versetzt die Legende vom Urbild der unbändigen Naturkräfte unter den Ätna auf Sizilien, dessen Hausungeheuer jedoch der Gigant Enkelados sein müßte. Dies tat der geniale Komödienschreiber wohl unter den Eindrücken seiner Aufenthalte am Hofe des Militärmonarchen Hieron von Syrakus, der wie Gelon auch des Preisdichters Pindar Gönner gewesen war. Hieron wiederum hatte das italische Kyme und Pithekoussai aus der Zange zwischen Etruskern und Karthagern gelöst, und als neuer Herr über die Insel erste Befestigungen auf dem Felskegel von Ischia Ponte errichten lassen, das nach ihm benannte Iskion Hiereon.

Pindaros, dessen 72jähriges Leben von 518 bis 476 v. Chr. datiert wird, stammte aus der Nähe Thebens, war also auch Böotier wie die Pithekoussaier. Er sieht im poetischen Kompromiß Typhoeus, den hundertköpfigen Ungeist der zerstörenden Glutwinde, der geschmolzenen Felsen speit und so groß ist, daß er unter den Phlegräischen Feldern hindurch bis zu den Liparischen Inseln reicht.

Es bedurfte also für die römischen Dichter nur noch geringer Retuschen, um das historische Pithekoussai als ein Typhaonion, ein an die Höllenschrecknisse verlorengegangenes Teil aus dem Elysium, erscheinen zu lassen. Vor allem Ovid und Plinius haben sich durch Publius Vergil, den bedeutenden Schöpfer der Aeneis, dessen Grabmal seit 19 v. Chr. am Gegenufer Ischias auf dem Posillipo steht, dazu verleiten lassen, anzunehmen, Homer selbst habe auf die Insel im parthenopeischen Golfe angespielt. Dabei hat Vergil von sich aus neuen literarischen Glanz auf die Namensgeschichte der Typhoeusinsel gelegt, indem er aus dem düsteren Arima das heitere Inarime und Enarime werden ließ.

Dazu häufen sich Geschichten, die auf Ischia auch noch den Meeresgarten der Hesperiden und die Sage des Hephaistos lokalisieren. Ja, für ganz Einfältige wurde selbst Odysseus auf seinen Sturmfahrten mit den Phaiaken dorthin umgeleitet, so daß Fremdenführer, die auf Bildung halten, den Leuten an Hand der Felsen vor der Citarabucht die Geschichte des durch den blaugelockten Poseidon zum Dromedar versteinerten Schiffes aufbinden. Der Irrfahrtenbereich des listenreichen Odysseus lag jedoch, soweit hier überhaupt etwas gewiß ist, an den illyrisch-apulisch-jonischen Küsten. Damit nicht genug, gibt es auch Spekulationen, wonach dieses homerische Arima zu einer phönizischen oder etruskischen Wurzel des Inselnamens führt. Meint man doch heute, besagte Arimer könnten von den chalkedonischen Hügeln Syriens sein, die schon früh in Italien auf den tyrrhenischen Inseln aufgetaucht seien. So gesehen, hätte Ischia lange vor Pithekoussai Arima geheißen.

Wie dem auch sei, fortan hat das wunderliche Eiland poetische Beinamen, die immer wieder aufgegriffen werden – so auch vom abgeklärten Geschichtsschreiber und Philosophen Plutarch, der als gebürtiger Böotier bis 120 n. Chr. lebt und von Aenaria schreibt. Über alle Umtaufen hinweg erhält sich Vergils Begriff als Zuname bis heute, so beispielsweise auch bei Camilleus Eucherius de Quintus, der 1762 eine Beschreibung unter dem Titel »Inarime feu de Balnais Pithecusarum« verfaßte.

Die maßgebenden Geographen und Historiker der Antike aber notieren Pithekoussai, unter ihnen der bis 19 n. Chr. wirkende Grieche Strabo aus Amaseia und Plinius der Ältere, seines Zeichens römischer Flottenkommodore in Miseno, der seinem Forscherdrange beim Vesuvausbruch im Jahre 79 n. Chr. zum Opfer fiel. Er schreibt ebenso wie der Historiker des zweiten nachchristlichen Jahrhunderts, Appianus aus Alexandreia, und sein Stadtgenosse, der Naturgelehrte Claudios Ptolemaios, der bis 178 n. Chr. lebte, von Pithecusa.

Auch amtlich heißt die Insel noch unter Augustus, der sie 29 v. Chr. bei den Neapolitanern für Capri eintauscht, Pitecusae, wie uns die Verträge zeigen. Ja, sogar noch anno 300 n. Chr. lesen wir im lateinischen Reiseführer des Straßenbeschreibers Antonio Itiner von Pitecusae, und selbst Boccaccio, der Renaissancedichter, schwärmte von Pitecusae. Doch bei seinem Zeitgenossen Petrarca heißt es: »Wenn dies Meer sich mit schäumenden Wellen erregt, dann ist das Typhoeus, der unter Inarime stöhnt!«

Aenaria

Zum erstenmal im Jahre 92 n. Chr. findet sich in den Biographien des kaiserlichen Kanzleivorstandes Hadrians bei G. Tranquillus Suetonius aus Rom, der von 75 bis 150 n. Chr. lebte, der Ausdruck Aenaria für unser Ischia. Diesmal jedoch abgeleitet von Ainaios, dem trojanischen Ahnherrn des Augustus. Ainaios, schwarzäugig und rothaarig, soll ein Fehltritt der Aphrodite gewesen sein, dessen Name »der Gelobte« sich von dem Schmerz herleitet, den die Reue der Göttin über ihre Vertraulichkeit mit dem sterblichen Anchises hinterlassen habe. Aeneas war schließlich mit den aus Troja geretteten Stadtgöttern und seiner Heldenflotte nur wenig weiter südlich im Cliento gestrandet, wo er seinen Steuermann Palinuro verlor. Dann mußte er auf dem Kap von Puteoli, Pozzuoli, seinen braven Trompeter Miseno begraben. Dabei hatte er Zuflucht in Pithekoussai genommen und sich in der Höhle der kymeischen Sibylle Rat geholt.

Mit der neuen römischen Bezeichnung Aenaria, gelobtes Land, Insel des Venussohnes, sollte ihre Zugehörigkeit zur römischen Welt dokumentiert, die Verwechslung mit den hispanischen Pithusen vermieden und die Erinnerung an den Abraham Roms auf dem Kaisereiland verewigt werden.

Denkbar ist natürlich auch, daß das wohlklingende Wort Aenaria eine Verdichtung des schönen Begriffes Oinaria, der gute Weinberg, ist.

Ja, um die Verwirrung komplett zu machen, zeigt Georges lateinisches Lexikon an, daß für einige Berichterstatter Pithecusae und Aenaria die zwei benachbarten Inseln Campaniens mit dem Vivarium, dem Tiergarten oder Wildgehege, gemeint sind; also Procida-Vivara und Ischia. Übrigens nicht zu verwechseln mit jenem Vivara und Isca der Sireneninseln aus der Odyssee, die zur Galliklippengruppe im Golf von Salerno gehören.

Bis zum Mittelalter bleibt Aenaria der Hauptname, doch kann er sich nicht endgültig durchsetzen. So hat das verwunschene Vulkan-, Quellen- und Weindorado ihre Mythen und Fabeln für die ganz alten, ihre Legende für den alten und dazu Geschichten für den neuen Namen.

Iscla

Findige Gelehrte wollen herausbekommen haben, daß der Name Ischia die Sprachverschleifung eines altskandinavischen Ausdrucks ist, mit welchem die normannischen Piratenfahrer des frühen 6. Jahrhunderts die Insel Aenaria, wie sie indessen hieß, benannten. Und zwar Fiagi Casta, das nach isländischer Mundart soviel wie

»nach Feigen Lust haben« und im übertragenen Sinne heftige Sehnsucht nach dem Süden bedeutet. Diese Insel mit dem üppigen Feigen- und Opuntienwuchs war eben schon damals ein Wunschziel transalpiner Raubvögel und Träumer.

Vielleicht war die Sache aber noch einfacher, und ein Barbar keltischen Ursprungs hat auf einem der vielen Streifzüge durchs Mittelmeer dieser Insel der hundert Heilquellen die gälische Bezeichnung für Wasser des Lebens, isca, gegeben. Worauf sich erst iscla und letzten Endes Ischia bildete. Ähnlich wie sich in einer anderen Wortwanderung aus der gleichen Vokabel bei den irischen Skoten erst uisque, das Feuerwasser, und nach mehreren Schriften schließlich der Begriff Whisky herauskristallisierte.

Es kann auch sein, daß dieser Name Ischia älter ist, als man bisher annahm. So einmal, wenn man seine Wurzel in dem Nebennamen für Apoll als Heilgott, Isdi, der Schmerzmilderer, sieht. Immerhin war die grüne Heilquelleninsel seit Griechengedenken Apoll geweiht. Oder klingt hier die Tatsache bis in die Renaissance nach, daß für die Pithekoussaier auf dem Castellofelsen von Ponte einst die Iskion, die Festung, entstand?

Anderseits taucht der Name Iscla, sprachliche Vorform von Ischia, zum erstenmal in einem Brief des Jahres 813 von Papst Leo III. an Karl den Großen auf, was sicher eine Ableitung des lateinischen Insula bedeutet, denn schon ein Jahr zuvor wechselten Briefe zwischen Leo III. und dem Patriarchen von Neapel, die sich mit den Verwüstungen der Mauren an der Restituta-Kirche von Lacco Ameno auf der Insula Maior, der großen Insel, befassen.

Begriffe wie Pithekoussai, Inarime, Enarim oder Aenaria schienen keinen geographischen Bezug mehr zu haben. Im Protokoll zum 1128 geschlossenen Pakt von Gaeta wird Ischia wiederum Isola Maior, die Hervorragende, genannt. Wenig später heißt es in einem Rapport über die Einfälle der Pisaner Iscla Maior. Der spätere spanische Einschlag, die Bildung des neapolitanischen Dialekts und die Superlativierung des Wortes Iscla zur »Einzigartigen« hat letzten Endes dem ursprünglichen Pithekoussai, was in seinem Plural übrigens stets den Einschluß der Nebeninseln Prochytes gleich Procida bedeutet, den letztgültigen Namen gegeben.

Wir finden den Ausdruck Ischia endlich auf einer Landkarte des Jahres 1612 mit dem Zusatz: Ischia quae olim Aenaria. Wir aber sollten – Sie werden merken und auch hoffentlich selbst erleben, aus wie vielen Gründen – ihr das treffliche Signum »Bella Ischia« geben!

Orte bedeuten an sich wenig.
Man muß sie sich durch die Reise verdienen!

Der alexandrinische Dichter Kavaphis

Die Insel des Typhoeus

Ganz im Westen über der Höhe des Posillipo erblicken wir in der Ferne einen hellen, sehr schön geformten Berg, den Gipfel der Insel Ischia!

Eckart Peterich

Die Krönung der ganzen Szenerie ist ein hoher Berg, der mitten aus der Insel aufsteigt!

Georg Berkeley

Der Vulkan und das Meer

Die Fahrt zum Felsenkrokodil von Capri ist stets ein klassisches Erlebnis. Mit jeder Bugwelle vorwärts treten die Umrisse eines Ganzen klarer und schärfer auf uns zu. Vom ersten Augenblick an verstehen wir, daß dies ein Ort sein muß, der die Weltgereisten gefangenhält.

Auf dem Schiff nach *Ischia* dagegen wird nur allzuoft die Enttäuschung spürbar, je näher die unscheinbar verwachsene Klippmuschel rückt. Dort aber, wo die Boote von Ischia ablegen, gehören zu Tränen Aufgelöste zum Alltagsbild.

Was zwischen jenem »Ach, der schlichte Berg ist alles?« und diesen Abschiedsschmerzen liegt – das ist Ischia! Capri sollte man gesehen haben; Ischia fordert Rückkehr!

Erst wer mit äußerster Geduld die Widersprüche der fremden und seltsamen Insel enträtselt und sich das ganze Mosaik zusammengesetzt hat, wird einen Begriff ihrer Reize und Schönheiten bekommen. Die sanfte *Isola Verde* versteckt sich vor dem programmierten Hoteltouristen. Es ist eine Mittelmeerinsel mit dem Gepränge subtropischer Vegetation. Da fehlen weder die steifen Agaven, die fleischigen Feigen und prallen Kakteen, weder die traurigen Johannisbrotbäume noch Palmen oder das Gestrüpp dorniger Macchia; Oleanderhecken schwingen tief dunkelgrün im weichen Wind. Der Ginster wildert in den Hängen, die silbrigen Oliven werfen dünne Schatten. Auf allen Mauern rankt und blüht es. Doch wer sieht der vielteilig grünen Berginsel schon von außen an, daß sie eine ganze Skala von Landschaften voller Gegensätze in sich vereint.

Wenn man sich vom Norden nähert, ist sie von dunkelsatten Pinien, Ulmen, Zedern, Eichen, Mandelbäumen und Kastanien gesäumt. Ihr Süden schimmert dagegen mehr im matten Weißgrün der Opuntien, Oliven und Weinblätter. Auf der heißen Seite überwiegen Zitronen, Feigen, Granatäpfel und Kaki. Auf der kühleren Aprikosen, Kirschen, Mispeln, Pfirsiche, Äpfel und Nüsse.

Weißliche Akanthusranken in den Gärten, Brombeergesträuch an den fahlgrünen PARRACINE, Kaskaden zartvioletter Bougainvillea über schwarzem Vulkanstein; Tomatenbündel, Zwiebel- und Knoblauchzöpfe, Maisbüschel, Paprikagirlanden und Melonenketten an den gekalkten Wänden; Geranien auf allen Stufen, das gebläute Altgold herbstlicher Weinstöcke, mannshohe Dolden gelber Fenchelstauden, staubgraue Haine und dennoch ein ständiges Knospenbrechen unter dem weißbetupften Blau des Himmels.

Ach, welches Bild faßt diese Farben, wenn das weiche Grau-Rosa der fliederblassen Frühe allmählich vor das Eisblau der Sorrentiner Berge zieht; wenn das Nachmittagsmeer sein glitzerndes Gelichter um die Küsten legt, voll heiterem Aquamarin- und Saphirblau, hier schillerndes Türkis, dort sanft wie Jade, ein Spiel der Zwischentöne vom fülligen Smaragd bis zum zarten Amethyst.

Wie schwimmende Gärten Arkadiens kommen die sanften Konturen Ischias mit dem Epomeogipfel auf den Ankommenden zu. Davor die Zitroneninsel Procida mit dem beherrschenden Castello del Vasto.

Von den grünen, mit weißen Häusern betupften Hängen kreist der Blick über den Golf von Neapel.

Im Süden der bunten Isola Verde die Chiarito-Bucht mit dem Monte S. Angelo.

Über 34 km lang sind die grünen, felsig zerklüfteten, buchtenreichen, einsamen oder mondän getünchten Küsten, die den vielgestaltigen Inselberg umgürten.

Die Bucht von Montana im Nordwesten ▷

Die Castiglione-Küste im Norden

Citara-Bucht an der Westküste

Punta Imperatore, der Leuchtturmfels ▷

Cava dell'Isola bei Forio

Oben: Cartaromana-Strand im Osten

Vor uns die Brandung, hinter uns der Berg und seine Feldterrassen in allen denkbaren Schattierungen von Grün. Eidechsgefärbter Tuff, dämmergraugrün die Hügelkuppen, patinablasse Kakteen, schwarzgrüner Wacholder, fahles Oliv, silbriggrauer Eukalyptus, lindgelb der Granat, fettgrün die Magnolien und der Oleander, staubgrasig die Myrte, blaugrün die Blätter der Asphodelien, selbst aller Schmutz, das viele Geströse ist noch mit versöhnlichem Schilfgrün oder grauschillernden Flechten bedeckt.
Eduard Bargheer, der Ischia hundertfach gemalt hat, sagt dazu: »Es ist nicht die Stärke des Lichts, sondern dessen Fülle und Wandel zu der ungeahnten, immer weiter sich entfaltenden Mischung von Farben, die den Reiz der Insel ausmacht.« Man muß es erleben, wenn der Abend an Land geht und der große Orangenmond über den nun dunkelblauen *Vesuv* aufgeht, wenn der *Posillipo* und Capri ihre Lichter setzen. Wer nicht das Glück hat, diese Wachablösung des Firmaments auf dem *Epomeo* zu erleben, der kann das auch bei den *Stufe di S. Lorenzo*, an der Straßenbiegung über *Lacco Ameno* nachholen, wo sich einer der wenigen Durchblicke von West nach Ost ergibt, so daß man der verglühenden Sonne hinter *Forio* und dem aufgehenden Mond über *Procida*, hinter *Torre del Greco*, zuschauen kann. Auch der Abgebrühteste wird von solch unwirklichen Lichtspielen berührt. Diese ischitanische Sonne vermag mit ihrer Flut von Wärme und Gold jeden mit undefinierbarer Seligkeit zu durchdringen. Wer im allgemeinen über Mondkitschromantik lächelt, der wird angesichts dieses neapolitanischen Phänomens auch an den entfesselten Eros zu glauben beginnen.
Auf jeder Seite der Insel ein anderes Klima, eine andere Vegetation und vom Strand bis zum knapp 800 m hohen Steinmassiv Schichten und Stufen der verschiedensten Biotope. Es gibt Ebenen voller Reben und Agrumen sowie hoch über den Weinterrassen einen Waldgürtel. Im Norden Lava wie gesplitterter Asphalt; im Westen sandgrüner Töpferton und gelber Pozzulan; im Süden schwefeliger Tuff, braunroter Sandstein und eine Wildnis aus Distelwüsten, Karst und windzerfressenen Abstürzen.
Bis dort reicht das achaische Weinland, das in der Stille seines Bauernalltags dahinsommert. Dazwischen eine verwirrende Unordnung neapolitanischen Krempels. Anders im Nordwesten, wo ein erlesenes Exotarium, ein phantastischer Vulkanpark, zur schattigen Promenade einlädt. Hier kann man in gepflegten Platanen-Alleen oder durch kühle Kastanienwälder über die weich geschwungenen Hügel gehen, in die herrlichen Gärten kultivierter Sommersitze schauen oder vor dem Amphitheater eines stumm gewordenen Kraters stehen und den Legenden im Olivenwind lauschen.
Dazu haben Ischias Küsten Steilklippen mit den interessantesten Verwerfungen, maritime Dörfer in Buchten mit feinen Sand-Lidos, Fels- und Kieselstränden, Ufer voll Bambusschilf, versteckte Grotten und Klüfte in der Brandung. In den Hügelzonen gibt es regengrüne Wiesen wie in Norditalien, in seinem Inneren waldversteckte Berge, sattes Gartenland und dazwischen apenninische Dörfer und Maultierpfade, die zu steilen Wänden über schattendunkle Schluchten und schwindelnde Grade führen.
Nach einer ersten Umschau mit meinen Gedanken allein gelassen, fühlte ich mich wie der Kapitän eines antiken Seglers, der in das Abenteuer der europäischen Kulturgeschichte aufbricht. Es ist etwas Eigenartiges um diese Insel, denn ihre Betrachter werden weniger durch die Gewalt der Panoramen hingerissen als vielmehr von inneren Schwingungen beflügelt, von einer Durchrieselung des Gemüts, von der ich glaube, daß sie von der überall spürbaren Radioaktivität und den vulkanischen Kräften im Inneren des Bodens ausgehen.
Was uns von Minuten zu Minute aufs neue fasziniert, das ist die Abtönung dieses Dreiklangs von wilder Berglandschaft, exotischer Vegetation und südlichen Küsten durch die geradezu sinnliche Beleuchtung des campanischen Himmels. Alexander von Humboldt schreibt in seinem Kosmos: »Himmelsbläue, Wolkengestaltung, Duft, der auf der Ferne ruht, Saftfülle der Kräuter, Glanz des Laubes, Umriß der Berge sind die Elemente, welche den Totaleindruck einer Gegend bestimmen.« So brillant formuliert dies auch ist – auf Ischia bezogen

genügt nicht einmal das. Seine Natur hat noch drei andere Dimensionen, eine mythologische, eine historische und eine ungeheuer erotische. Denn auf Ischia sein, heißt, sich in einem Schwebezustand befinden, der das sensuelle Wahrnehmungsvermögen erhöht.

Die Phantasmen des Lichts über jener plutonischen Unterwelt bilden um uns ein Magnetfeld, das uns in Spannung hält wie an keinem anderen Ort. Mit dem ersten Schritt auf Ischias Boden geschieht wahrhaftig, wovon in Jean Pauls *Titan* steht: »Schon als er die Insel betrat, war ihm, als sei das lästige Gepäck des Lebens in die Wellen gefallen.«

Diese Insel entrückt von Sorgen, oder wie Puschkin schreibt: »Ja, meine Seele erging sich frei, hier ist mein Entzücken!« Erst nachdem uns die Inselstimmungen in einen beseligten Schwebezustand versetzt haben, wird ihr an sich unbeschreibliches Wesen deutlich, teilen sich die Erlebnisse physisch oder psychisch mit. Ugo Ojetti hat das in einem unübertrefflichen Satz zusammengefaßt: »*La felicità é un modo di vedere!*« Glück ist eine Art zu schauen, ist die Begabung zur Einsicht.

Vieles in dieser Landschaft ist so vollkommen, daß, um mit Goethe zu sprechen: »der Darstellung und dem guten Willen, es wiederzugeben, Grenzen gesetzt sind«.

Der Spaziergänger wird von ungeheuren Mächten hin und her geworfen und wird mit jedem Tag, ja mit jeder neuen Einbiegung, zu einem anderen Standpunkt gezwungen. Nichts hört mehr auf, sich zu ändern, die Stimmungen, die Dinge, wir selbst. Rundgänge auf der Insel führen gleichzeitig durch uns hindurch, so daß auch die im eigenen Kreise müde getretenen Sinne neue Aussichten gewinnen. Die in allen Phasen und Formen geradezu wollüstig fruchtbare Natur umschließt uns unversehens. Dazu schwelt im Bodensatz eine heimliche erotische Glut. Nicht nur die Quellen, das Ganze hat dämonische Kräfte.

Ich finde hier vieles wieder, was mir in der mythischen Atmosphäre des felsenüberragten Tales von Delphi begegnet ist. Oben im Kargen tritt auch Schweigsamkeit auf uns zu, wie sie das wundervolle Heiligtum von Segesta umgibt. Aber das ist eben nicht alles. Unsere immer südwärts drängende Phantasie gerät hier in eine verwirrende Wirklichkeit, mit der das Auge allein nicht zurechtkommt. Formen, Farben und Töne, selbst der Geruch sind hier artikulierter, haben Zusammenklänge und Übergänge besonderer Art. Auch die natürlichen wie die künstlichen Formen, die Vielfalt der Musik, der Sprache und des Lärms bringen nie gesehene Mischungen und ungehörte Harmonien.

Nach herb-salziger und öliger Hafenluft mit dem Geschmack von Muscheln, Fisch und Algen fächelt ein neuer blütengewürzter Wind aus den Gärten – der Duft von Jasmin, Zitronen und Gardenien. Weht er vom Berg, dann trägt er uns Pinienfrische oder das Aroma von Basilikum, Lavendel und Rosmarin zu. Auch der Schwefel aus dem Schlund der Erde, der Staub der Straßen, der Knoblauch aus den Küchen, der Dampf erhitzter Mulis mischen sich darein. Doch wirklich wird das Bild erst durch den Klang, durch sein Getöse, den Schlag der Brandung, das Jaulen der Esel, das Gezänk der Weiber, das Tatitata der Autobusse, die Tenöre aus den Radios, das Getrappel der Holzpantoffeln, durch die Muezzine vom Markt, das Klappern der Pferdchen, die Koloraturen aus dem Küchenfenster und das Geschepper der Kirchenglocken, durch die gespenstische Lärmkulisse der Benzinvehikel, das Geplärre der Kinder in allen Gassen und draußen, noch im verwunschensten Winkel, durch das Gekreisch der Vogelkolonien, durch krachende Donnerbüchsen, heulende Schiffssirenen, das Brausen der Motorboote und noch in tiefster Nacht das quälende Gegeige der Insekten oder den Beat aus den Tavernen. Ja, selbst noch die sirenusische Wind- und Mittagsstille über dieser Landschaft hat das beständige Echo jener griechischen Melodie, die von Pans Flöte bis zum schillernd lyrischen Debussy fort klingt.

Die Luft konnte ich nicht recht ertragen, sie war für mich zu sulfurisch, ich war immer wie betrunken...

Die Herzogin Amalie von Württemberg in einem Brief aus Ischia

Übers Wetter

Zu den falschen Vorstellungen, mit denen die meisten hierher reisen, gehört die Illusion vom immerblauen, warmen Meer und vom tagtäglichen Sonnenschein. Es gibt auf Ischia keinen Monat ohne Regen; im August fällt gewiß weniger als im Oktober, insgesamt aber an mindestens 111 Tagen im Jahr. Regen muß nun nicht immer schlechtes Wetter bedeuten, er kann sich im Vorüberziehen entladen. Die »Pluviometrie«, um es »supral« zu sagen, bekundet, daß es um den Wetterturm Epomeo herum mehr regnet als auf den umliegenden Inseln Procida, Capri, Ventotenne usw., auch mehr als über den phlegräischen Feldern und dem Becken Neapels, aber weniger als auf der Sorrentiner Nordseite der lattarischen Kette. Trübe Tage bringen vor allem die Winde aller Richtungen über die Insel. Das kann der *Tramontana* sein, wenn er gewaltige Wolkenfelder über die Bergmassive schiebt. Oder der *Mistral*, der von Frankreich her ein halbes Jahr lang den Himmel klärt und in den übrigen sechs Monaten eintrübt. Sein Gegenspieler ist der *Greco*, der griechische Wind, oder der hochziehende *Levante* aus dem naßkalten Norden. Bis zur Erschöpfung treibt uns der Föhn des Südens, der *Scirocco*, der mitunter sogar den roten Sand der tunesischen Wüsten bringt. Doch noch schlimmer ist der glühende *Libico*, der aus der libyschen Sahara aufbricht und das Mittelmeer auszutrocknen scheint. Nicht zu verwechseln mit ihm ist der eisige Nordwind *Libeccio*, der die Lippen aufreißt. Im krassen Gegensatz dazu steht ferner die fürchterliche *Bora di Trieste*, der Dämon der Nordwinde, deren Ausläufer auch den sanften Golf von Neapel mit Sturmwirbeln nicht verschont.

Die Leute nennen noch den *Vento Marino*, den Seewind, der uns Capri so oft verschleiert, und den *Vento Terreste*, der über der Ebene aufbläst und mit seinen Wolken um den Epomeo tanzt. Ferner den *Vento secco*, den trockenen Wind, den das dürstende Land zu fürchten hat, und die beiden Meereswinde, den wilden *Alta Marea*, der mit Schaumkronen auf hohen Wellen und langer Regenschleppe naht, sowie den *Bassa Marea*, der tief über die See hinstreicht, sie kräuselt, der salzig und feucht in die Häuser dringt.

Doch es gibt in Ischia auch den *Vento di Neve*, der vom kalten Apennin aus die Gipfel mit Schnee überzuckert. Alle vier bis fünf Jahre fällt nämlich nicht nur auf dem Epomeo Schnee. Die zwei qkm des Gipfelzentrums mit Höhen zwischen 500 m und knapp 800 m werden freilich im Durchschnitt dreimal im Jahr, verteilt auf den Januar und die erste Februardekade, stundenweise mit Schnee bedeckt; und bis vor einer Generation übten die Fontanesen die antike Praxis der Griechen, nämlich den Epomeoschnee – 1956 fielen gar 15 cm – in tiefen Kellerstollen der Falanga zu konservieren – teils um das Eis zu verkaufen, teils um den Wein der heißen Sommer zu kühlen.

Der viele Wind, oft scharf und salzig, frißt den Mörtel der Dorffassaden und verbrennt die grünen Nadeln der Strandbäume. Doch wenn er an Sommerabenden ganz sanft übers Land geht, dann betört die besondere Mischung seiner balsamischen Luft alle Gemüter. Selten ist es ganz windstill auf der Insel. Nur unten in den Südbuchten schläft die Hitze nachts in den Mauern. Selbst in den heißesten Mittsommertagen streicht eine Brise die erhitzte Brust. Am meisten spielt der *Vento di Fronta* um die Insel, der sich gegen jede Voraussage von allen Seiten nach allen Fronten dreht. Die höchste je gemessene Windgeschwindigkeit wurde im Januar 1910 mit 72 km/st registriert.

Das Wetter- und Klimagefälle auf Ischia ist größer, als man glauben möchte. Oft liegt PORTO in tiefen Regenwolken, während den Himmel in S. ANGELO kein Wölkchen trübt. Und oft noch im April ist es des Abends in

PANZA feucht-kalt, während man höchst angenehm im Polohemd vor den Hafentavernen des PORTICCULA plaudert. Wie häufig hindert das Epomeomassiv den Wolkendunst, über Forios Ebenen nach CASAMICCIOLA abzusteigen, so daß dort ein klares Licht die Konturen der campanischen Küste zeigt.

Ein Wetterspruch Neapels besagt: Regnet es am 4. April, so folgen vierzig schlechte Tage! Und daß das vorkommt, ja, daß es bis Ende Mai noch Rückfälle in kalte Sturmzeit geben kann, belegt der Vers: »*Il vento di maggio – la vecchia mise il traportura al fuoco.*« »Der dreißigste Mai zwang die Alte, ihren Stuhl ins Feuer zu werfen.«

Wo allerdings süße Trauben und zur Winterszeit faustgroße Zitronen reifen, kann das Klima nicht schlecht sein. Es ist in der Tat versöhnlich milde. Der Januar kühlt selten unter 10° ab, und der August hält ein Mittel von 25°. Der Jahresdurchschnitt schwankt um 17°. Das Klima Ischia Portos, also des Nordens der Insel, ist, im Durchschnitt gemessen, mit San Remo an der Riviera dei Fiori und Cagliari auf Sardinien vergleichbar. S. Angelo und der Süden Ischias aber muß mit den Verhältnissen der Badeorte Cefalu und Milazzo in Nordsizilien sowie Tropea, der Perle an der tyrrhenischen Riviera Calabriens, verglichen werden.

Das 46 qkm große Inseltrapez mit seinem Bergkonus hat 35 km reich gegliederte Küsten, im Süden schroff und steil, im Westen flach und im Nordosten, wie es in einem Prospekt heißt, mit »süß ondulierten« Hügeln. Drei Viertel Ischias liegen über 100 m hoch. Die Bevölkerung drängt sich an den flacheren Küsten, und es gibt, was ihre Wohndichte betrifft, parallel zur Vegetation, von unten nach oben und von außen nach innen abnehmende Tendenzen. Nur 26 qkm sind bewohnt – der Nordosten am dichtesten, der Süden am geringsten. Im wesentlichen unterscheiden sich drei Klimazonen: Etwa 10 qkm bilden den »sizilischen Süden«, 19 qkm den Sardinien gleichen Westen und 9 qkm den der Riviera ähnlichen Nordosten. Der meiste Regen fällt innerhalb eines Ellipsenausschnittes zwischen Casamicciola (900 mm) und Porto (950 mm) mit dem Scheitel über dem Waldgürtel des Epomeogipfels mit 1050 mm. Der geringste Niederschlag fällt auf einem Ring zwischen Forio mit 750 mm, Panza und dem Capo San Pancrazio mit 700 mm. Die intensivsten Regendekaden liegen statistisch zwischen dem 1. und 10. Januar, dem 28. September und 7. Oktober, dann zwischen dem 18. und 27. Oktober, zwischen dem 7. und 16. Dezember sowie dem 20. Februar und dem 1. März. Ziemlich regelmäßige Regengüsse bringen die Nordostwinde *Gergo Marinaro*, *Grecco e Levante* und *Grecco e Tramonto* zwischen dem 11. und 20. Mai sowie der Südsüdost, der *Mezzogiorno*, der Mittagswind, zwischen 18. und 27. September. Dem erfahrenen Inselkenner kündigen die springenden Delphine herannahende Unwetter und ein türkis gefärbter Meereshorizont den Einbruch schlechten Wetters. Versteckt sich Capri in sanften Schleiern aus Dunst, dann klettern die Wetterfrösche. Mit 556 mm Niederschlag ist der 30. September der »pluviometrisch« errechnete regenreichste Tag des Jahres, gefolgt vom 18. November mit 494 mm, dem 24. Oktober mit 400 mm, dem 13. Dezember mit 392 mm, dem 6. Januar mit 370 mm und dem 21. Februar mit 316 mm. Den Trockenhöchststand verzeichnet der August mit nur 16 mm Niederschlag in einunddreißig Tagen. All das zeigt, daß es keine anhaltenden nassen Folgen gibt und daß die 254 reinen Sonnentage den Ausschlag geben. Es ist auf Ischia im Sommer besonders auf seinen schattenwerfenden Höhen frischer als im abgeschirmten Sonnenkessel Neapels. Im Winter ist es jedoch durch die innere Wärme des Vulkanmassives und die bessere Reflektion der hohen Felsen besonders in den Südbuchten zum Teil erheblich milder als in der herrlichen »Capitale«.

Eine der angenehmsten Vergünstigungen des Klimas ist die Tatsache, daß die Kochquelleninsel nach Acireole die wenigsten Nebeltage unter den wichtigen Kurbädern Italiens hat. Die mittlere Luftfeuchtigkeit in Porto gleicht der des oberen Stadtgebietes von Neapel, dem Schloßpark von Capodimonte, mit 67%. Das Minimum liegt im Juli/August bei 62% bis 63%. Der Oktober läßt das Maximum bei 63% erreichen. Doch zeigen auch März, April und Juni relativ hohe Feuchtigkeit.

Maronti und (unten) Citara – zwei Beispiele für dreiunddreißig der einladenden, verborgenen oder weiten Badestrände rund um Ischia.

Gipfel und Wälder, Vulkane und Felsen auf der Hochlandschaft des Epomeo-Gebirges.

Den jähen Abbruch der Saison bringen jedes Jahr die grollenden Septembergewitter. Danach aber kommt die schönste Periode, denn bis weit in den Oktober sind das Meer, das Erdreich und die Gassen von der Sommernachglut durchwärmt. Nur sinken die Tage früher als bei uns.

»Doppo San Martino tutt'il mosto si é fatto vino.«

Wenn »im November nach Martini sich aller Most bereits in Wein verwandelt hat«, dann kommt für Ischia der kleine Sommer mit frisch umbrochener Erde, Kastanien und Kakiernte und einem angenehm wohligen Seidenglanz durchsonnter Stille, selbst noch im Dezember. Dann ist die weiche, jodsalzige Brise schwer vom Duft neuer Orangenblüten und den weißen Sternchen des spanischen Jasmins.
Dazwischen liegen Zeiten mit tosendem Sturm, mit überfluteten Ortschaften, verschütteten Straßen und entwurzelten Bäumen. Im Februar sieht man den einen oder anderen baden, doch noch mitten im Mai kann von einer Stunde zur anderen das Meer sein sanftes Blau in böses Giftgrüngrau verwandeln und eine meterhohe Brandung an die Strände rollen. Im allgemeinen hat es die Frühlingssonne schwer, das unwohnliche Frösteln aus den Häusern zu treiben und die feuchten Nächte zu trocknen. Ischia ist zur Freude und zur Furcht der Leute die wetterwendigste Insel vor dem strömungsbewegten Golf von Neapel, den beständig wechselnden Einflüssen der ganzen Windrose preisgegeben. Es kann sich nicht wie Amalfi oder Monte Carlo in den schützenden Südhang hoher Berge schmiegen, hat aber den Vorteil der luftigeren Sommer. Ein erfahrener Badegast wählt darum für jeden Tag den besten Strand, einmal im warmen MARONTI, der beliebten Bratwanne für Strandnixen, dann in S. FRANCESCO in Forio, an der PUNTO MOLINO in Ischia Porto oder an der CARTAROMANA. Er weicht dem Unrat der Orte und dem *Catrame*, dem verklumpten Ölteer der vielen Dieselschiffe, die Tag und Nacht an allen Seiten Ischias vorüberziehen, aus, denn die verschiedenen Winde treiben dergleichen heute an diesen, morgen an jenen Strand. Nehmen Sie es hin wie einen jener verflixten Tage, die einen nicht mögen, auch wenn sie noch so schön erscheinen.

Es ist, wie wenn die Insel mit ihrer Heilkraft all das Unglück wieder gutmachen wollte, das sie ihren Bewohnern zugefügt hat.

Paul Buchner

Die Höllenmächte

Den Höhepunkt von dreiunddreißig Belvederes, den Touristenpanoramen der ischitanischen Landschaft, bildet der *Monte Epomeo*. Zu den schönsten Orten führen die steinigsten Pfade, so auch vorläufig noch zum Feuerturm des Hl. Nikolaus, über dessen Höhe von 787, 789 oder 792 m Höhe die Gelehrten sich nicht einig zu sein scheinen. Eine bizarre, magische Gestalt aus erbsen-resedagrünem Kratergestein, zerfurcht von der modellierenden Glut der Unterwelt, der Meereskräfte und der Regenstürme. Er ist kein alter Vulkantrichter, sondern ein Zackengipfel, der im Tertiär aus der See gehoben wurde, ein Faltrücken auf flacher Scholle, die mit den Kratern der phlegräischen Felder eine geologische Einheit bildet. Die Insel, den Westriegel des Golfes, trennen nämlich nur die 10 km des kaum 12 m tiefen Kanals von Procida von der Küste. Der Kanal von Ischia ist höchstens 24 m tief, aber im Westen fällt das Meer sehr bald bis auf 1000 m und tiefer ab. Der markante Epomeo dient seit der ersten Besiedlung als golfbeherrschender Aussichtsposten für Brandsignale. An guten Tagen überspannt der Gipfelhorizont eine Fernsicht von Anzio und den Abruzzen über den campanischen Apennin bis ins Cliento bei Palinuro. Selbst die Inseln Zannone und Palmarolo hinter Ponza sind noch auszumachen. Nur seltene Punkte in der Welt bieten dem Schauen und Sinnen solchen Einklang des Vollkommenen. Wer die unfaßbare Großartigkeit dieser Aussicht oben auf dem urigen Kraterfelsen der bukolischen Inselhügel über die Golfe, Landzungen und Inseln erlebt hat, wer einmal dabeigewesen ist, wenn die Morgenröte ihren Lichtervorhang über diesem Naturschauspiel aufzieht, wird nicht daran zweifeln, daß der Name des Berges und die kleine Eremitage von *S. Nicola* auf ein kultisches Leuchtfeuer, auf einen griechischen Poseidontempel der Antike zurückgehen. Mit dieser berauschenden Fülle an Schönem über dem vulkanischen Feuerland, an einem Berührungspunkt von Himmel und Unterwelten, scheint der Urzeiten geheimnisvoller Geist mit uns ins Gespräch zu treten. Man müßte ein Gedankenverzeichnis all derer besitzen, die wie Vergil oder S. Franziskus hier gewesen sind.

Die ganze Campania ist von feuerspeienden Kegeln überzogen, deren stärkster Ausbruch die Tiefen der Meere vor den parthenopeischen Küstenbögen aufbrach. Dabei hat er den Tuffklotz der Epomeo-Insel ausgeschleudert. Beim Aufschieben dieses Staurückens durch die Explosionen der Höllengründe entstanden über fünfzig heute noch auf der Insel erkennbare Kraterzentren. Mancher Trachytblock wurde dabei zwischen Mulden und Abhänge oder vor die Küsten geschleudert und von der Erosion zu den merkwürdigsten Gebilden abgeschliffen. Dadurch wurde Ischia zu einer auch geologisch und mineralogisch hochinteressanten Zone. Diese Eruptionsbausteine der Landschaft geben ihr die besonderen Schattierungen von Grün und Schwarz, die chaotischen Formen und ihre grandiose Fruchtbarkeit. Alle Farbnuancen ihres Gesteins gehen auf vulkanischen Ursprung zurück: sowohl die pech- und braunschwarze Lava des *Monte Arso* bei Fiaiano und am *Monte Vico* über Lacco Ameno als auch der mürbe Ockerlehm des Löß unter dem Weinberggürtel von Forio und Panza; der hellgrau und porphyrrote Trachyt in den schroff gekrümmten Buchten, der dunkelgeflammte weißgraue Piperno an den Bergstraßen, die anthrazitfarbenen Lapilikiesel wie die eisenschwarz bis schwefelgelb und elfenbeinfarbenen Strände, oder das Trümmergestein der oxydfarbigen Pozzulanerde, aus der zum Beispiel der Felsen vor S. Angelo besteht. Aus diesem Naturmaterial, in der Hauptsache aus dem Tuff, dem Trachyt und der Lava, sind die langen Mauersäume der Wege, die PARACCINE und, bevor das Betonieren begann, auch die meisten Häuser gebaut worden.

Nach den arthesischen Gesetzen brechen die schwefeligen Dämpfe des im Inneren noch heißen Magmas vielerorts als FUMAROLEN durch die Gesteins- und Aschenkruste. Wo das vom Außendruck in die Feueradern einsickernde Meerwasser hinzutritt, wird es erhitzt, sättigt sich mit den Mineralien dieser so vielschichtigen Erde und schießt in zum Teil mächtigen, fast kochenden Fontänen an die Oberfläche. Das gleiche geschieht mit den Regengüssen, die durch die porösen Schichten der Berge nach innen dringen und zum Teil als Dampf zurückgestoßen werden. Die jeweiligen Mischungen von Süß- und Meerwasser, das Gemenge von Vulkandämpfen, von radioaktiven Substanzen, von Eisen, Schwefel, Salz oder Jod in den unterirdischen Heilküchen und ihre Filtrierung durch die Gesteinslagen bewirkt die einzigartige Vielfalt der Heil- und Verjüngungskräfte in den Heilquellen, SUDATORIEN, sowie den Wasserdampfsprudel der SOFFIENI, die sogar Heizkraft und Elektrizität erzeugen. Aus dem Abfluß der Quellen wiederum bilden sich die verschluchteten warmen Bäche mit tropisch wildverwachsenen Tobeln, die wie Hölleneingänge ausschauen. Durch diese in Wäldern, Buchten, Feldern und Gärten entspringenden Quellen, Dampf- und Rauchsäulen wohnt der Insel viel von der Stimmung inne, die einem in der schattigen Kurlandschaft in Epidaurus auf der Peloponnes empfängt, wenn man sich dem heiligen Brunnen des Asklepios nähert. Inzwischen hat Ischia die freigebige Natur industrialisiert und ist die bedeutendste der Thermalkurzonen Italiens geworden. Trösten wir uns über den Verlust eines weiteren ursprünglichen Naturlandes mit der Einsicht, daß mit den uns hier an die Hand gegebenen tellurischen Heilkräften viele Schrecken unserer Zivilisation gemildert werden können.

Diese Insel kann man wirklich den Garten der Hesperiden nennen, Du siehst die Aloe, den indischen Feigenbaum und eine Menge bei uns unbekannter Gewächse, die den Schmuck dieses schönsten Landes Europas bilden.

Der französische Landschaftsmaler
Pierre Louis De la Rive

Ischia ist ein Meisterwerk des Golfes von Neapel, Italiens, ja – der Welt... Sie ist meines Herzens Eiland, Oase meiner Jugend und Hoffnung meiner Mannesjahre!

Alphonse de Lamartine, damals Attaché
der französischen Botschaft

Fabula

»Legenden sind unser liebstes Brot«, sagen die Neapolitaner, wohl wissend, daß sich ihre Welt weniger als sonstwo mit dem bloßen Verstand erklären läßt. Das gleiche gilt von der Entstehung dieses »anarchischen Paradieses Ischia«, das seit mindestens drei Jahrtausenden die Menschen fasziniert, erschüttert, vernichtet, heilt und labt.

Welche Mächte haben diesen tückischen Höllenofen mit so hübscher Unschuld verkleidet, den Liebreiz seiner Gefilde mit erotisierenden Strahlen durchfunkelt, mit aphrodisischen Quellen befruchtet und mit dionysischem Wein berankt, der ausreicht, jeden, der hierherkommt, für den Rest seiner Zeit zu berauschen?

In chaotischer Vorzeit, als es noch zuging wie bei den Göttern, bevor sie dem Menschen Vorbild sein mußten, gab sich Zeus wieder einmal ohne Rücksicht auf seine Königin des Olymps, der eifersüchtigen Hera, mit seiner Schwester Demeter, der Göttin der Ackerfrüchte, dem Inzest hin und zeugte Dionysos, den Gott der Triebkraft und des Weines. Grund genug für Hera, auf typisch weibliche Art die götterfeindlichen Titanen zu gewalttätigem Unwesen anzustiften.

Diese monströsen Kreaturen aus der Sippe des Uranus und der Urmutter aller lebensspendenden Erde, Gaia, zu der auch die Zyklopen, Giganten, viele Dämonen, Nymphen und Hekatanderen zählen, nahmen die Gelegenheit wahr, sich zu ihrer unermeßlichen Stärke auch noch der Götter Weisheit anzueignen. Um den Olymp hoch über den elysischen Wolken zu erobern, türmten sie die kolossalsten Felsen aufeinander.

Zehn Jahre tobte der mörderische Kampf, und Dionysos, von den Titanen zerfleischt, wäre der Welt verloren, hätte ihn nicht Zeus aus dem noch zuckenden Herzen reinkarniert. Um so fürchterlicher war nun des Göttervaters Rache an den verhaßten Aufrührern. Von seinen Blitzen zerschmettert, endete ihr schrecklicher Sturz in die Tiefe im Tartarus, dem Kerker der Verdammten. Soweit sie nicht zu Asche verbrannten, aus der die Menschen hervorgingen, wurden die vernichteten Titanen von den zurückgeschleuderten Landmassen auf den Meeresgrund gedrückt.

Der Titan Enkeladus oder Typhon, ein hundertköpfiges Ungeheuer mit Polypenfüßen, Flammenaugen und Donnerstimme, die Verkörperung der verderblichen Stürme, der Taifune und widrigen Naturgewalten, geriet dabei unter das Gefelse des Ätna.

Den Titan TYPHOEUS, einen glutäugigen Riesen, traf ein besonderer Abbruch aus dem elysischen Gelände, nämlich das Epomeomassiv. Darunter schmachtet er seither in dem Bewußtsein doppelter Erniedrigung durch den Rächer Zeus, da die blühende Oberfläche des bedrückenden Gesteins just in einen Lustgarten des Dionysos verwandelt wurde.

So wirkt TYPHOEUS im Untergrunde Ischias. Sein Stöhnen über die Qual der Last sind die Gewitterstürme, sein Ächzen die Beben, sein heißer Atem entfacht die Vulkane, aus seinen Nüstern steigen die Fumarolen; er füllt

die kochenden Brunnen mit den sprudelnden Elixieren beglückender Manneskraft und erfrischender Leidenschaften. Seinen Hunger aber stillt er mit den Seelen der bei Ausbrüchen und Erdstößen Verunglückten. *Testaccio* bezeichnet die Stelle seines Hauptes, das Hafenrund von *Porto* gilt als sein Augenspiegel, *Panza* entspricht seinem Bauch, *Ciglio* den Wimpern und *Bocca* kennzeichnet sein Maul. Mit verschmitztem Augenzwinkern deuten die Leute aus Lacco Ameno, dem Zentrum der aktivsten Quellen, auf den *Fungo* in ihrem Hafen, einem Felsenpilz als Symbol typhoeusischer Kräfte.
Das ist aber erst eine Erklärung für die Merkwürdigkeit dieses herrlichen Chaos' der Epomeo-Insel, einem Paradies durch Höllenkräfte, einem duftenden Götterpark, gespeist aus den Feuerquellen der Unterwelt. Für uns ein Irrgarten der Verlockungen.
Der oberirdische Epomeo selbst ist ein Zauberberg des Hephaistos, des Gottes der Feuerkünste, des bärtigen Hinkefußes, den die Lateiner Vulkanus nennen. Er hält die Götterschmiede in Bewegung und ist mit Charis, der Göttin der Anmut und Liebeskräfte, verheiratet, die mit anderem Namen Aphrodite, die Frühlingsgottheit, heißt, oder lateinisch Venus. Das Innere der Insel ist also beherrscht von Aphrodite und ihren Chariten, das heißt Grazien, Götterdienerinnen mit dem Auftrag, den Menschen Frohsinn, Anmut, blühendes Glück, Schönheit und ausschweifende Freude zu bringen. Die Oberfläche Ischias, der epomeische Weinberg dagegen, ist der Festbezirk von Dionysos und seinem euphorischen Gefolge.
Das Ganze dieser Insel, die Zusammenklänge ihrer Landschaften, die Wechsel ihrer Stimmungen, die Turbulenz ihrer Naturkräfte, ja auch der Wandel ihrer Bewohner von heute haben Ursprünge in den geheimnisvollen Morgentagen einer vulkanischen Naturgeschichte. Die eruptiven Elemente dieser Insel spiegeln sich im Charakter sehr vieler Ischitaner, deren Moral, Intellekt, deren Talente und Phantasien im höchsten Grade vulkanisch sind.
Mit solchem Umblick an des Zauberbergs Pforte schweift die Phantasie über selbstzufriedene Beschaulichkeit hinaus und entfaltet die hübschesten Gedanken zu den alten Fragen der kleinen Menschen an die letzten Dinge.

Otium

Weißer Schaum auf blauer Welle,
roter Stein und grüne Ranken,
gelber Strand und bunte Leute!

In der heißen Mittagshelle
zweisam bummelnde Gedanken
frei vom Horizont und Heute.

Ankunft und Gefangennahme

Es gibt, glaube ich, keinen Ort,
der für ungewöhnliche Beobachtungen
größere Möglichkeiten bieten könnte
als die Insel Ischia!

Lord Hamilton

Für gewöhnlich hasten Ankömmlinge, benommen von der Fahrt, aus dem Bahnhof Napoli per Taxi direkt zum Hafen oder bleiben auf dem Gaspedal, bis ihre verstaubten Autos in der Schlange vor der Fähre am Beverello oder in Pozzuoli verkeilt sind. Sie fliehen geradezu vor dem beängstigenden Wirrwarr Neapels, ohne den Lebensgeistern auch nur einen der unvergleichlichen Espressi napoletani zu gönnen. Nur ihr Ziel im Auge – Capri oder Ischia!

Das ist in jedem Falle falsch! Man mußte erst nach Santa Lucia – weder der Postkartenromantik, der Villa Lukulls, der Mondscheinmelodien oder der berühmten Dreisterne-Restaurants wegen, nein, es geht um die gnädigste Santa Lucia selbst. Ganz ohne Aberglauben, mythologische Empfindung und einen Schuß Frömmigkeit hat es nämlich wenig Sinn, zur Entdeckung der Isola Verde aufzubrechen.

Gilt es doch, vor allen Unternehmungen in stiller Inbrunst die Sinne zu versammeln und nach der goethischen Formel zu bitten: Öffne den umwölkten Blick! SANTA LUCIA – man findet sie oberhalb des Hafens in ihrer Kirche an der Ecke zur *Via Partenope* und der *Via Santa Lucia* – sie ist nämlich die Heilige der Augen. Allein mit ihrem Segen kann einer bewältigen, was mit der Überfahrt beginnend an Eindrücken auf ihn zukommt. Ohne den Beistand einer hier bewährten Heiligen sind die Nordischen sowieso verloren, bleiben in schlechten Vorurteilen verstrickt und tragen am Ende mehr Ärger als erholsame Erinnerungen nach Hause... Also laßt uns in neapolitanischem Geist die Augen auftun. Er wird zu tiefen Einsichten führen und uns zu Eingeweihten werden lassen, denen man Respekt ohne Zudringlichkeit entgegenbringt. Denn wie früher, als der Fremde das Ereignis war, ist es längst nicht mehr. Heute ist der Kurgast nur noch ein notwendiges Übel, die Last des Sommers.

»Ischia – ein Tag genügt«, so steht es im berühmten Guide Michelin. Welche Zumutung! An einem Tag ist Capri kaum zu besichtigen, geschweige denn das viermal so große und hundertgesichtige Ischia zu erleben.

Ich glaubte, verzaubert zu träumen, und sagte mir,
wahrlich – die Poesie muß dort geboren sein!

Die französische Malerin Vigée-Lebrun

Zwei steile Tunnelstiegen durchqueren von der Hafenzeile aus das LAMPARA-Häuschen und führen über sechsundfünfzig enggewendelte Stufen an der Rückfassade zu einer schmalen, bleichgrünen Ateliertür. Oben pocht das kleine Bronzenashorn ins ausgeschlagene Klopfholz. – Der Atem geht in Hitzefron. Mittag ist fast erreicht. Honigwürzige Pinien wachsen aus dem Hinterhof am Lavafelsen bis an den vierten Stock. In ihren Kronen krawallen mit heißem Gequäke Zikaden oder Ceccos. Mir klingt's, als jammerten auch Laubfrösche über diese dörrende Septemberglut.

Ein langgezogenes »chi cé?«.

»Sono io!«

»Bé, entri!«

Das kühle Halbdunkel eines schmalen Durchgangs führt mich zu Tonino, Portos König des Gourmet-Plaisirs.

Barfuß, in hautengen Jeans, lacht er mir entgegen und führt mich in seine Wohnhalle, so daß ich nicht dazukomme, die lange Zeile kolorierter Segelschiffs-Stiche anzuschauen. Der weite schräg-eckige Raum, obwohl im Dach eines der alten Caprihäuschen, hat nichts von einer italienischen Wohnung an sich, sondern könnte von einem englischen Literaten eingerichtet worden sein, der eine gute Zeit zur See gefahren ist. Er wird beherrscht von einem breitausladenden Kamin, samtbraunen Fauteuils, handbehauenen Balken, die zu Bücherregalen verwandelt wurden, und über der raffiniert montierten Stereoanlage von viel Weltenbummlerkrimskrams. Dabei ist dieser junge »new up comer« naturechter Ischitaner. Doch das sieht man nur am runden Tisch mit vier überfüllten Aschenbechern, zusammengeworfenen Spielkarten und Gläsern mit den Resten einer Pokernacht. Alle Isclaner spielen in jeder Pause und den lieben langen Winter Karten. So besiegen sie mit Essen und SCOPPA das große Abwarten zwischen den letzten Deutschen im Spätherbst und den ersten Skandinaviern im Vorfrühling.
Tonino zieht die Markise vor der Terrassentür beiseite und ruft mich auf seine Loggia über dem bestaunenswerten *Porticcula* des Königs Bomba. Ècco! Versöhnt diese Einfahrt in einen bacchantischen Zaubergarten nicht mit den Greueltaten der Bourbonen in diesem Land? Dem Ausblick öffnet sich eine grünschwarze Kratermulde, von üppigen Wein- und Waldbergen umschlossen, in die, wie einem dodekanesischen Eiland entnommen, ein Hufeisen aus aprikosenfarbigen Häuserwürfeln und grellweißen Moscheenkuppeln, aus kreideblauem und safrangelbem getürmtem Schachtelwerk gesetzt ist. Dazu ein Schloß mit exotischem Park hinter pompejanisch-rotem Gemäuer. Dieser kreisrunde Hafen samt Mole und Leuchtturm, sagt mir Tonino, ist das Werk des fülligen Bourbonenkönigs Ferdinand II. von Neapel. Seine Bausucht hat diesen verschlafenen, mit Heilwasser gefüllten Lavatümpel zwischen dem östlichen *San Pietro*- und dem westlichen *Alessandrohügel* mit einem 28 m breiten Durchstich zum Meer in dieses Mittelmeerasyl der Seetouristik verwandelt. So ähnlich stelle ich mir ein Piratenrefugium aus dem Märchen von Sindbad, dem Seefahrer, vor. 1853–1856 bedeutete so ein Durchstich ein kühnes Unterfangen, denn bis dahin war das, was jetzt das umschwirrte Schlupfloch zur Insel Ischia ist, ein geheimnisvolles Binnengewässer, der *Lago di Bagno*, den eine Eruption, etwa im 6. vorchristlichen Jahrhundert, ausgeworfen hatte; dabei soll, so liest man bei Plinius, eine ganze griechische Ortschaft verschlungen worden sein. Seine Spalten münden über 500 m tief in Höllenstrudeln aus dem Magmaherd des Erdinneren. Alte Erzählungen wissen bereits zu berichten, daß die Strahlkraft dieser warmen Wasser bis in die Knochen und das Gemüt dringt.
In jenem Typhoeus-Auge genoß der junge Marc Aurel von einem Inselchen in der Mitte des Sees aus die Wirkungen des hochgepriesenen Schönheitsbades. Gut hundert Jahre vor der Kanalisierung hatte der Hofscher und Doktor FRANCESCO BUONOCORE diese alkalischen Quellen für eine Art balneologisches Kurhaus erschlossen und mit bourbonischer Protektion zusätzlich über Aquädukte süßes Bergwasser heranführen lassen, um die exotischen Lustgärten zu bewässern.
Von den vielen Berühmtheiten seines Privatsanatoriums seien aus unserem Land nur der König von Sachsen und Polen, König Ludwig I. von Bayern und Wilhelm von Humboldt genannt. Der eine oder andere von ihnen mag an Martini dabeigewesen sein, wenn sich die Gesellschaft auf diesem Sommerschloßteich bei der Wasserhuhnjagd amüsierte. Heute sind Schloß und Park ein Restcenter des Militärs. Doch speisen die 45° heißen *Fornella*- und *Fontanaquellen* immer noch die im 19. Jahrhundert mit 8000 Dukaten begründeten radioaktiven *Terme Communali* und in diesem oder jenem Haus am Hafenrund auch Heizungen, Privatbäder und Küchen.
Jetzt, da ich mit meinem geduldigen Erklärer den geschäftig schwätzigen Alltag aus der Dachgartenperspektive betrachte, breitet sich unter dem geranienüberwucherten Balkon »Il Porto d'Ischia« im neapolitanischen Ge-

Der Porto d'Ischia.
Das stimmungsvolle Rund des Kratersees ist das Stelldichein der Ferienbummler, der große Inselbahnhof eleganter Segeljachten und Ankerplatz der Fischerflotte.

Der Porticcula, untertags lebhaft bewegt von ein- und ausfahrenden Schiffen, wird abends im Kranz bunt blitzender Lichter zum »Night center« Ischias.

woge; dahinter schlängeln sich zu schwarzgrünen Pinien-, hellen Kastanien- und Eichenwäldern allerlei Bergwege, die man eher in der toskanischen Szenerie auf Elba oder der dalmatinischen Insel Korcula vermutet. Schnurgerade führt eine Seilbahn auf die Kuppe des *Montagnone*, verlockt zu weitläufigen Spaziergängen in hochgelegene Weindörfer.

Wer in Neapel den Schmutz nicht übersehen kann,
ist verdammt, diese Stadt nie zu verstehen.

Eckart Peterich

Vom ersten Augenblick an spürt man: hier geht die Zeit in heiterer Einfachheit auf angenehme Weise nach. Ischia hat seine eigene Uhr der unabhängigen Stunden. Dazu wird einem bewußt, daß in dieser halb morgenländisch-sizilianischen, halb griechischen Unwirklichkeit nur in provisorischen Tagesraten gedacht wird. Darum behält das von allen Seiten überblühte Kleinod so viele häßliche Winkel, beläßt die campanische Bequemlichkeit es bei dem Gerümpel. Der Hafen inszeniert lediglich ein Sommergastspiel. Ein Spectaculum, dessen touristischer Aufputz nach ein paar hektischen Monaten wieder fortgeschafft wird. Was den Neuling so beeindruckt und entsetzt, ist darum bloß eine Kulisse, für die kein Schlag zuviel geführt wurde. Wir befinden uns im Zwischenspiel. Chaotisches Durcheinanderdrängen von Ankommen und Verabschieden. Ein Ein- und Ausfahren von breiten Holzbarken mit Netzen und Fässerstapeln, von langen Kähnen mit Melonenpyramiden, dazwischen Rennboote, bleiweiße Golfdampfer, froschgrüne oder gelbschwarze Autofähren und rotgelackte Flügelschnellboote. Daneben die messingfunkelnden Decks der eleganten Hochseejachten.
Im Augenblick mißt sich ein schlanker, weißer, griechisch beflaggter Dreimaster mit dem berühmten »Blauen Leoparden« unter britischer Flagge. Vor uns haben ein australischer Privatdampfer und die gelb-blaue »Mariopia« eines italienischen Hobbytiefseeforschers festgemacht. Man könnte einen solchen Blick, wie ich ihn von ANTONIO BAJOCCOS Hochbalkon der Lampara genieße, zu einem Teil in Cannes oder vom königlichen Jachtklub Piräus haben, zum anderen freilich nur in Portofino. Im ganzen ein neapolitanisches Provinzkolorama mit einem Quentchen Alt-Marseille. Ein faszinierendes Geschäftesammelsurium mit Tavernen, Krämereien, Weinkellern, Night Clubs, mit einem Flohmarkt und Pizzerien, mit Werften, Super-Boutiquen, Rumpelkammern, Bars, allerlei Handwerksstätten, Fremdenbüros und platzbeherrschend dem spanischgelben Tempelkirchlein *Porto Salvo* mit seinen klassizistischen Schnörkeln.
Dahinter steht mitten im Pflaster der verkehrsreichsten Kreuzung eine mächtige Platane – liebenswertes Ärgernis, das von jedermann behutsam umfahren wird; weiß man doch, daß der Baum zu Ehren Alphonse de Lamairtnes gepflanzt wurde, der hier so gerne war, als er seine GRAZIELLA schrieb, worin er wie kein anderer dem Entzücken über Natur und Leute dieses Golfes Ausdruck gab.
Das Auge kann gar nicht so viel Blick fassen, als hier auf einen zukommt. Ein Getriebe von Straßenkreuzern, Sorrentiner Carrozzellen, Autobussen, Muligespannen voller Kistentürme, von Kinderwagen und Mikrotaxen. Dort die lungernden Gastfänger der Hotels und eine frühreife Neuzeitsirene, Hafenarbeiter, Eckensteher und Politisierer. Am anderen Ende die Herrschaften in weißem Flanell und Bermudas, der ein wenig speckige Postbote, die Dortmunder Madame mit zu greller Capritulpe, ein paar eislutschende Tennispuppen und da die sechsköpfige Familie, die sich per Kleinstauto durchs betäubende Getöse hupt. Dazwischen zottelfransige Kinder, träge Hunde in den Anlegetauen, dann wieder spazierstockschwingende Graubärte und Klubjackenkapitäne mit Schalkrawatte zum Edinburgher Akzent. Am Laubentisch der Trattoria eine französische Schnabulierpartie im heftigsten Spaghettigefecht. Ein wenig verloren das händchenhaltende Pärchen aus Castrop-Rauxel und auf knatternder Vespa eine langbeinige Blondine mit frechen Sommersprossen: UNA SVEDESE,

meint Tonino, mit einer Geste, die seine Gedanken zu weiten Prospekten öffnet. So manchen Abend, wenn sich dieses Freß- und Souvenirgäßchen mit seinem provinziellen Gezwinker der Reklame zum Corso der Nachtfalter erhellt, kommen aus den Spiegelungen des dunklen Kratertiefs tausend neue Eindrücke hinzu. Auch mondäne Tünche, Jazz-Tamtam und Promenadenlärm können den Ort nicht aus seiner selig-wohligen Ruhe bringen, obwohl sich, wie die Bienen um den Korb, hier alles zusammendrängt, was auf Ischia Highlife sucht. Aber dies ist weder Neucapri noch Klein-S. Tropez, schon gar nicht ein Kurort mit all der bombastischen Präsentanz wie Strandpromenade und Sinfoniekonzert. Ischia ist ganz ohne »Flair de Deauville« oder Monte Carlo, ohne Golf und ohne Hippodrom. Il Porto treibt seine Spielchen ohne die kleine Glückskugel rustikal und kokettiert dabei mit unbefangenem Chic-Schlamp auf eigene Art mit der Gesellschaftswelt. Ischia bleibt ein Ausflugsplaisir, ein Vorort des Millionenzentrums Neapel.

Diese wenigen Meter längs der Mole werden nur in den Monaten, da der Bazar del Porto d'Ischia zum Anlegeplatz der Mittelmeerjachten wird, zur Ferienmetropole. Fürs übrige bleibt alles ein wenig zurückgesetzt, ein Paradies für das beschauliche Völkchen der Naturschwärmer, zu dem freilich sowohl jene einzelgängerischen Beachcarsnobs als auch die Jeunesse nouveauriche und jene Pauschalteutonen gehören, die sich zum unvermeidlichen »O solo mio« in die Biertaverne drängen. Dieses immerfort ein wenig nachlässig schläfrige Hafenrund toleriert sie alle. Am 15. Juli beginnt die Heiß-Saison. Dann bedrängen die Neugelditaliener und ihre emanzipierten Frauen das unschuldige Eiland. Sie kommen mit dem Vorwand, eine Thermalkur gebrauchen zu müssen, um sich desto stürmischer in die hochschlagenden Vergnügungswogen zu stürzen. Leute, die unsere Welt nur durch das Plexiglas ihrer Sportwagen betrachten, werfen sich dann mit ihrer ganzen force d'age in den Trubel der Nacht und müssen nur selten danach allein in ihre Ferienträume sinken. Dazu fließt viel Whisky zu Überpreisen auf die Debattiermühlen. Man philosophiert vom Sicherfinden-Spielen. In dieser selbstgefälligen Überflußgesellschaft nimmt niemand irgendwen ganz ernst. Alles ist unverbindlicher Flirt auf Nebenwegen des geringsten Widerstandes.

Allabendlich, wenn im folkloren Szenarium des intimen Hafens die Sterne aufziehen und die Tavernen ihre Lampions anzünden, kündigen sich mit dumpfem Heulen die letzten Fährschiffe in der Einfahrt an. Ihre Stahlmäuler öffnen sich, die Kolonnen kofferbepackter Autos, dahinter die schiebende Menge werden an Land gespuckt. Die Neuen sind da!

Für die Insulaner ist das wie Netze einholen. Die Touristen, kurz nach Kleidung, Gepäck und Automarke abgeschätzt, werden wie ein Beuteschwarm sortiert und in Windeseile nach wohlorganisiertem System verteilt. Von diesem Fischfang lebt die Insel heute, nicht mehr wie früher vom erbarmungslosen Kampf mit den Elementen auf See. Statt dessen treiben ihnen heute Werbetrommler die Fischzüge der Fremden zu. Der Tourist muß aber wissen, daß er nicht mehr zählt als der Fisch, also Mittel zum Zweck ist und sonst die Leute wenig interessiert. In der Hochsaison der Schwärme gibt es kein Rasten und kein Ruhen, die einzigartige Natur, der heilende Segen der ischitanischen Quellen lockt sie an. Man braucht nur mit der Sonne zu gehen und sie erwarten.

Dem Erstankömmling sei geraten, im Höhepunkt mit Sonnenuntergang in Porto d'Ischia einzulaufen. Und gleich am ersten Abend zu einer richtigen Cocagna zu gehen. Das sind jene neapolitanischen Schmausfeste, die uns schon Goethe beschreibt. Halb auf der Straße an zeltüberdachten Tischen mit farbigen Lichtgirlanden, so sitzen die Touristen allabendlich zwischen Einheimischen im Beatlook, als Fischer kostümiert, schwätzend, trinkend und sich in den Gabelgefechten mit Spaghettitellern übend. Die Kapellen donnern, säuseln oder schmalzen um die Wette, daß das spiegelnde Öl im Hafenbecken zittert. Wer will da widerstehen, wenn die ganzen Baccanas, die Weinkneipen, entlang die verlockendsten Meeresdelikatessen, Muscheln, Fische, Krebse aller Größen, aller Farben, aller Formen ausgebreitet liegen, über dem Ganzen der magische Duft von *Zuppa di Pesce*, der Geruch von Kräutern über Steaks am offenen Kohlenrost oder aus den Backöfen der *Piazzaioli* und dazwischen alle Sorten, alle Marken ischitanischer Weine, herb, geradezu bitter trocken, säuerlich prickelnd und verführerisch süß.

Wie wäre es zum Auftakt mit ein paar frischen Austern in viel Zitrone oder mit marinierten *Scampis?* Nach der obligaten *Pasta* eine *Spigola* vom Grill oder einen *Pesce di Castagna*, die mit einem weißen *Forastera* oder *Don Alfonso* eine herrliche Sinfonie der Hochgenüsse und Wohlgerüche bilden. Dann streift man rasch die Ankunftsschrecken und die erste Befangenheit ab, dann legt sich das benommene Staunen und erwächst Neugier auf das Panorama hinter diesem Volkstheater im Gartenhafen. Es wird lange dauern, bis dieses stimmungsvolle Tafeln zu Ende geht. Denn zumindest wird man noch mit einem *Insalata Mista* mit halbgrünen Tomaten, Artischockenherzen, Peperoni und Oliven traktiert, danach wird etwas Käse, sicher ein würziger *Provolone* aus Büffelmilch, und danach noch ein Korb mit Ischias herrlichen Früchten folgen. Zu guter Letzt darf man den bittersüßen Espresso nicht vergessen, der die Gespräche über alle Horizonte hinausführt. Erst dann ist man richtig angekommen, denn die elysische Insel kann man sich nur auf zwei Arten erschließen: Bei Tisch und auf langen Wanderungen!

Was man hier sieht, Porto, das ist also nur eine Seite Ischias, der Anfang eines Liedes, die Mitte eines romantischen Traumes oder die anmutige Legende, die alle gerne hören, ohne sie für wahr zu halten, oder es ist der tiefe Schluck herben Weines, zu dem Lorenzo di Medici zitiert wird: »Das Dasein ist dazu da, um gefeiert zu werden, was auch immer geschieht, feiern wir trotzdem!«

Hat man am Porto begonnen, werden einen zwei der großen Verführer, die Muse Gasteria und Bacchus, in ihre Gefilde aufnehmen, in die selige Insel, die, wie Nietzsche schreibt: »eine methanologische Zone zwischen heiterem Himmel und brodelnder Meeresunterwelt ist«.

Der Weg aber, den einen Sirenen, Satyre und Olympier von nun an durch dieses achaische Wunder führen, endet, wenn nicht beim ersten kurzen Besuch, so doch sicher eines Tages in den Zauberbergen der Venus, die gleich hinter den unvergeßlichen Ankerplätzchen ansteigen. Denn immer wieder wundert man sich hier über jene Viveure, die Jahr um Jahr wieder in Porto Ischia landen und sich so stellen, als begegne ihnen das alles zum erstenmal.

Auch sie nämlich gehören zu dieser dionysischen COMEDIA DELLA STAGIONE. Fragt man sie: »Macht es dir eigentlich Vergnügen, ein Leben mit einer Hetäre zu verbringen, die von dir nur Geld, doch kaum Notiz nimmt?«, dann würden sie wie jener kluge Grieche antworten: »Nun gut, das mag so sein, aber auch die Kapaune und Austern, die Artischocken und der Wein lieben mich nicht, wissen nichts von mir. Trotzdem genieße ich sie mit dem behaglichsten Vergnügen.«

... wenn Ihr mir einmal nach Ischia folgt,
werde ich Euch fortan dort treffen ...

Il Giro d'Isola

Unter dem Eindruck des Blickes auf Ischia hat G. Asinus Pollio, einst römischer Konsul, Begründer der ersten öffentlichen Bibliothek Italiens und Förderer seiner Freunde Catull, Horaz und Vergil, seiner Villula auf der Anhöhe den Namen »Pausilipos« – »wo alle Schmerzen enden« – gegeben.

Durch die Ortschaften rund um die Insel

Ischia hat allerhand zu bieten, das sich der flüchtigen Zusammenschau erster Eindrücke entzieht. Bevor es seine Überraschungen preisgibt, fordert es Mühe.

Gewöhnlich erobert der Fremde von *Porto d'Ischia* aus die Insel. In welcher Richtung soll er auf dem Straßenring die sechs Gemeinden mit ihren 19 Orten oder Flecken durchfahren? Soll er auf der *Panorama-Allee* im Norden mit *Castiglione* und *Casamicciola* beginnen oder ostwärts auf das Castello zu über die Bergroute in den Süden vordringen? Soll er erst einmal per Motorboot oder mit einer Touristendschunke, dem Vaporetto, die Küsten und Ufer abtasten; es wagen, sich einer der knatternden Motorrikschas, Mikro-Taxi genannt, oder einem der offenen Straßenkreuzer mit buntem Baldachin, den Rundfahrtdroschken, anzuvertrauen? Soll er einen der Privatbusse benutzen, D'MEGLIOS GIRO D'ISOLA, die mit geselligem Anschluß spezielle Einführung mit Imbiß und Weinprobe in das Inselleben bieten? Soll er mit den schnellen roten Touringbussen oder einfach mit den blauen Amtsbussen der S.E.P.S.A. von Ort zu Ort durch den Inselalltag reisen oder wünscht er sich nach alter Manier einen Tagesausflug mit der Carrozzella, der silbergeschirrten Mulikutsche mit den Penacchi, den Federgamsbärten?

Vom Fischerboot zum Eselkarren, von der Motorjacht bis zum Achtzylinder, ein Dutzend reizvoller Möglichkeiten für eine Erstbesichtigung. Am besten ist dennoch daran, wer einen eigenen Kleinwagen besitzt. Denn er kann die Richtungen seines Rundkursauftakts nach der Tageszeit so wählen, daß ihn die Sonne möglichst selten blendet.

Am Vormittag hat der Norden mit seinen Stränden das klarste Licht, wodurch die Fahrt zum Gegenpol Portos nach *Forio* über *Lacco Ameno* angenehmer wird. Am Nachmittag sollte man den umgekehrten Weg einschlagen, und das Westdorado Forio über *Barano* und die hochgelegenen Orte *Fontana* und *Serrara* ansteuern, um mit Sonnenuntergang im Rücken Forio in Richtung Lacco Ameno zu verlassen.

Der Genießer wird freilich bald einsehen, daß eine Inselrundfahrt erst vollständig ist, wenn man alle vier Prospekte kennengelernt hat: wer also einmal rechts und einmal links herumgefahren ist und die Blicke vom hohen Berg wie von der See her wahrgenommen hat, denn die meisten Inselschönheiten haben eine Menge gleichwertiger Perspektiven, die ein Anblick gar nicht fassen kann. Würde man die Küstenlinie des Inselrundes von Ischia zu einer Reihe strecken, so wären dies gewiß die abwechslungsreichsten 34 zusammenhängenden Küstenkilometer Italiens. Lassen wir jedem die Qual seiner Wahl. Richten wir aber diese literarische Rundfahrt nach dem Uhrzeiger, und zwar auf einer etwas umwegverschlungenen Strecke, die schon für die Ersttagseindrücke ein Maximum an Umschau bietet.

Diese Fahrt wird gut und gern acht Stunden dauern und verlangt, daß man mindestens 28mal aussteigt, um herumzubummeln, zu betrachten, zu verkosten und zu baden. Immerhin gibt es wenigstens drei Museen, drei Galerien, eine keramische Fabrik, einige Tavernen, Restaurants, Weinkeller und Cafés zu besuchen, einige Aufenthalte bei Aussichtspunkten, Kapellen, Kratern, Türmen, Quellen, Märkten, Höhlen, historischen Winkeln und Stränden nicht gerechnet, bis wir schließlich mit einer Seilbahnfahrt zum Ausgangspunkt zurückfinden. Dabei werden Sie bei diesem Giro d'Isola an den sechs Hauptsachen der Insel nur vorbeigeführt, als da sind: das *Castello*, der *Epomeogipfel*, *il Soccorso*, *S. Maria del Monte*, *Monte Vico* und *Fiaiano*. Wer sich den Strapazen dieser Rundfahrt unterzieht, sollte, um sich weder von der Fülle fremder Namen noch von den dauernden Richtungswechseln verwirren zu lassen, mit einer guten Landkarte ausgerüstet sein.

Der Osten

Espresso am Porto

Genug der Warnungen! Starten wir an der Platane des französischen Dichters Lamartine vor dem Kirchlein von *Portosalvo* an der Landungsbrücke des Hafens; aber bitte erst nach einem Espresso!

Als erstes bietet sich ein Bummel durch die »Via Veneto« des Ortes, den *Corso Vittorio Colonna*, an. Wir erreichen ihn durch die *Via Jasolino*, die sich vom Leuchtturm ausgehend in einem Hufeisen um den Hafen in die Stadt zieht.

Der Hafenort Ponte ist das eigentliche neapolitanische Alt-Ischia. Sein spanisch-maurisches Häuserwerk mit Loggien, Kirchen und Gassen, die der Salzluftwitterung und Sonnenbleiche ausgesetzt sind, tritt uns mit venezianischer Feinheit in südlichem Farbspiel entgegen.

Eine der typischen Wohnhofgassen des Borgo del Celso, wie die Unterstadt Alt-Ischias früher hieß.

Lassen wir il Porto d'Ischia mit seinen vielen nützlichen Einrichtungen hinter uns. Wir haben jetzt weder auf dem Zoll, der Post, dem Rathaus noch bei den Speditionen, Hafenbehörden oder auf der Werft zu tun. Im Augenblick interessieren uns auch keine Gemeindethermen, Militärsanatorien, Weinhandelsfirmen, Autogaragen, Restaurants, Night Clubs, weder die Tankstelle noch der Bus-Stop oder die Informationsbüros der Schiffahrt und des Fremdenverkehrs.

Eleganter Schlendrian

La dolce vita von Ischia zieht sich von dort durch die Hauptstraße, den *Corso Via Roma*, dessen Verlängerung hügelan der genannte Corso Vittorio Colonna ist und der sich später, wenn er in Richtung Ponte wieder abfällt, *Via Pontano* nennt. Hier findet sich der internationale Zeitungsstand neben dem Treffpunkt BAR DIAZ, hier lärmt auch tags das Kino, drängen sich die Leute zur Bank, flaniert man an den elegantesten Boutiquen entlang oder um die Ecke über den Markt. Beflissene nehmen sich die Kirche von *S. Pietro* und das *Museo d'Isola* vor, Autobesitzer eilen zum Touring Club. Kurzum, hier sind die wichtigsten Kaffeehaus-Treffs, die teuersten Antiquitätengeschäfte, die besten Friseure, private Wechselstuben, Bildhauerateliers und Reisebüros. Hier kaufen die Villenbesitzer für ihre Gastereien ein, vor allem aber ist es die Allee der Haute Couture, also die Hauptschlagader der Ferienbummler. Zwischen diesem Playtime-Corso und dem Strand, pardon, dem Lido d'Ischia, *Villa Bagni* in der *Pineta*, verbergen sich die vornehmsten Hotels, die Tennisplätze und alles, was man sich sonst an Elegant-Verbindlichem von einem rustikal-mondänen Kurzentrum erwarten darf.
Eine Amüsier- und Kurautonomie stellt der moderne Komplex des Hotels CONTINENTAL TERME an der Ausfallstraße nach Barano dar. Er liegt am kühlen Pinienwald, der *Pineta*, hat vor dem Schwimmbassin ein offenes und ein gedecktes Restaurant, großzügige Sportanlagen und einen attraktiven Night Club. Die große, gedämpft-blasierte Welt verteilt sich dagegen in Porto auf drei Hotels der ersten Klasse: das noble EXCELSIOR, das chice MORESCO und das kühl-feine PUNTA MULINO. Nur kurze Passagen voneinander getrennt im Wald hinter dem Lido, gruppieren sie sich um die Tennis-, Minigolf- und Strandanlagen mit dem Bocciodrom. Im übrigen geht es hier im nördlichen Fremdenzentrum der Insel am exklusivsten in Toninos LAMPARA, am hitzigsten in seinem SCOTCH CLUB hinter der Pagoda, am elegantesten im EL CASTILLO DE ARAGONA am Fuß der Zitadelle, am stilgerechtesten für die Hochsee-Society im BOUNTY CLUB und am fröhlichsten bei ANTONIO zu, während es im meist überfüllten GIARDINO DEGLI ARANCI an der Hauptstraße mit leutseligem Schnulzen-Singsang hoch hergeht.

Wer untertags in Porto nach einem Restaurant Umschau hält, kann es mit einer Pizza bewenden lassen, die er in der *Via Cortese*, nahe dem Kino Excelsior, unter dem Namen DA GENNARO und an der *Piazza Croce* in der PIZZERIA UMBERTO genauso vorzüglich findet wie in Neapel oder Amalfi. ZI' NANNINA A MARE, ein Strandrestaurant nahe dem *Punta Molino*, ist für seine COZZE AL GRATIN berühmt und kämpft mit seinem Nachbarn MICHELE A MARE, dessen Meerestafel hervorragt, um den ersten Rang. Am Porto selbst aber frägt man am besten nach DAL CALABRESE, wo man auf dem Balkon über dem Hafen die überbackenen Auberginen bestellen sollte. Sonst kehrt man bei DI MASSA schon auf dem Weg nach Ponte in der *Via San Seminario* ein. Wer sich aber in Porto nach Westen wendet, findet unter der schattigen Pergola des MIRADOR auf dem Alessandro-Hügel ein gutes Mittagsplätzchen mit familiärer Küche.
Der weiße Corso steigt und steigert sich, dann fällt er auf den alten Ortsteil *Borgo del Celso*, den Maulbeerschlag, Ischia Ponte nach Osten zu ab. Zunächst aber führt er an der fast 20000 Bände umfassenden BIBLIOTECA ANTONIANA beim gleichnamigen Convent vorbei. Daneben befinden sich zwei wichtige Trinkbrunnen-Quellen, Martina und del Capone, dem Vichywasser von Ischia.

Idyllisches Altneapel

In Ponte geht es derber, lauter, aber wahrscheinlich herzlicher zu. In aller Frühe beherrscht das arabisch anmutende Hafenviertel der volkreiche Fischmarkt, später das allgemein neapolitanische Gassentreiben. Hier sind die Geschäfte ländlicher, die Restaurants folkloristischer, die Handwerker schaffen noch auf der Gasse, und die Marktschreier drängen sich mit allem allen auf. Der ganze Haushalt unter freiem Himmel! Um so mehr überrascht eine Reihe kleiner Galerien einheimischer Maler und Bildhauer, deren farbige Aushänge die Häuserkulissen beleben. Sammler moderner Kunst können hier in den Galerien auf dem Castello, in den Ladenateliers von Porto und Ponte gelegentlich Glückstreffer ziehen, obwohl sich der eigentliche Kunstmarkt Ischias in Forio konzentriert, wo man Verbindungen zu so bedeutenden Werkstätten wie der von Eduard Bargheer, Arrigo Wittler, Heinrich Prinz von Hessen und im Sommer zu dem römischen Avantgardisten Aldo Palliacci bekommt.
In Porto sind vor allem die Ausstellung des Malers Mario Mazzellàs, des Bildhauers Aniellantonio Mascolo und des Töpfers Francesco Pisani zu beachten. Dieser *Borghetto Ischia Ponte* entstand hauptsächlich im 17. und 18. Jahrhundert als Patrizier- und Klostersiedlung, nachdem das Leben in der Zitadelle auf dem Felsen aufgegeben wurde. Hier lohnt sich jeder Streifzug durch die Hinterhöfe mit ihrer einzigarti-

gen Mittelmeeratmosphäre. Besonders pittoresk *il Vico Caliello* und der *Vico Montagna*. In Ponte kauft man billiger, und sowohl die Pizza wie die CALZONE ALLA NAPOLITANO, die mit allerlei Pizzazutaten gefüllten »Hosen«, oder LA MOZZARELLA IN CARROZZA, krustierter Büffelmilchkäse in Brottaschen, als auch die ZUPPA DI PESCE, die Fischsuppe, und der Wein schmecken unverfälscht.

Das läßt sich an verschiedenen Punkten ausprobieren. Zum Beispiel im CICCIO E DOMINGO, *Via Mazzella*, im CHALET CARTAROMANA, auf der Anhöhe gegenüber dem Castello und am Strand der *Cartaromana* in der TAVERNA DEI PIRATI. Wer schon bis dort mit dem Boot übersetzt, kann freilich auch noch bis zur verschwiegenen Bucht von *Porticella* zwischen *Patrella* und *San Pancrazio* nach der Strandtaverne ZI' NANNINA forschen, die sich höchst romantisch unter Feigenbäumen und Traubenranken verbirgt.

Im Zentrum überragt die Kuppel der Bischofskirche *Maria della Scala*. 1309 begonnen, aber erst 1613 in der heutigen Form vollendet, findet sich außer einem frühchristlichen Relief in der Sakristei und einem Taufbecken aus dem 12. Jahrhundert nichts von großer Bedeutung. Was sich bewahrt hat, ist das Hauskapellchen des Inselheiligen San Giovan Giuseppe della Croce, der im letzten Augustmonat mit großem Seefest gefeiert wird. Er war ein abgerissener, armer, aber wundertätiger Mönch aus der Burgsiedlung, den sie den Frater Millipezzi, den Bruder Tausendflick, nannten.

Wer genug in die Winkel gespäht und das Fluidum des neapolitanischen Taumels in sich aufgenommen hat, den zieht es gewiß auf die Brücke hinüber zu den Ruinen des Aragonesen-Schlosses mit dem Gipfelrestaurant IL TERRAZZO. Doch das sollte ein Extraausflug werden, den eine erste Rundfahrt um die Insel ebensowenig einschließen kann wie den Besuch der *Grotta del Mago*. Am Bootshafen der *Marina dei Pescatori* werden Netze geflickt und Reusen geflochten. Bei diesen gastfertigen Fischern kann man jederzeit ein Boot mieten, um bequem zum Strand der *Cartaromana*, den Römerbädern, mit eisenhaltigen Heißquellen, vorzudringen oder sich zur Grotte des Zauberers, einem antiken Sonnenheiligtum, zur *Grotta Verde* mit dem grünen Lichtspiel, das zwischen 12 und 14 Uhr am wirkungsvollsten ist, und weiter zum verschwiegenen Strändchen unter *S. Pancrazio* übersetzen zu lassen. Doch aufgeschoben sei nicht aufgehoben! Wir entschädigen uns indessen mit einem Besuch der Anhöhe vor den *St. Anna*-Klippen.

Erinnerungen an Boccaccio

Jetzt sind wir im Xystus, im Garten der Nymphen, mit dem plumpen Turm des Giovanni di Guevara, Herzog von Bovino, der nach Plänen Michelangelos zu einem vierkantigen Turmhaus gestaltet wurde. In diesem Apfelgarten des Förderers schöner Künste läßt Boccaccio die sechste Novelle des fünften Tages seines Decamerone spielen. Uns bietet sich ein besinnlicher Rundblick über den sonderbar zeitzerfressenen, griechisch-arabisch anmutenden Ort, über die grün-blaue Bucht um das steinerne Inselkastell. Am 26. Juli, dem Festtag der heiligen Anna, bekommt man hier gleich zwei Schauspiele geboten. Voraus die prächtige Lichterprozession zu Wasser und vom Waldberg im Rücken das Patronatsfest der St. Anna-Kirche auf der Höhe von *Fiaiano*.

Heute ist außer dem Feuerwerk wohl IL RUOTO DI MULIGNANE das Wichtigste, das Verschmausen der Spezialität von *Ischia Ponte*, des Mühlrads aus Auberginen.

Traumblick, Vino und Salami

Von diesem kleinen Abstecher am alten Friedhof von *Ponte* vorbei führt unser Rundkurs weiter südöstlich nach *San Michele*. Ein paar Häuser mit einer Kapelle, deren Schmuckfassade Keramik ziert und bei denen sich die Straße gabelt. Wir bleiben südlich und fahren auf die Steigung nach *Campagnano* zu. Nach wenigen steilen Kurven sind wir auf der blickbeherrschenden Enklave am Berg, lassen die Verkündigungskirche von 1602 mit der naiven Majolikafassade jedoch links liegen und fahren östlich auf die Anhöhe, wo die inzwischen zur Sandbahn gewordene Straße am schönsten Punkt für alle Autos endet. Auf einer Tavernen-Terrasse in 165 m Höhe genießen wir auf jeden Fall das unendliche Panorama, den besonderen Wein dieser Abhänge mit DA VINCENZOS hausgemachter Salami oder luftgetrocknetem Schinken, reichlich Oliven und reschem Weißbrot. Zu unseren Füßen breiten sich der ganze Doppelort Ischia, die Inseln Vivara, Procida und die Küstenkonturen vom Capo Miseno bis zum Vesuv sowie die gewaltige *Pineta* des Lavastromes von Fiaiano. Es ist eines der einladendsten Verstecke der Insel und gewiß nicht der schlechteste Platz, um besinnlich zu träumen, vorzüglich zu jausen und weite Spaziergänge durch diesen, man darf sagen, verinnerlichtsten Teil der Insel anzuknüpfen. Hier fand man Goldadern, Spuren aus der Stein- und Bronzezeit und aus den Jahren römischer Beherrschung. Heute haben ein paar Multimillionäre ihre Traumvillen in den campagnanischen Hang placiert. Wen die Zeit nicht treibt, der kann von hier aus auf den 376 m hohen *Torone* oder südwärts einen Höhenweg über der Küste zur *Punta Parata*, nach *San Pancrazio* und zur hübschen Wallfahrt der Madonna von *Montevergine* wandern. Ein steiler Treppenweg führt direkt hinunter in die Bucht mit dem Strand *Cartaromana*, der mit seinen 52° heißen Quellen, einem guten Unterwasserjagdgebiet und dem kleinen Restaurant auf Stelzen, DEI PIRATI, für den beschwerlichen Abstieg belohnt.

Isclaner Leonhardi-Ritt

Von Campagnano, ganz im Osten, führt uns der Rückweg die Straße nach *San Antuono* hinunter. Auf dieser Abfahrt liegt mit einladender Aussichtsterrasse Contes RISTORANTE SOLITARO, die »Einzigartige Einkehr«, wo man Kaninchen besonders schmackhaft zubereitet. San Antuono ist gewiß kein großer Ort, vielmehr nur eine kleine Kirche aus dem Jahr 1569 mit verstreuten Häusern, aber wenn hier an SAN ANTUONO ABATE im Januar die Tiere der Insel gesegnet werden, füllt sich der Ort mit dem Gepränge eines echten Volksfestes, eines Leonhardi-Ritts auf ischitanische Art. Von Antuono haben wir südwestlich abzubiegen, um sehr bald bei den *Pilastri* auf die normale Rundstrecke einzumünden, die über *Casabona* nach *Barano* weist. *I Pilastri* heißt ein 1200 m langer Aquädukt, der 1590 begonnen, 1673 vom Bischof GIROLAMO ROCCA ausgebaut, doch erst 1785 mit der Ableitung in die Stadt ganz zu Ende gebracht wurde. Er führte in der Bourbonenzeit die frischen *Buceto*quellen in den Ort und ins balnearische Zentrum der *Villa Reale* am *Porto d'Ischia*. Ich halte unter den doppelstöckigen Bögen jedesmal, um bei einem echt neapolitanischen Bäckermeister, BENEDETTO, im Kellerlädchen seiner Backstube einen Laib des allerbesten Brotes auf dieser Insel mitzunehmen, das er zweimal täglich, früh und nachmittags, aus seinem Holzkohlenofen holt.

S. Anna im Wald

Auf dem Weg nach *Barano* leisten wir uns gleich bei *Casabona Piedimonte* einen zweiten hübschen Abstecher. Es geht nordwestwärts und wieder bergan nach *Fiaiano*. Ein Weinbauerndörflein unter dem 269 m hohen *Posto Durano*, just am Übergang zwischen Weinbergen und Kastanienwäldern, mit einem beneidenswerten Umblick, denn kurz hinter, genauer: etwas unterhalb von *Fiaiano*, das »Flämmchen« heißt, liegt der 150 m hohe *Arso-Krater*, der als bisher letzter tätiger Vulkan am 18. Januar 1301 seinen 3 km langen und 1 km breiten Lavastrom gegen Ischia schob. Auf seinem fruchtbaren Geröll ist inzwischen eine Anpflanzung des Botanikers Gossone zu einem der kompaktesten Pinienwälder des Mittelmeerraumes herangewachsen. Dort hinein versteckt ist das über 200 Jahre alte Kirchlein von *S. Anna* mit seinem Aussichtscampanile. Eingefaßt von riesigen Pinienpilzen vor dem reichgegliederten Inselpanorama des Golfes von Neapel – im Hintergrund der Vesuv und die lattarischen Bergzüge, davor der Hafen von Ponte und die Felsenzitadelle – gleicht es einem Kleinod, das in jeder Stimmung und Beleuchtung in neuen Farben schillert. Es ist das beste Bild, um die geographische Situation dieser Insel im Zusammenhang der neapolitanischen Welt zu klären, weil sich der Golf von hier aus wie ein Binnensee darstellt.

Der Süden

Heiße Südbucht

Das Straßenschild zeigt nach *Maronti*. Ihm folgend kommt man zuerst zu den verwitterten Häusern von *Vatoliere*, bei denen der hübsche Fußweg zur Wallfahrt von *Montevergine* auf 196 m Höhe und dahinter zu dem aufgelassenen Ruinenkirchlein von *San Pancrazio* an der Steilküste abzweigt. Der heilige Pankratius hat sich damit einen der abseitigsten Plätze, zu dem man nur auf mühseligen Steinpfaden über den Klippen gelangt, erwählt, um einsam über ein paar verwegen angelegten Weingärten in brütender Hitze oder beißendem Wind den Frieden der Landschaft zu hüten. Wenn alle Heiligen nur mit solchen Strapazen zu erreichen wären, stünde es schlecht um die Kirche. Beherzte finden im Südwesten den Abstieg in die *Scarrupata di Barano*, wo man nach einer Stunde eine imposante Felsstrandbucht zwischen *Punta San Pancrazio* und *Capo Grosso* erlangt.

Kurz hinter *Vatoliere* ist man bereits in *Testaccio*. Bis dorthin führt die Straße durch sanftes Bauernland, durch den grünsten Gürtel der Insel mit Waldkuppen und reichen Obst- und Weingärten, die wie Hopfenfelder wirken, da die Reben an besonders hohen Pergolen gezogen werden, wie man das auf der Einfahrt nach Neapel gesehen hat, wo der Wein hoch zwischen Pappeln, Ulmen und wie hier zwischen Maulbeerbäumen gespannt wird. Es ist eine eigenartige Anbauweise, die sich nur auf den Nordosten der sanften Insel Ischia, die Campagna und Nordportugal beschränkt. Im Südosten der sanften Talung, Fiaiano gegenüber, grüßt das erwähnte Kapellchen der Muttergottes vom Jungfrauenberg. Das Ganze ist eine erholsame Augenweide. Das beruhigende Innere der Insel läßt hier nichts vom Meer ahnen, von dem es umgeben ist. Das 182 m hohe *Testaccio* öffnet wieder den Blick über einen Küstenlandstrich bis S. Angelo im Südwesten und die Weite des offenen Tyrrhenischen Meeres. Am Ort selbst ist nichts Besonderes außer seiner Lage und der CASA ANTICA, einem der vornehmsten und stilvollsten Gästehäuser der Insel, das von dem schwedischen Schriftsteller und Schauspieler Folke Hamrin geführt wird, sowie dem Kirchlein von *S. Giorgio*. Testaccio gehört zur Landgemeinde Barano, ist deren südlichster Ortsteil und liegt genau über der großartigen Strandbucht *Marina dei Maronti*, umgeben von einem herrlich verwilderten Spazierpark. Davor senken sich im Süden die *Cotto-Klippen* zur Sichel der drei Kilometer langen, extrem warmen Marontibucht. Hinter Testaccio heben sich grüne Hänge, aus denen die Bäche tiefe, bizarre Schluchten in den Tuff und Bims geschnitten haben.

Mit *Barano*, so reich an Vegetation wie an Düften und Farben, war Testaccio – der auf die Typhoeus-Sage hindeutende

»Kopf« – in der römischen Antike der Hauptkurort der Insel und wurde zu Entschlackungskuren frequentiert. Seine Thermalquellen galten als heißester Jungbrunnen und waren die anerkannten Schönheitsbäder für Roms Damenwelt. Auch Varus hatte sich hier niedergelassen, um sich in den großartigen Sudatorien zu regenerieren.

Diese Vorhalden eines Kratertales bieten die schönsten Überraschungen für alle, die sich gerne an großen Blicken und Naturstimmungen begeistern. Die bekanntesten Wege führen zum 242 m hohen *Monte Cotto*, setzen sich entlang der Klippen über den 263 m hohen *La Guardiola* nach der schon genannten Wallfahrt *San Pancrazio* fort oder ziehen durch die Gehöfte von *Le Pianole* in einer Schleife zurück. Sehr hübsch in den Weinberghöhen des Ortes liegt ferner das Kirchlein von *S. Giorgio*, unter dem der alte Eselssteig zur *Marina dei Maronti* hinunterführt, die man heute freilich auf einem asphaltierten Straßenband erreicht. Das ist ein Sandstrand! Wie ein Sonnenreflektor zieht er sich in einem Westbogen bis *San Angelo* hin und steckt obendrein voller Überraschungen. Er verbirgt nicht nur heiße Quellen unter seiner Brandung, sondern auch trockene Fumarolen, Schwefeldampfsäulen, die die Sandmineralien aufheizen. Die stärksten Fumarolen in der düsteren *Cava Petrella*, kurz vor S. Angelo, sind zu Saunas ausgebaut worden, während in der schroffen Schlucht der *Cava Scura* Dampf-, Fango- und Mineralbäder aus den Felsen geschürft worden sind, die seit den Tagen des Augustus die über 100° heißen Naturquellen nutzen. Ferner ist da noch ein verwilderter Felseinschnitt mit den *Olmitello-Quellen*, deren salpeterhaltige Mineralien in einer Siedeanstalt konzentriert und sogar exportiert werden. Alles in allem ist die von Hotels, Restaurants und Pensionen umsäumte Marontibucht ein Sonnen-, Heilquellen-, Meer- und Sandbadeparadies, der heißeste Winkel der Insel. Trotzdem hat die windgeschützte Südseite die stärkste Brandung und wenn die Strömung nicht gerade von S. Angelo fließt, auch kristallklares Wasser. Dieser überwiegend eintrittsfreie Badestrand unter Testaccio liegt 8,5 km von Porto und 15,5 km von Forio entfernt. Zwischen den zwölf Restaurants entlang der Marontibucht stechen das BUNGALOW, das NETTUNO und besonders DI IORIO hervor.

La Panoramica

Der Parkplatz *Maronti* ist unser vierter Umkehrpunkt auf einem Abstecher vom normalen Rundkurs. Es geht wieder die Steilstraße nach Testaccio hinauf, vorbei an den Night-Club-Höhlen in der Felsenwand hügelan direkt in den Ort *Barano* hinein. Barano hat sich noch kaum zu einem modischen Kurort entwickelt, obwohl die kühle Höhe von 210 m mit einem besonders weiten Belvedere durchaus dazu angetan wäre, ihm seine Berühmtheit aus dem Altertum zurückzugewinnen. Damals spielte sich nämlich hier mehr Saisonleben als überall sonst auf der Insel ab. Die gute Luft, der füllige Wein, auf den Hügeln von *Rosanovella* gewachsen, das vorzügliche Obst und eine der besten Pizzerias überhaupt, FRANCESCHINA, sind heute die Spezialitäten Baranos. Ischias typische Pizzaform ist übrigens LA PIZZA DI SCAROLA mit Gemüsen: frittierten MELANZANI, ZUCCHINI und PEPERONI.

In Barano, diesem Knotenpunkt der Wanderwege in eine bukolische Landschaft, beginnt die ins Gebirge führende Straße *La Panoramica*, die schon 1 km hinter dem Ort die *Cava Candiano* überbrückt, in deren Schlucht die sagenhaften Wunderheilwasser der NITRUOLIQUELLE entspringen. Sie beweist seit der Antike, daß durch ihren Einfluß offene Wunden geschlossen werden und daß sie den Mädchen, die in der Nymphenquelle gespülte Wäsche tragen, eine besonders prikkelnde Haut gibt und einen sinnlichen Glanz in die Augen projiziert. Alle Betten, die mit Linnen bezogen sind, das in solch aktivem Wasser gewaschen wurde, gelten als besonders aufregend. Nach wie vor kommen jedenfalls die Fischer mit den Bissen der giftigen SCROFANI oder mit schwierigen Hautinfektionen zur Quelle, um hier Heilung zu finden.

Damit sind wir gleichzeitig in »Gutbrot« eingetroffen, in *Buonopane*, einem heimeligen Dorfsprengel am Berghang mit der originellen Tonnenkirche *San Giovanni Battista*, Johannes dem Täufer, die bis auf 1537 zurückgeht. Aus diesem 286 m hoch gelegenen stillen Bauerndorf mit den meisten Neunzigjährigen von weitum stammt die 'NDREZZATA, ein folkloristischer Trachten- und Stockschwertertanz, der einerseits den Kampf der Geschlechter, andererseits die Piratenabwehr symbolisiert und auf eine griechische Choreographie zurückgehen soll. Er ist eine große Fremdenattraktion, die man auf jeden Fall in Buonopane am Ostersonntag und an Johanni, dem 24. Juni, sieht. Die 18köpfige Tanzgruppe mit ihren Trommeln und Klarinetten tritt aber auch zu den anderen Baraner Volksfesten auf: SAN ROCCA am 16. August, S. ANNA in Fiaiano am 26. Juli und DELL'ASSUNTA in Piedimonte am 15. August sowie in *Montevergine* am 18. September. Von Buonopane führt eine besonders beliebte Bergtour quer über die Insel nach *Casamicciola*, die *Candiano*, am 502 m hohen *Trippodi*, dem Dreispitz vorbei.

Höhlenmenschen und Eselzüchter

Nach Buonopane, das – unsere Umwege nicht mitgerechnet – 8 km von Porto entfernt liegt, folgen vier windungsreiche Kilometer mit einem Anstieg auf 452 m über dem Meer. Die faszinierende, hauptsächlich durch Weinterrassen dahinziehende Höhenstraße ist dem schluchtigen Gelände angepaßt, das immer neue Überblicke und Panoramen freigibt. Endlich fährt man »über den Paß« in *Fontana*, dem Springbrunnen-

Überall auf der Insel begegnen dem Spaziergänger altertümliche Tonnengewölbe, wie hier die Kirche San Giovanni Battista in Buonopane aus dem Jahre 1537

◁ Faszinierende Kindergesichter sind einer der vielen Zauber der Insel.

Auf der Fahrt über die Berge.

Das S.-Anna-Kirchlein im Pinienwald auf dem Arsokrater bei Fiaiano.

Der Bereich Serrara-Fontana nach seinen hochgelegenen Bergdörfern der Südseite.

Das ischitanische Landhaus verbindet Zimmer, Terrassen, Dächer und Innenhöfe zu einem Ganzen.

Zwischen hohen Weinbergen in versprengten Tuffklötzen bergen sich Troglodytenhäuser. ▷

Die hoch in der Felsenkluft angelegten Sommerwohnungen, Stallungen und Keller der Mulizüchter und Weinbauern Fontanas.

Aus dem alten Piratenversteck an der südlichen, von thermischen Quellbächen durchfurchten Bergküste ist heute die termitische Touristenhochburg S. Angelo geworden.

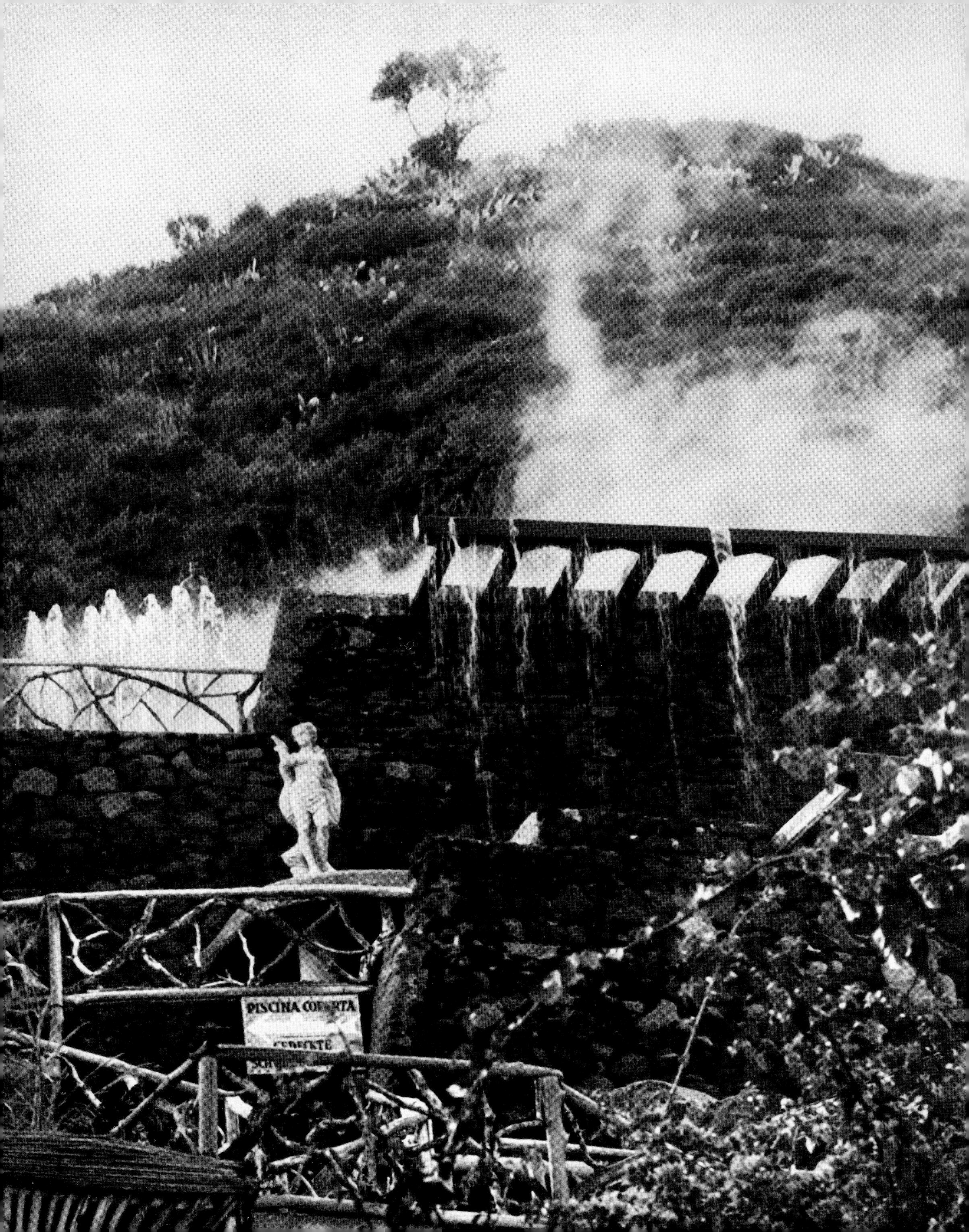
PISCINA

platz auf der Kuppe, ein. Hier liegt der Ausgangspunkt für den 3,4 km langen *Epomeo*-Aufstieg. Er dauert zirka 45 Minuten zu Fuß. Fontana ist der Ort der Esel- und Mulizucht, denn ein Teil der Leute lebt als Treiber von den Touristen, die sich aus Spaß und Scheu vor der Hitze im Sattel auf den Gipfel schleusen lassen, was dann nur 30 Minuten hinauf und zwanzig herunter dauert. Die Dorfpiazza vor dem ländlichen Rundblick über melancholische Horizonte mit einem Café, das meist nur von den diskutierenden oder kartenspielenden Männern des Dorfes frequentiert wird, ist der Mittelpunkt dieses entlegensten und menschenleersten Inselteils auf unserer Rundfahrt. Sehenswert sind bei Fontana die Felsbehausungen in den Tuffsteinwandungen der Klüfte, die zur Maronti und nach S. Angelo abfallen, sowie die originellen Stallungen und idealen Weinkeller, die gleicherweise tief in die Einbruchsgräben gehöhlt sind und den verständigen Kenner zu gelegentlichen Kostproben verführen. Sommers ist vor mancher Cantina ein Heurigenschank aufgeschlagen. So ein felsenkühler Halber mit der Kraft seiner vulkanischen Feuer beflügelt die Naturbegeisterung und ist eine gute »Zuwaag« in die Winzerkasse.

Umschau nach Süden

Von Fontanas kleiner Paßhöhe tauchen etwa ½ km südwärts die Kuben griechischer Inselhäuschen von *Noia* auf, einem 426 m hohen Punkt, den sich der Inselgast merken sollte, da man von dort einen erlebnisreichen Abstieg in die botanisch, geologisch und historisch interessante *Cava Scura*, die römische Thermalbäder-Klamm, unternehmen kann. Nach zwei Kurven voran in Richtung *Serrara* können wir bei *Pantano*, dem Friedhof von Serrara, parken, um in etwa einer Stunde auf der *Falanga*, einem uralten Hirtenpfad, nordwestwärts über den *Bocca di Serra* in einer West-Nord-Umgehung des Pietra dell'Acqua 720 m entweder auf den *Epomeo* zu gelangen oder um nach *S. Maria del Monte*, der wohl interessantesten Inselkirche, auf halber Höhe zwischen Forio und dem Epomeogipfel hinüberzuwandern. Es ist dies eine der lohnenswertesten Fußtouren. Der Weg steigt und fällt nur etwa 100 m, unterwegs aber wechseln unentwegt Landschaft, Vegetation und Ausblicke in dieser delphischen Zone. Andererseits kann man von *Serrara*, das den Rundfahrer mit einem auffälligen Torbogen zwischen Kirche und Rathaus empfängt, vor dem majestätischen Belvedere, der *Punta del Ventaruolo*, zumindest eine Espressopause lang vor dem SORRISO D'AURORA, der »Bar zur lächelnden Morgenröte«, die überwältigende Aussicht auf sich wirken lassen. Das Bild beherrscht der fast 400 m tiefer gelegene Burgfelsen von *S. Angelo*, die weitgeschwungenen S-Linien der vitriol- und gelbgrünen Weinbergterrassen und ein Horizont, der weit über Capri hinausreicht. Wem es auf eine Stunde nicht ankommt, der kann gleich um die Ecke in Richtung Panza auf der Terrasse der TRATTORIA LA FLOREANA zu Tisch sitzen und sich an lokaler Küche delektieren. Und nun schlage ich abermals eine Abweichung von der üblichen Strecke vor. In etwa 20 Minuten zu Fuß kann man auf dem alten Verbindungssteig zwischen dem Bergdorf Serrara und seinem Fischerhafen S. Angelo eine der ergiebigsten Landschaftsentdeckungen erleben, zu der ich überreden möchte, wenn sich ein Fahrer bereitfindet, einen auf dem Parkplatz *Punto Grado*, vor S. Angelo, zur Fortsetzung der Rundfahrt wieder abzuholen.

Serrara selbst liegt rund 370 m hoch und wird der Speicher der Ceres, das Kornkammerdorf, genannt. Für jeden, der dem Land verbunden ist, lohnt sich der Rundgang durch seine Gäßchen, der Blick in die doppelschiffige Kuppelkirche von 1630 und in die still verschlossene Weinbauernidylle, die man eher in den Abruzzen als auf einer Fischerinsel wie Ischia vermutet.

Die Findlingsburgen

Nach *Serrara* fällt die Straße in abenteuerlichen Serpentinen auf den nächsten Kilometern um hundert Meter und wendet sich nach Westen auf die Hügel von *Panza* zu in die bleichgrüne Ebene von Forio. Gleichzeitig bleiben die felsige Südküste mit dem Kuppzahn von S. Angelo und im Hintergrund der graublaue Pantherrücken von Capri sichtbar. Wir betreten hier abermals einen neuen Inselteil. Es empfängt uns die baumkarge Natur eines sizilianischen Südens in zunehmend silber- und staubgrauen Tönen, beherrscht von dichtbestockten Rebterrassen zwischen Fels und Brandung.

Schon von weit oben wird in den unteren Kurven das schneeweiße Kapellchen von *S. Giro* aus dem Jahre 1661, das sich mit ein paar Häuschen begürtet hat, sichtbar. Wir kommen nach *Ciglio*, einem antiken Quellplatz, in dessen Umkreis sich einige der wunderlichsten Dinge der Insel befinden. Die drei bekanntesten Troglodyten-Häuser in den gut isolierenden Tuffsteinfindlingen sind: *La Pietra Spaccata* und *La Piscina Le'eggia* direkt an der Straße sowie *La Pietra di Cazzuoli*, die Zweifamilienhöhle mit ihren blau-rosa und weißen Fenstern im höheren Gelände. Es sind beachtliche, in die Rebhänge versprengte Felsbrocken der Vulkanausbrüche, die durch Aushöhlung für die Menschen behausbar gemacht wurden.

Der Name *Ciglio*, das heißt Wimper, deutet wieder auf das Ungeheuer Typhoeus hin, genauso wie La Bocca, einer Weinbergsregion feldein in Richtung Forio mit einer starken Fumarola, die den sichtbar dampfenden Mund darstellt. Ciglio bildet übrigens den Scheitelpunkt der Provinzialstraße, der von Ischia Porto in jeder Richtung 15,5 km entfernt ist. Der Weg über die Bergstrecke ist fahrtechnisch schwieriger,

Über den Terrassenbassins der Aphrodite- und Apollonthermen S. Angelos sprudeln aus der Tiefe der Vulkane radioaktive Quellen, Dämpfe und heilender Erdrauch. Auf dieser in Europa einmaligen Konzentration von Heilkräften ist ein vielschichtiger Kur- und Badebetrieb aufgebaut.

man kommt jedoch schneller voran, da einen weniger Transportverkehr und Ortsdurchfahrten hindern. Ein paar knappe Kurven weiter verlockt eine rustikale Terrassentaverne, O'Sole Nascente mit kühlen Weinlauben zum beschaulichen Ausblick bei einem der köstlichen Jauseschoppen – vielleicht Melone mit Rohschneider, Birnen, Nüsse und Provolone, frische Feigen mit Salami oder frische Pfirsiche in Rotwein. Schließlich aber fährt man weitere 100 m tiefer, genau auf 161 m Höhe, in *Panza*, dem Weindorado Ischias, ein.

Pseudo-Capri

Doch zunächst biegt unsere Rundfahrt hier im spitzen Winkel südöstlich auf *S. Angelo* hinunter ab, vorbei an Panzas erstem Haus am Platz, Pensione und Ristorante La Ginestra, die jetzt auch einen eigenen Thermalkomplex ausbaut, vorbei an *Succhivos* bunten Würfeln im Grünen, einem nur noch 50 m über dem Meer gelegenen Häuser-Dutzend und der ersten Tankstelle auf den 18 km seit Ischia Porto. Dahinter ein paar Pensionen und eine kleine geschützte Strandbucht in den schroffen Felsen, die *Spiaggia von Grado*, an der besonders tiefblauen Bai von *Chiarito*, in der man immer wieder Unterwasserjäger antrifft. In *Succhivo*, unter dem eine antike Siedlung schlummern soll, leben einige Inselkenner, darunter Künstler und begüterte Ausländer, die hier ihre »Residenza d'Ischia« aufgeschlagen haben. Die Ortschaft fällt kaum auf, aber beim Imker Iacono gibt es eine unvergleichliche Frühstücksversüßung, nämlich reinsten Naturhonig aus der Zeit der Orangenblüten oder den Miele di Bosco, den Pinienwaldhonig.

Gleich hinter der Brücke über die *Cava Ruffano* endet der Autoverkehr. S. Angelo, längst nicht mehr das, was es einst war und noch nicht ganz das, was es zu werden droht, ist eine straßen- und motorenlärmfreie Touristenenklave; eine Piratendorfkonserve speziell für den Deutschlandexport, das Cattolica Südwest-Italiens, der allzu frisch getünchte, neumalerische Fischerhafen der Serraresen. Mit seinen wie Bienenwaben an den Fels geklebten Pensionshäuschen, die durch gewendelte Treppengäßchen, Piazettas und Bögen miteinander und übereinander verschachtelt sind, ergibt sich ein capribuntes Bild. Und in der Tat, hier hat vor ein paar Jahren nur die kleine Malerkolonie um den Meister der Abstrakten, Werner Gilles, existiert.

Doch mit den deutschen Intellektuellen und mit Wasser-, Strom- und Straßenanschluß überwucherte die Gastronomie den Felsen. Inzwischen ist *S. Angelo* eine Touristenhochburg, denn sein international bedeutendes balneologisches Zentrum ist auch für Winterkuren ausgebaut worden.

Im Mittelpunkt stehen fünf Thermalbäderkomplexe, die Therme Linda, die Casa Rosa-, die Apollo- und die Aphroditegartenthermen, die in zum Teil überdachten Anlagen Bäder mit Brom-, Eisen-, Jod- und Phosphatmineralien, dazu weiter radioaktive Fangopackungen und Aerosoltherapien verabreichen, und neuerdings das Thermalhotel La Romantica mit Bassin, Park, Restaurant und kleinem Winter-Night-Club.

Von S. Angelos Hafen aus kann man sich bequem per Boot an den *Marontistrand* vor der *Cava Scura* übersetzen lassen. Der Fußweg am Fels entlang dorthin ist eher heiß und beschwerlich. Man befolge daher der Bauern gute Regel: »Steige im Sommer keine Treppen«. Zum Lohn erwartet einen tief im Felsenschlund die rustikale Bettola di Pietro Paolo und nahe am Strand das Ristorante Severino. Mit dem Fahrzeug ist die *Marina dei Maronti* nur auf dem 11 km langen Kletterkurs durchs Gebirge nach Testacchio zugänglich. Allein die heißen Sandbäder, die Schwefelfumarolen und Saunas in der *Petrellabucht* liegen zu *S. Angelos* Füßen. Vom Hafen durch einen 120 m langen, knapp 30 m breiten Isthmus einer Doppelstrandsichel getrennt, erhebt sich ein oxydfarbener Lavakegel, *La Roja*, sprich Rocha, aus dem Spanischen: der Steinfels, 400 m hoch, bekrönt von der Ruine eines Wehrturmes aus dem 16. Jahrhundert. Ein überaus lohnenswerter Spaziersteig führt zu einer vielfältigen Rundsicht, diesmal von See her, auf den Süden der Insel, auf *Ischia Campagnola* und die ländliche Seite mit dem Epomeomassiv und seinen Bergdörfern in den Garten- und Weinberghalden. Dicht unter einem aber zwängt sich der Fischerhafen des romantischen, leider touristisch verunstalteten *S. Angelo*. Wir stehen auf dem südlichsten Inselpunkt, exakt auf dem 40° 45 m und 39 s.

Selbst diese Kuppe des Vulkanaufwurfes, *Monte S. Angelo*, ist mit Weingärten terrassiert und wird von einer Ausflugstaverna beherrscht, die nach drei Viertel des Wegs die erhitzten Besteiger labt und nachts hoch über dem Meer mit bunten Lampions winkt. Im Frühjahr und im Herbst pilgern die Liebhaber gebratener Wachteln dorthin und an den Abenden der Hauptsaison das tanzlustige Kurvolk mit seinen Peppis und Lolas. Am Fuß des Kegels aber, auf Stelzen über die Brandung gezimmert, finden sich das Fischrestaurant Nummer 1 auf der Insel, Pepino. Hier geht es um Zuppa di Cozze, die Miemuschelsuppe, Arragoste, Langusten, Calamari, Tintenfische oder um Frittura di Pesce, ein frittiertes Fischallerlei, sowie immer wieder um den jodherben, kühlen Weißen vom Epomeo. An der Brüstung über dem Riva al Mare vor der Casa Celestino sitzt sich's auch nicht schlecht, und die frittierten Fische und gegrillten Langusten halten, was des Hauses Ruf verspricht. S. Angelos beste Pizzeria indes heißt Pasquale. Das Kolorit des Ortes wird wie auf Capri von der Piazetta bestimmt, der *Piazza O Trova*, einem »offenen Wohnzimmer« mit kleinen Restaurants, Pizzerias, Cafés,

Boutiquen, am Porticcio 10 mit aufgebockten Booten, Fischernetzen und LA TAVERNETTA, dem Nachtlokal.
Hier gibt S. Angelo am Micheli-Tag, Ende September, seine Inselparty mit Bergen gebrannter Mandeln, mit Kokosnüssen, Wassermelonen, einem Jahrmarkt, einer Traviata-Ouverture der Feuerwehrkapelle und dem nächtlichen Schauspiel bengalischer Raketen. In mondscheinlosen Nächten und bei stiller See bevölkert sich die schwarze Szenerie vor der *Chiaritobucht* mit den LAMPARAFISCHERN, die im grellen Schein ihrer Gaslampen Polypen stechen und Tintenfische angeln. Die Strömung um die Riffe vor S. Angelo durchzieht die besten Gefilde für den Unterwassersport.
Wer immer S. Angelo zu seinem Standort wählt, der sollte die Spazierwege durch die schroffe, zum Teil tropisch verwilderte Landschaft hinter der Marontibucht nach *Testacchio* suchen oder sich durch die beeindruckenden Tobel der *Cava Scura* hinauf nach *Noia* oder über die *Cava Acquara* nach *Barano* durchschlagen. Spazier-Entdecken ist, wenn auch nahezu ein Privileg der Deutschen, ein Hauptsport der Insel. Kaum jemand wird es übrigens bereuen, den Zweistundenaufstieg von *S. Angelo* über *Serrara*, *Noia* und *Fontana* bis auf den *Epomeo* unternommen zu haben oder gar noch weiter auf der mittleren Südnord-Passage nach *Bagni* und *Casamicciola*, abzusteigen. Bei der westlichen Inselüberquerung von Süd nach Nord dringt man von *Serrara* über den *Bocca di Terra*, das Erdmaul, in die kühlen Kastanienwälder um *Santa Maria del Monte* vor, von wo aus ein weiter Abstieg bis *Lacco Ameno* zu finden ist.
Es sind alles keine Promenaden, sondern richtige Bergtouren, die man sich besser für die kühleren Tage aufhebt, wenn das Meer den Badenden nicht so gesonnen ist, wie es die Prospekte verheißen.
Der Linienbus benötigt von *S. Angelo* via *Forio* nach *Porto* 45 Minuten, auf der Bergstrecke über Barano hingegen eine gute Stunde. *Forio* sowohl wie *Fontana* werden in zwanzig Minuten erreicht.

Da Leopoldo

Wer auf der Rundfahrt S. Angelo berührt, hat etwa die Hälfte erlebt, hat in diesem Fall im bewaldeten Norden begonnen, hat den fruchtreichen Osten durchschweift und den bergigen Süden. Was jetzt folgt, ist der achaische und flachere Westen, der große Garten des Dionysos. Beginnen wir mit dem charaktervollsten aller Inseldörfer, mit *Panza*, 155 m hoch auf dem Kamm zwischen der lapislazuliblauen *La-Grado-* oder *Chiaritobucht* S. Angelos im Südosten und dem smaragdgetönten Strandgolf *Citara* vor dem nordwestlich gelegenen Forio.
Im Innern des fröhlichen Dorfes aus Lavastein-Häusern ruhen im verborgenen alter spanischer Kellergefängnisse die größten Schätze der Insel: Fässer feinsten Weines. *Panza* heißt »der Wanst« und läßt sofort an Pantagruel oder an gesegnete Umstände denken. Dies Panza ist der Mittelpunkt der ischitanischen Weinkultur, ein Winzerdorf mit den reichsten Jagdgründen der Insel, ein Dorado der einheimischen und heimlichen Jäger. Mit ihnen lohnt sich von Panza aus ein Ausflug in die wilde Natur der *Scanella*, wo noch das Poltern und Dampfen der Hölle zu verfolgen ist, denn hier machen sich die vulkanischen Glutströme durch Schwefelrauchfontänen bemerkbar.
Hinter dem Friedhof westseits geht ein Mauleselpfad zu den dräuenden Klippen über der Gischt durch die rauchende Zone zu einem hinreißenden Blick, der bei klarem Horizont sogar die Inseln Ponza, Zannore usw. freigibt.
Dem Spaziergänger, der jedoch ostwärts zur verwunschenen *Spiaggia di Soliceto* hinunterklettert, um in völliger Einsamkeit zwischen den glatten Steinen in den »intensiven« Thermen zu baden oder sein Asthma zu kurieren, wird klar, daß diese natürliche Heilidylle nicht mehr lange unerschlossen bleiben wird. Die Straße ist schon geplant und wird Panza an den Kurbadboom der Insel anschließen. Vorläufig endet der Asphalt noch am verschwiegenen Gottesacker in des Wortes vollstem Sinn.
Wer dorthin und weiter zu der in Schilf und Wein versteckten BACCANA DA LEOPOLDO und IL CACCIATORE oder gar bis zum 234 m hohen *Punta Imperatore* mit dem FARO vordringt, wird sich nie sattsehen an immer neuen Durchblicken über Eichen- und Olivenhaine, Felsabstürze und umbrandete Mulden. Der weiße Leuchtturm sendet seinen Spiegelschein 35 Seemeilen weit hinaus; er beherrscht den Südwesten Ischias, in dessen Wildnis die Jäger nach Karnickeln, Fasanen, Wachteln und Drosseln streifen. Hier gäbe es geheimnisvolle Seeräuberhöhlen zu untersuchen, und landein, auf das eidechsengrüne Gesteinsmassiv des Epomeo gerichtet, ist der Blick von Panza am allerschönsten. Ein- bis zweimal die Woche zieht ein eleganter Amerikaliner aus Neapel südab vorüber; man sieht ihn am Horizont, wenn man den Blick auf Capris kalkgrauen Tafelberg richtet.
Ich würde hier in Panza an der Weinlaubentaverne DA LEOPOLDO am liebsten Rast halten, denn nirgends ist die Salatschüssel so groß und so bunt gemischt wie hier. Leopoldo hütet außerdem als Familiengeheimnis Urgroßvaters altarabisches Rezept für die Spezialität der Insel: IL COGNIGLIO ALLA CACCIATORE. Ein mindest 1500 g schweres Wildkaninchen, ein LEPRO GIGANTE, wird in einer Tonpfanne mit einem Kräuterbukett, wie man es nur um Panza findet, in Wein, Schmalz und Öl geschmort. Das Kaninchenessen gehörte schon zur Zeit der Anjous zu den Gastereien der Jagdgesellschaften. »So süß und freundlich gelegen, daß unter dem Himmel nicht seinesgleichen zu finden ist, und dazu die Inseln Pithecusa und

Nisida, die voller Hasen sind...« (Boccaccio). Diese Pizzeria ist genausogut das Gasthaus der Einheimischen wie der Babecue für die Kapitäne der Milliardärsjachten oder das Ischiagrinzing nordischer Mädchen. Es ist eine der drei wahren Möglichkeiten, die Landschaftsspezialitäten zu studieren. Vergleichbar nur mit TONINO's LAMPARA am Porto und GIORGIOS ROMANTICA in Forio.

Das anerkannt beste Weingut, die Latifundien des MARCHESE PIROMALLO DI MONTEBELLO, liegt in Panza. In der Nähe seines pompejanisch roten Herrensitzes auf einem Seitenweg mit hohen PARACCINE, steingesetzten Weingassenmauern, die – sollte die Erde wieder beben – ohne Mörtel elastisch bleiben, stößt man auf die *Casa del Cefarotto*, den größten ausgebauten Tuffsteinfindling.

Der Westen

O Soldi mio

Damit sind wir im wesentlichen schon auf dem Wege nach *Forio*. Doch zwingt einen schon wenige hundert Meter weiter westab eine Haarnadelkurve bei den Häusern von *Cuotto* wieder zum Halten. Zwei Restaurants, mit heimeligen Pergolen, aus Glyzinien, Clematis, Geißblatt und Bougainvillea überdacht, verführen mit ihrer Bellavista und dem DOLCE SORRISO, dem »süßen Lächeln«, wie hier die weiße Spätlese, der Damenwein, heißt, zum Verweilen. Wurde der Gast ehedem mit einem CALURCIO DI PANE C'A PUMMAROLA empfangen, einem geteilten Weißbrot, das mit Knoblauch ausgerieben, mit Olivenöl getränkt, mit Tomatenscheiben gefüllt und mit Basilikum und Salz bestreut wird, dann serviert man ihm heute Sandwiches.

Cuotto ist der obligate Stop für Touristenbusse. Die schnatternde Kompanie wird hier gefüttert, mit MALVASIER oder MUSCATELLER und mit Schmachtfetzen zur neapolitanischen Mandoline beseelt. IN PIERINOS TERRA DEL FUOCO gibt es obendrein natürliche Dampfsäulen zu sehen, die aus dem kochenden Untergrund von *Citara*, der Thunfischfangbucht, heraufschwelt. Bei ihm ißt man vorzügliche POLPETTI ALLA NAPOLITANA und am allerbesten auf der ganzen Insel POLLO, Masthuhn auf ischitanisch, und trinkt süßlichen SORRISO-ROSÉ.

Unter uns liegt jetzt der friedliche gelbe Halbmond des Citarastrandes mit dem größten Thermalbäderkomplex der Insel, den Poseidongärten. *Citaras* 76° heiße Quellen in der exotisch begarteten Klippendeichung schießen mit 100 l/Sek. hervor, schon vier bis fünf l/Sek. gelten als ergiebig. Diese schwefel-, magnesium-, eisen-, jod-, torrium- und radiumhaltigen Wasser füllen im einzigen derartigen Thermal-Strandbad Europas dreizehn zum Teil mit tropisch heißen Gewächshäusern überdachte Swimming-Pools, abgestuft in verschiedenen Temperaturen zwischen 20 und 40° C. In ihnen kann man gleichzeitig heiß und kalt, süß und salzig baden.

Um *Citaras* befruchtende Verjüngungsbäder sind viele Legenden im Umlauf. Eine gefundene Tempelstatuette weist auf ein antikes Aphroditenheiligtum an der kleinen *Amalfitana*, wie der Küstenstrich auch heißt. Doch Odysseus und die genußliebenden Phaiaken haben mit Sicherheit Ischia nicht berührt. Ihre Geschichte spielte an den Küsten um Korfu. Da die griechischen Siedler Pithekoussais den Römern die kultische Verehrung Apolls vermittelt haben, trifft es sicher zu, daß diese der mythischen Erde entsteigenden Wunderquellen unter dem Schutz des delphischen Gottes gestanden hatten und ein heiliger Badeort der Vestalinnen gewesen ist. Die citarischen Wasser, das ist unbestreitbar, beleben in der Tat die Liebeskräfte und sind daher die umlagerten Thermalbäder der Papagalli.

Wer die Sache genauer betrachten will, kann zu den Restaurants und Kuranlagen nach *Citara* hinunterfahren, vielleicht ein Bad bei den roten Felsen einschalten, doch muß er sich von den feuerheißen Quellen im Strandstreifen hüten. Wem der Sanatoriumsrummel aber nicht liegt, der klettert 200 m weiter von der Straße Richtung *Forio* zur *Cava dell'Isola* hinunter. Hier findet er eine aus dem Löß geschnittene Sandstrandenklave für Inselkenner. Auch da ein Restaurant mit Leihbooten, Wasserskiern, Sonnenschirmen, Liegestühlen und heißen Quellen. Wer hier badet, sollte jedoch auf zwei Dinge achten, auf die RICCI, die Seeigel an den Riffen, die da und dort aus der Bucht ragen, und auf CATRAME, auf den Ölteer, der sich von den Schiffsmotoren in schwarzen Klumpen leider an allen Stränden Ischias im Sand ablagert. Mit Olivenöl lassen sich die schwarzen Flecken ebenso leicht von der Haut entfernen wie mit Benzin aus den Kleidern. Was die RICCI betrifft, die eine austernähnliche Herrenschlemmerei sein können, ist zu beachten, daß man nur die buntschillernden weiblichen Tiere findet. Die schwarzen männlichen sind weder so schmackhaft noch bekömmlich!

Mozarabische Szenerie

Von nun an bleibt die Straße unserer Rundfahrt fast immer flach an der Küste. Wir kommen nach *Forio*, der weißen Sarazenenblume in der westlichen Weinebene, vor die sich gen Osten das spangrüne, olivbraune Epomeomassiv wie ein gezackter Riegel legt, der den peloponnesischen Garten von der lybischen Seite der Insel abteilt. Zwischen der sanften Bai Forios und dem rauhen Gipfelgestein schichten sich die Landschaften verschiedenster Höhenzonen vom sardischen Gestrüpp um die Küsten bis zum lichtgrünen Kastanienjungwald hinauf. Dieses ländliche, noch stark afrikanisch-griechisch

Von malerischen Eindrücken aus Ischias Winzerdörfern darf man nicht gleich auf Not und Armut schließen. Sie spiegeln vielmehr den ungezwungenen südlichen Gassenalltag und die freie Wildbahn spielender Kinder.

PANZA

Panza – das Urdorf der Insel im heißen Südwesten, ist das mit seinen verschachtelten Würfelhäusern und Kuppelkirchen lebendigste Beispiel archaischen Bauens.

Hinter den Dächern des mozarabischen Forio fesselt das Auge der sizilisch karge Südwestabfall des Epomeomassives.

FORIO

Am stimmungsvoll friedlichen Fischerhafen Forios mit seinen Wehrtürmen und Tavernettas.

wirkende Städtchen ist in vieler Hinsicht der Antipode Ischia Portos. Dort: eleganter Straßenbetrieb mit teurem Highlife und dem typischen Hotelpublikum in sommerlichen Neuheiten. Hier in Forio: die Bohème mit einem gesellschaftlichen Innenleben ihrer ansässigen Ausländerprominenz.

Als erstes nimmt man am *Punta del Soccorso* ein Auge voll Forio, danach wird der Wagen bei der Piazetta geparkt und zunächst bei MARIA INTERNATIONALE ein Espresso oder Campari getrunken. Hier, im »Mutti-Bräu« von Ischia, residiert Maria als Malerwirtin in ihrer kleinen Bar, deren Hinterräume das wichtigste Museum der Insel verbirgt. Zwei Schatzkammern moderner Kunst entstanden aus Widmungen für die kleine originelle und lebenslustige Mittelpunkterscheinung dieses Inselpositanos. Ihr unscheinbares Espresso vor einem gespenstischen Jugendstilbrunnen, unter Bäumen, die nicht einmal der, der sie gepflanzt hat, zu spezifizieren wußte, die sich aber inzwischen als AILANTHUS, der asiatische Götterbaum, herausstellten, ist das Rendezvous der Intellektuellen, höchst amüsanten Interforianern aus aller Welt und allen Schichten. »Radio Piazza« ist mit ständigen Kommentaren zur Ortspolitik, zum Stand der Touristenbörse das aktuelle Klatschstudio.

In der Hochsaison verwandeln sich die *Piazza Portone* und der *Corso Umberto* zu einer Freilichtgalerie, dem Festival Forios, das Talente aller Herren Länder vorstellt.

Wenn Simplifizierungen erlaubt sind, bestimmen in Porto die Clubjackenkapitäne das Bild, S. Angelo wird von Madame Flugtouristin charakterisiert, in Casamicciola wandeln die Spazierstockpaare, in Lacco Ameno relaxt die Rolls-Royce-Elite, und hier in Forio machen die Jean-Snobs das Bild.

Im übrigen kann ein CICERONE für Forio nur auf die sieben, im ganzen Gemeindegebiet sogar sechzehn, mächtigen Sarazenentürme aus dem 15. Jahrhundert hinweisen, auf das Heimatmuseum mit dem bemerkenswerten Ausguck vom *Torrione*, auf die Fangothermen *Castaldi*, auf das zünftige First-Class-Restaurant LA ROMANTICA am stimmungsvollen Hafen, wo die Herren zum Aperitif RICCI, frische Seeigel, schlürfen, und die Sybariten als größte Attraktion SPAGHETTI ALLA DISGRAZIATA vom Chef FRANCO, fette CERNIA, den denkbar besten, leider aber auch kostbarsten Fisch dieser Gewässer, und TACCHINO AL ORANGE, Truthahn mit Orangen und Grand Marnier, serviert bekommen. Der Jet-Set verplaudert hier die Nächte bei Wein, Klatsch und Kunstkritik, denn das Lokal des agilen GIORGIO CONTE ist eine permanente Galerie moderner Kunst, die schon manchen Avantgardisten herausgestellt hat. In unmittelbarer Nachbarschaft mit sanftem Blick über Mole, Strand und meist tuckernde Fischerboote hat FILIPPO sein SANTURNINO, wie er es nennt, aufgeschlagen, eine strohgedeckte Veranda-Kneipe für verständige Genießer. Die Küche wird von DONNA FRANCA dirigiert, der man nachsagt, sie koche die beste ZUPPA DI COZZE. Repräsentiert wird das Ganze von der wuchtigen Gestalt des amerikanischen Filmschauspielers PHILIPP DAKIN, der, an die Insel verlorengegangen, im Dauerrausch dahinlebt. Was kann der Mensch mehr erreichen, als eine Taverne, ein internationales Künstlerloch am Hafen von Forio, sein eigen zu nennen – der Abschluß bacchantischer Lebensphilosophie! Daneben hat der Guide Michelin dem RISTORANTE BOLOGNA sehr zu Recht noch einen Stern verliehen. Am Ende des Hafens bei PEPPINO CASANOVA geht es populärer zu, doch gibt es Musik, und manchmal kommt der Bär von Panza, FRANCO IACONO, und reißt mit seiner mächtigen Stimme als CARUSO DELLA MONTAGNA das Ferienvolk zu Begeisterung hin. Alltags ist er eine Art Schlattenschammes der Individualtouristen.

Forio mit seinem Dorfstadtfluidum hat seine Besonderheiten. Der eine hockt barfuß auf einem Straßensockel und spuckt MESPOLEKERNE vor sich hin, der andere läßt sein Partybuffet mit Privathubschraubern aus Paris oder München anfliegen. Des einen Kunst wächst fast wild wie die Trauben, des anderen Phantasien werden von Maecenas vergoldet. Zur seelischen Erbauung birgt Forio noch 21 Kirchen, darunter die *Basilika Santa Maria di Loretto*, deren südländischer Barock auf das 16. Jahrhundert zurückgeht. All das erklärt freilich noch nichts von dem, was Forio zum ergiebigsten Ort der Insel gemacht hat: dem Fluidum, das nur jeder selbst zu ergründen vermag, wenn er durch die Fundgruben der Altstadt zum Markt hinaufschlendert, sich zu den Korbmachern durchfragt, die Mauergassen, Barockportale, Madonellen in Nischen und Toren entdeckt, dem Leben in den Hinterhöfen begegnet oder auf die Mole hinausspaziert. Wer sich den Blick für ursprüngliche Schönheiten erhalten hat, wird hier nie satt an Eindrücken. Es ist eine bewegte Dult mit Farben, Blumen, Häusern und Menschen mit den Gesichtern aller Zeiten.

Dennoch ist man in Forio durch Tankstellen, Kino, Banken, Krankenhaus, Verkehrsbüro und Linienschiffe, durch Buchhandlungen und Taxistand fast wie in Porto an die technische Gegenwart und ihr Modekarussell angeschlossen.

Am Ortsteil *Monterone* kreuzen wir die alte Bourbonenstraße, den damals ausgebauten Verbindungsring, der auf einer Höhe von etwa 100 m bleibend in Richtung Nordost nach *Casamicciola-Porto Ischia* führt und die Küstenfahrt über *Lacco Ameno* abkürzt. Hier zu gehen oder zu fahren ist zwar für Schuhe und Reifen eine Strapaze, die Holpergasse zeigt aber wie auf einer Perlenkette hübsche Punkte.

Wer einen Zweieinhalbstundenaufstieg nicht scheut, der sollte unbedingt von *Monterone* hinter den *Castaldithermen* auf den Eselstreppen in die Bergschluchten steigen, um über die 409 m hoch gelegene, für meine Begriffe faszinierendste Kuppelkirche, *S. Maria del Monte*, auf den Epomeo zu ge-

Die Wallfahrtskirche Santa Maria del Monte liegt auf erhabener Höhe in dionysischer Einsamkeit zwischen Weinterrassen in die einprägsame Kykladenlandschaft gebettet.

langen. Der Weiler zeigt, wie sich eine byzantinische Kykladenkirche in die Panslandschaft fügt, ist jedoch ein ganz verlassener Platz, der sich nur am 8. Mai, dem Wallfahrtstag, belebt. Seine überwältigende Ausstrahlung ließ ihn zum Höhepunkt meiner Inseleindrücke werden. Der harmonische Vielklang der Umgebung läßt Erinnerungen zurück an eine echte Seelenrast, die heiterste Üppigkeit und einsame Geruhsamkeit vereint.

Ein Stall, eine Zisterne, ein Weinkeller mit einem Poliment, der Anlage zum Weintraubentreten, ein Balkonzimmer für den Sakristan, Gastwirt, Winzer und Hirt in einer Person, die Kirchenkuppel, das Terrassendach und der Glockenbogen – alles durch weiße Mauern und klotzige Stiegen dreistöckig miteinander verwoben und an den Bergfels geklebt. Das ist alles, aber davor dehnen sich die heiligen Haine der Weingötter und ziehen im weichen Schwung zur Ebene von Forio hin. Hinter *S. Maria del Monte* aber wächst der Kraterwald und aus ihm die dämonischen Felsen der Steilwand zum Epomeo. Weit im Westen grüßen die fruchtbaren Hügel von Panza, umgürtet vom Glitzern des Meeres. Eine gestrige Unwirklichkeit über dem Gebrande von heute.

Von dort, der halben Höhe aus, kann man durch die bewaldete *Falanga*, Fragment eines Feuerrachens, auf die *Eremitage von S. Nicola* im 787 m hohen Epomeogipfel weitersteigen. Im Wald, 501 m hoch, zwischen *Monte Nuovo* und *Capo dell'Uomo* muß man sich entscheiden, die Direttissima durch den Krater zur Südseite des Gipfels zu nehmen oder im Nordostbogen etwas länger zur Bergklause vorzudringen.

Leider sind die Wege sehr schlecht, das heißt überhaupt nicht markiert. Die Leute sagen sich: »Wandern tun sowieso bloß die TEDESCHI, und die finden ohnehin alles.«

Forios Hauptfest spielt sich noch in der Vorsaison während der Karwoche ab. In einem Figurenaufzug mit einem farbigen Symbolspiel der Leidankündigung des Sohnes an die Mutter Maria tritt die Fülle überkommener Glaubensbegeisterung noch heute enthusiastisch zutage.

Die Jahresuhr zählt auf Ischia kaum noch nach den Rhythmen der Fischer und Weinbauern, sondern nach Saisonen. Die Nordländer bräunen schon im Mandelblütenfrühling des Februars an den Stränden. Mit dem ersten März beginnen die Reisegeschäfte ihre Vorsaison. Ab Ostern sind alle Restaurants und Strandanstalten wieder in Betrieb. Der Mai bringt den Hotels und Pensionen volle Häuser. Der turbulente Hochbetrieb der italienischen Saison setzt schlagartig am 1. Juli ein und endet auf den Tag am 15. September. Dann staffelt sich die Nachsaison wieder vom 1. bis 31. Oktober und im November vereinzeln sich die Fremden wieder in der Spätsonne. Neuerdings kurbelt jedoch die Thermalhotelerie in Porto und S. Angelo die Winterkursaison für ausländische Flugtouristen an und wird sich damit gewiß mit Erfolg durchsetzen. Über 55 Prozent aller Gäste sind Ausländer und 67 Prozent – also mehr als ein Drittel aller Inselgäste – stellen Deutschland, Österreich und die Schweiz, gefolgt von Engländern, Franzosen, Amerikanern und Skandinaviern.

Es gibt drei Saisonen für zweierlei Publikum. Die frühe Kursaison wird von heilbedürftigen Ausländern dominiert; in der Hochsaison, man sollte besser Amüsiersaison der jungen Welle sagen, fallen die ferienhungrigen Italiener und erlebnisdurstigen Nordmädchen wie Heuschreckenschwärme ein. Den Abschluß bildet der Nachsommer mit den Intellektuellen, die Kursaison der Prominentenbegegnungen, deren Schwerpunkt in Forio liegt.

Der Jungfrauen-Beach

Forio liegt nur noch 10 km von Ischia Porto auf der Nordost-Route, 5 km von Lacco Ameno und 5,5 km von S. Angelo entfernt. Doch sind wir bereits 21 km auf der Südseite über die Berge von Porto hierhergefahren.

Neuerdings ist auch Forio ein Hotelzentrum geworden, da dies weiße mozarabische Städtchen mit seinen Kur- und Strandkomplexen den anderen Gegenden der Insel nicht mehr nachsteht. Im Gegenteil! Der sanfte 5,2 km lange westliche Meerbusen zwischen *Punto Imperatore* und dem *Punto Caruso* hat eine ganze Reihe badewerter Strände, so direkt am Hafen vor der Tavernenkette im Schutz der Mole die *Spiaggia della Marina*, am Ortsausgang die Sandbänke der *Spine Santa* und an seiner Nordwestflanke den sportlichsten Strand, den von *Montevérgine*. Er streckt sich vor dem Kloster *San Francesco di Paolo* im Schutz der exotisch überwachsenen Felsbarriere des *Punto Caruso*. Der *S.-Francesco*-Strand ist so angenehm, weil er an der offensten Brandung mit dem abfallreinsten Wasser liegt. Wie alle anderen verbirgt er warme Quellen in den sehr weit hinausreichenden Sandbänken. Weder fehlt ihm ein beschatteter Parkplatz noch das obligate Strandrestaurant, es heißt: IL TEDESCHO, der Deutsche. Vor allem ist hier der Zugang ungehindert. Auf der Fahrt Richtung *Lacco Ameno* taucht zuerst rechter Hand der Sportplatz, dann 1,3 km ostauswärts die Kapelle des *Purgatorio*, zum Fegefeuer, auf, bei der man scharf links westwärts 400 m zum Strand von *S. Francesco* abbiegt. Von diesem Strandplatz aus zwängt sich eine steile Gasse durch die Klostermauern in zwei Spitzkehren auf den unvergeßlichen, 58 m hohen Aussichtspunkt *Gigliano* hinauf, von wo aus man sich unbedingt die Lage des weißen Halbmondes Forio in der grünen Talschale unter dem Epomeo einprägen sollte. Außerdem kann man einen Blick in das großartige *Exotarium* des DR. GANCIA werfen, einen privaten Blumen- und Kakteengarten, der diese Anhöhe der Luxusvillen rund um den *Monte Caruso*, die 162 m hohe *La Guardiola* beherrscht.

Die holprige Straße führt uns durch den *Zaro*, ein bizarr verkrustetes Lavagebiet mit MACCHIA, Brombeeren, Kakteen und vielen Bäumen südlicher Zonen: Eukalyptus, Pinien, Johannisbrot, Steineichen und die breitblättrigen Kastanien und Oliven. Ein wilder Park von uriger Exotik, darin sich Dämonen zu verstecken scheinen, der aber bedauerlicherweise vom Baufrevel befallen ist.

Nach einer Schleife sind wir wieder auf der *Provinciale* Nr. 270, die ab dort durch eine dichtbegrünte und haldenumschlossene Kratermulde führt, bis man auf der Anhöhe bei den *Stufe di Lorenzo*, den Öfen des heiligen Lorenzo, endlich vor einen ganz neuen Aspekt geführt wird, den Blick auf Lacco Ameno und die Märchenkulisse der Golfe von Gaeta, Pozzuoli und Neapel.

Die Fundgrube

Seit *Campagnano* über dem *Castello d'Ischia in Ponte* ist dies auf der Rundfahrt wieder der erste Panoramablick nach Norden auf das Festland. Vegetation, Himmel, Wasser und Land komponieren mit tropischer Üppigkeit. Den *Stufe di Lorenzo* sagt man nach, daß sie die heißesten FUMAROLEN und *Sudatorien* der Insel seien, vor allem aber, daß ihre Quellen die radioaktivsten Ischias, ja der ganzen Welt seien. An diesem Punkt verlassen wir *Ischia Campaniola*, die allem Stadtleben abgekehrte bäuerlich-afrikanische Seite der Insel, und treten wieder in die »wirtliche« Promenadenzone ein. Doch bevor wir nach einer Haarnadelkurve in die Gardaseeatmosphäre des Ortes *Lacco Ameno* abtauchen, sind noch zwei Abstecher zu erleben. Der erste scharf nordwestlich zur fast wellenlosen Smaragdbucht von *San Montana*. Hier ankern gerne Motorjachten für ein Bad in der stillsten Strandidylle der Insel mit anschließenden Tafelgenüssen, denn das Restaurant des gepflegten Strandbades bietet eine exquisite Auswahl kulinarischer Kostbarkeiten. GAMBERI, Crevetten vom Grill, CARCIOFFI, gefüllte Artischocken, VITELLO TONATO, gebackene Kalbsnüßchen mit Thunfischsauce, FIORI DI ZUCCHINI, Zucchiniblüten, und was die feine Tafel der neapolitanischen Küche sonst noch bietet. Das kleine Rund der Nichtschwimmerbucht, deren heißes Salzwasser so gut gegen Ischias, Hemathitis, Tumore und Halsschmerzen wirkt, ist von Terrassen und Kabinen umsäumt und erfordert Eintritt. Die exklusive Atmosphäre des entre nous will bezahlt sein. Der wahre Gourmet wird daher nach dem Treppchen suchen, das ihn zu MARIO A BUATTELLA führt, wo fangfrischer Fisch aufs beste zubereitet wird. Aber auch das platzbeherrschende Strandrestaurant O'PADRONE D'O MARE hat oft nicht genug Platz für all die noblen Gäste. Ein guter Ausweg führt zur schattigen Via Novembre, wo man im Pensionsrestaurant VILLA ANGELICA PENNE DEL BARBUTO, eine Spezialität des Patron CELESTINO, probieren muß, dessen gute Küche sich auch noch am Nachmittag mit bemerkenswerten Eisbechern fortsetzt. Spät nachts ist auch noch ein gutes Essen bei MARIETTA zu bekommen, denn dieses Lokal hängt mit dem OLEANDER-DANCING zusammen.

Der Graben zwischen dem Krater von *Zaro* und dem *Monte Vico*, der den Ort Lacco Ameno mit dem *San-Montana*-Strand verbindet, birgt älteste Inselgeschichte. Hier nämlich hat der Archäologe Paul Buchner seit 1952 eine griechische Nekropolis mit über tausend Grabstätten freigelegt und daraus Beweis erhalten, daß der Bericht des Titus Livius über die griechischen Kolonisten zutrifft, wonach schon früh im bewegten Leben der Griechen der Drang nach seehändlerischen Unternehmungen keimte. Mit Ischia begannen sie das großgriechische Kolonisationsgebiet zu erschließen. Es waren attische Weinbauern aus Eretria, Töpfer aus Chalkis und Geschäftsleute aus Kyme, die hier auf Pithekoussai, wie sie Ischia nannten, schon um 800 v. Chr. die ersten griechischen Siedlungen auf italischem Boden angelegt haben. In dem geschützten, von warmen und gesunden Thermen durchfluteten Abschnitt vor dem Vulkankegel Monte Vico, der das Nordkap der Insel bildet, lag der Kristallisationspunkt unserer Zivilisation, deren griechische Spuren die Archäologen in ganz Süditalien weiterverfolgen. Damit stehen wir an dieser Stelle bei Lacco Ameno am Ausgangspunkt des griechisch-römisch fundierten Abendlandes. Doch hat das noch einen ganz prosaischen Aspckt. Jene Griechen führten nämlich das göttliche Rezept der kyprischen Venus, dem schaumgeborenen Ideal der Liebe, Mutter des Aeneas und Erfinderin der Fischsuppe, ein. Die Lacco-Amesen haben damit eine gut 200 Jahre längere Erfahrung als die Marseillesen in der Herstellung einer BOUILLABAISSE, wovon des Ortes heutige Gäste profitieren.

Auf die Akropolis

Hinter dem Freiluftmuseum der Gräberstätte wendet unsere Rundfahrt. Wir fahren aber nur bis zum Ortseingang im Osten, um gleich die Abzweigung nach Nordwesten am Fuß des Monte Vico einzuschlagen. Dort ist lediglich eine kleine Steigung zu nehmen, dann breitet sich abermals ein inseltypisches Panorama aus, das nicht versäumt werden darf. Da lehnt sich im Süden Lacco Ameno an die grüne Küste. Der imposante Epomeo ist hinter satten Feldern und wohltuenden Wäldern zurückgetreten. Man überschaut die steingrün, tintenblau und violett schimmernde Grottenbucht direkt unter dem Geländer, La *Grotta di Varule*, mit ihrem kleinen stillen Strand. An ihr kann übrigens gut beobachtet werden, wie sich geochronologisch das Meer gesenkt bzw. die Insel herausgehoben hat. Und da von hier der Blick auch zum Fungho wandert, sei noch erwähnt, daß sich auch in diesem

Tuffgebilde unter dem Wasserspiegel kellerartige Höhlungen befinden, die schon oft ein rettendes Versteck boten. Doch damit nicht genug, birgt die Steilküste des Monte Vico noch *La Grotta degli Scorpioni* und *La Grotta Spuntatore*. Hier sollen sich zur Freude aller Tauchsportler die fettesten Polypen tummeln. Gleich dabei liegt der beachtliche Komplex der Thermalbäder- und Luxushotels: REGINA ISABELLA, SPORTING und REGINELLA mit Swimming-Pool, Sporthafen, Wasserski und teppichreinem Strand. Ein Augensprung weiter der Landesteg für Dampfer und die kleine *Marina von Lacco*. Nordwärts dehnt sich an Sciroccotagen zum Greifen nah der Apennin. Davor wie Treibschollen die Inseln Vivara und Procida mit seiner schrecklichen Riesenfestung *Palazzo Vasto*. Wieder wird das Bild darüber hinaus mit Torre del Greco und der Silhouette des Vesuv beschlossen. Zur anderen Seite aber winken das Capo Miseno und sein Monte Procida sowie die flache Dünung des Lidos von Ischitella im Golf von Gaeta.

Ein paar Schritte weiter, und wir stehen vor einem grünen Parktor. Doch es führt nicht in eine Privatvilla, sondern auf den schattigen Friedhof, sicher einer der wünschenswertesten Endpunkte nach einem schmerzvollen Leben und die letzte Steigerung eines glücklichen Daseins. Aus der blühenden Mitte des Gräbergartens erhebt sich das klotzige Viereck eines aragonesischen Festungsturmes aus dem 16. Jahrhundert.

Auf der Vulkanpyramide des *Monte Vico* selbst steht ein meteorologisches Observatorium der Marine. Der Weg dorthin biegt kurz vor der Friedhofsmauer links in den mit viel Gesträuch aus OPUNTIEN und MACCHIA bewachsenen Felsen. Angesichts eines ganzen Waldes aus INDISCHEN FEIGENKAKTEEN und des poetischen Totenhaines leuchtet ein, daß sich, wie Alexander von Humboldt erklärt, der Name des indischen Feigenbaumes vor der Geschichte Buddhas ableitet, der unter einem solchen Urstrauch in seliger Selbstverlöschung versunken sei.

Wer hier weiterwandert, erklimmt von der Aussichtsterrasse einen kleinen Zirkelpfad, der wiederum bezaubernde Blicke zurück über den lieblich verschwiegenen Meereseinschnitt von *San Montana* freigibt und nach einer Windung schließlich auf dem 160 m hohen Monte Vico oder *Monte Baluardo* endet. *Vico* heißt die enge Gasse, *Baluardo* das Bollwerk, die Bastei. Zedern, Johannisbrot- und Granatapfelbäume, Kapernsträucher und Myrte wechseln sich mit Weingärten ab, unter denen die Spuren der pithekoussaeischen Akropolis verdeckt sind. Hier Rückbesinnung zu halten an den Anfang jener Begegnung von Hellenentum und Etruskern, auf die Verschwisterung römischer Tatkraft mit dem griechischen Geist, aus der wir unser Denken und die Schau der Dinge erhalten haben, hat, glaube ich, besonderen Reiz. Von dieser Höhe sind drüben am gut sichtbaren Festlandhügel etwas später Kyme, das nachmalige Cumae, und alle die anderen Stadtvorläufer Neapels gegründet worden.

Der Monte Vico vereint in seinem Überblick beide Gesichter der Insel: die satten grünen Schattenzüge des waldigen Nordostens mit den trockenen Furchen im Oliv-Gelbbraun der Süd-West-Gelänge. Es ist ein Punkt, der den Tagesabstieg hinter Forio und den Nachtaufzug des Mondes über den Vesuv gleichzeitig erleben läßt. Dazu die Lichter der Menschen in ihren weißen Städtchen, das weite Tyrrhenische Meer und der Binnensee des Golfo di Napoli; schließlich ganz fern die pontinischen Inseln und gegenüber der stolze Vesuv. Welch würdiger Standort für eine Akropolis!

Die heilige Afrikanerin

Doch genug des Umwegs. Kehren wir zurück und lassen wir uns von der noblen Kurruhe *Lacco Amenos* umfangen. Kaum in die *Park-Piazza della S. Restituta* eingefahren, gilt es wieder auszusteigen. Wir müssen die Bischofskirche der legendären Inselheiligen besuchen. Die Sage der S. RESTITUTA wird von der gleichen lateinischen Mystik durchleuchtet, die der ländliche Katholizismus bis heute bezeugt. Sie könnte daher ebensogut im Baskischen, in Mexiko oder in Tirol spielen. RESTITUTA muß eine afrikanische Märtyrerin gewesen sein, die von ihren Verfolgern auf ein treibendes Boot oder Floß mit einem bengalischen Feuerbecken gefesselt wurde, damit sie in der sengenden Mittelmeersonne den vierfachen Tod des Verdurstens, Verhungerns, Verbrennens und des Ertrinkens erfahre. Aber die guten Mächte löschten die Glut und ließen die fromme Bezeugerin des Kreuzes an einem 17. Mai im 6. Jahrhundert mit der Strömung des lybischen Windes in der verwunschenen Montanabucht antreiben. Seit dieser wunderbaren Errettung überziehen sich jedes Jahr in den Mainächten die Landzungen um Lacco Ameno mit exotischen Lilien, dem Pancratium maritimum. Die Reliquien der MORA SANTA finden sich in der ältesten parthenopeischen, jetzt gotischen Kirche in SANTA RESTITUTA zu Neapel nächst dem Dom. Ihr Namenstag aber wird in LACCO AMENO zelebriert. Ja, die Prozession ist der folkloristische Höhepunkt des Insellebens, doch ist dem dreitägigen Feste leider der Kalender ungünstig. Er verspricht fast immer Sturm, der unserem Eisheiligenwetter entsprechend die *Bocca Grande*, die Meerenge zwischen Capri und Ischia, durchzieht.

Dennoch entfaltet sich die volle Kirchenpracht mit Baldachin und Weihrauch. Der blumengeschmückten, kippligen Statuette folgt ein Tausendfüßler mit dem Tschingdarassabum der Feuerwehr, den Veteranen-Fahnen und vielen beschleiften Kommunionskindern per Schiff nach *Casamicciola* und retour. Dazu spielt sich, den ganzen Ort verstopfend, ein Jahrmarkt ab, mit vielstöckigen Balustraden, einer verschnör-

Überall treffen wir das reizvolle Nebeneinander südländlichen Alltags mit Spaziergängern und Sportjugend aus aller Welt. Luxushotels stehen neben unverfälschten Künstlertavernen und Jet-Night-Clubs.

Zu jenem Ischia, das erst hinter den Hotelpalästen sichtbar wird, gehört eine »Junge Welle«, wie zum Beispiel hier oben die drei Tavernioli Celestino, Leopoldo und Tonino, aber auch eine buccolisch-maritime Seite mit ihren charakteristischen Winzern, Bauern, Fischern und Jägern.

Doch zu dieser Welt gehören ebenso »Instanzen« wie Maria die Forio, die Cafetière, schöne Nymphen und ihre »Calamistrati«, die fleißigen Peppinos, die Pizzabäcker und die gewichtigen Intellektuellen aus aller Welt (hier rechts unten die Deutschen Eduard Bargheer, Paul Buchner und Arrigo Wittler).

CINZANO
CINZANO

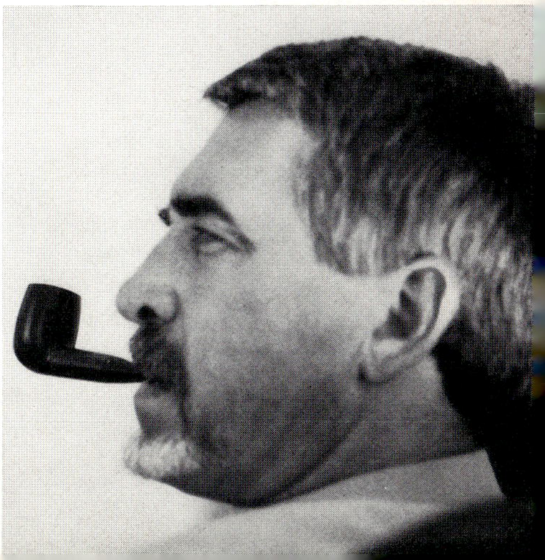

kelten Straßenillumination, mit Karussell und Luftballons, kandierten Mandeln, Glückshafen, Karren mit gesulzten Schweinsköpfen, Zuckerwatte und Kokosnüssen, mit hochgestapelter Plastik und viel Nippes, grölenden Mikrophonen, kurz, ein Treiben, das sich vom elektrischen Schaugepränge bis zum nächtlichen Furioso eines krachenden Brillantfeuerwerkes steigert.

Zum Festmahl kommt der obligate TONNO, Thunfisch, in dicken Steaks vom Grill mit Holzkohle aus Weinstöcken, darüber Rosmarinzweige und eine Sauce aus Olivenöl, Knoblauch, Zitrone, Salbei und Petersilie. Dazu sollte man das kühlbittere Labsal FORASTERA probieren, und der Tag wird sich gewiß unter die bleibenden Erlebnisse reihen!

Lange vor dem Erscheinen der S. Restituta im 13. Jahrhundert, mindestens um 1009, fand sich an der Stelle ihrer Basilika eine frühchristliche Kirche, deren Krypta wiederum auf den Fundamenten antiker Thermalbäder, Saunen und Kosmetikräume ruht. Ein kleines Katakombenmuseum deutet an, was archäologische Schatzgräber hier fanden.

Lacco Ameno ist wohl nicht nur deshalb der älteste Ort auf Ischia, weil er die intensivsten Quellen besitzt, sondern auch weil er das ausgeglichenste Klima der Insel hat. Es liegt über einer Bodenausstrahlung, die ungeheuer aktiviert und von der die Leute sagen, sie sei liebespendend. Darum soll der Wein aus Laccos Bodensatz auch doppelt wirksam sein. Heute haben sich um seinen Palmenplatz die vornehmsten Hotels gruppiert, Sportläden, Geschäfte und Reisebüros. Es gibt ein modernes Krankenhaus, Tankstelle, Kino, Bank, Minigolf und Tennis, Wasserskikurse und Leihboote. Alles ein wenig näher zusammengerückt und einen Schuß intimnobler als in Porto. Die windgeschützte Hafenoase mit ihrem Ankerplatz für Sportsegler und dem Dampfersteg wird vom phallischen Gebilde des *Fungho*, des Pilzes, beherrscht, dessen Legende wieder auf die gigantischen Manneskräfte des Typhoeus anspielt.

Der Norden

Ausflug ins 19. Jahrhundert

An sich führt die Rundfahrt jetzt in knapp sieben Kilometern zurück nach *Ischia Porto*. Da aber die schönsten Dinge auf Umwegen erreicht werden, verläuft auch meine Inselexkursion von *Lacco Ameno* nach *Casamicciola* nicht an den gängigen Küstenpromenaden und Stränden entlang, sondern weicht nach Südosten ein wenig in die Weinberge aus, um dort, etwa hundert Meter hoch, die Bäder-, Pensionen- und Villenzone *La Panella*, *La Rita* und *Sentinella* zu erreichen, die sich um die *Piazzetta Fango*, den Schlammplatz, auf der Bourbonenverbindung Forio–Casamicciola anschließt. Hier befinden sich die Auffangbecken für den natürlichen Heilschlamm der *Cava Bianca* und *Cava del Monaco*. Im Ortsteil Fango wird die Masse des aschfarbigen, radioaktiven Mergel-Pozzuolan und des Trachitschlammes für die Lehmbäder und Gesichtspackungen gewonnen. Wir nehmen diesen Umweg, weil das abermals neue Wunderblicke erschließt, weil hier überdies ein geophysikalisches Observatorium zu besichtigen wäre, vor allem jedoch, weil es sich um historische Orte handelt. Auf dieser Höhe zwischen Lacco Ameno und Casamicciola stand nämlich das erste geschichtenträchtige Privathotel der Insel aus dem 18. und 19. Jahrhundert, als sich der Badekurbetrieb neu belebte. In der blühend überrankten Gartenvilla des TOMMASIO DE SIANO auf der 113 m hohen *Pannella* hospitierten die meisten prominenten Ausländer des vergangenen Jahrhunderts. Unter ihnen die damaligen Könige von Sardinien, Belgien, Württemberg und Bayern, die Herzogin von Sachsen, aber auch Wolfgang von Goethe, Felix Mendelssohn, Christian Andersen, Alphonse de Lamartine und Madame Curie.

In einem Ischiaführer des Jahres 1791 des genannten Priesterarztes De Siano liest man allerdings unter anderem:

...»Anderseits begegnen sie den Kurgästen äußerst zuvorkommend, doch nur, um ihnen am Ende um so behender und schmeichelhafter die Säckel zu leeren. Im übrigen besitzen die Ischitaner große Talente, an deren Vermehrung sie aber eine angeborene Faulheit hindert. Mit ihrer Begabung ohne Unternehmungsgeist kommen sie einem wie auf der Fahrt in einer Prachtkutsche ohne Räder vor.«

Nach wie vor ist die *Pannella*, was kleines Tableau bedeutet, eine schöne, zitronenbeduftete Weinbergsregion über Lacco Ameno, doch heute liegt darin die Pergolataverne FRANCESCHIELLO, wo es im Stil »der alten Mammas« zu essen gibt, vorweg hausgemachten Schinken und herrlichen Rotwein. Ein ähnlicher Schwerpunkt vergangener Kurseligkeit, LA GRAN SENTINELLA auf der angenehmen Höhe, liegt bereits in *Casamicciola*. Ich meine aber nicht nur das gleichnamige Restaurant, dem schon Garibaldi die Ehre gab, sondern die VILLA PISANO, in der das Andenken an Henrik Ibsen bewahrt wird, der hier, seine Tage beschließend, am Peer Gynt gearbeitet hat. Und nicht zuletzt wird man hier an Neapels großen Philosophen Benedette Croce erinnert.

Anders als das Zentrum, das die fünf Thermen von *La Rita* bilden, erinnert in erfrischender Höhe die *Piazza Maio* seit dem Erdbeben nur noch an vergangene Kurseligkeit des ehedem eleganten »Restauros« flanierender Ausländer aus dem 19. Jahrhundert. Heute hat die Kreuzung des Epomeo-Aufstiegs mit der *Borbonica* noch immer etwas Aufgelassenes an sich. Außer dem nahen Magdalenenkirchlein mit Rudimenten von 1540 ist hier oben nur eine Pizzeria bemerkenswert, die

Die immer unterhaltliche Szenerie der Piazza, des Marktes und der sonnigen Straßen.

originelle DA CATERI. Wer Humor und Lebenssinn besitzt, wird dort auf seine Kosten kommen.
Die nächste Station heißt *Bagni*, der neuere Oberort *Casamicciolas*. Die Kuranstalten haben sich von Maio mehr nach der *Piazza Bagni* verlagert. Hier versammeln sich jetzt die meisten Hotels, Pensionen und Thermalsanatorien, denn die heißen Quellen fließen reichlich.

Pensionapolis

Was in vorchristlicher Zeit Lakkos, die Grube, das jetzige Lacco Ameno, und in der römischen Epoche das ländliche Barano mit seinen aphroditischen Bädern gewesen sind, das war im 19. Jahrhundert bis zum verheerenden Erdbeben des 28. Juli 1883 *Casamicciola:* ein allerliebst gelegener, höchst anregender und wohltuender Kurort im Schoß der Hügel – die ideale Sommerfrische am südlichen Gestade, um den Schrecken der nordischen Winter zu entfliehen.
Erst die neueste Entwicklung hat durch Straßenbau, Stromanschluß und vor allem 1956 mit dem Bau einer Trinkwasserleitung unter dem Meer vom Festland herüber den eingeschlafenen Tourismus wieder in Schwung gebracht. Casamicciola – Verzeihung, es heißt jetzt offiziell *Casamicciola Terme* – ist das Heilbad der gesetzteren Herrschaften und der Reisegesellschaften. Wie Barano und Testaccio für die Skandinavier, so ist dieser Ort Hauptziel Kurbedürftiger aus der Schweiz und Berlin. Ein Dorfseebad mit Wanderpark ohne großen Aufputz. Eine recht verstreut gruppierte Gemeinde mit Berg- und Küstenkomplexen, vielen kleinen Häuschen und großen Hotels, einer Hauptstraße strandlängs und der platanenbeschatteten Ortsdurchfahrt auf dem *Bourbonenweg* über die Hügel, die zuerst den Bezirk *Maio*, dann *Bagni* berührt und schließlich bei *Perrone* mit der Provinzialstraße zusammenstößt.
Casamicciola ist das thermenreichste Geviert der Insel und beherbergt die verschiedensten Kurstätten. Seine leider allzu breit asphaltierte »Croisette« verknüpft mehrere kleine Lidos mit recht sauberem und ebenfalls heiß durchsprudeltem Meerwasser. Das Zentrum liegt am Fuße des *Paradisettos* vor der Mole an der *Piazza Marina*, am immer weiter ausgebauten Hafen für Aircraftboote und Autofähren mit Taxistand und – ja nicht zu vergessen – einer LÖWENBRÄU-TAVERNE und vier Espressobars, darunter CALISES STRANDCAFÉ, berühmt ob seines Espressos, der SFOGLIATELLE, des griechischen Honigblätterteiggebäckes, und durch die grandiose Ostertorte PASTIERA, eine der ganz großen orientalisch-neapolitanischen Inselspezialitäten.
Der alte Ortskern, das gesamte Innenstädtchen, ist vom Erdbeben vernichtet worden, dessen Spuren noch immer stören. Darum bleibt für den Historiker hier nicht viel aufzuweisen. Aber die alte Tradition des Töpferhandwerks hat sich mit der Keramikfabrik der Gebrüder MENELLA neu belebt. In ihrem Verkaufslabyrinth läßt sich zwischen bestaunenswertem Kitsch- und Souvenirkram auch manch schöne Arbeit nach alter Art und mit überlieferten Motiven finden.
Der Spaziergänger hat mit Tälern, Weinbergen und Feldern des im Süden aufragenden Epomeo-Gebirges eine wahrlich bunte Palette vor sich. Beherrscht wird sie von der kühlen Waldregion *La Pera*. Da ist einmal die Passage nach Barano über den *Monte Trippodi* und die *Candiano-Klamm*, dann der geruhsame Weg über die *Molara* zu dem amphitrischen Krater des *Monte Rotaro*, die sich über den *Montagnone* fortsetzen läßt und mit einer Gondelbahnabfahrt in Porto zu Ende gehen kann. Ein weiterer Spaziergang für Menschen, die sich mit Muße in den Einklang der Naturerscheinungen vertiefen können, führt von der nämlichen *Borbonica* auf der Mitte zwischen Bagni und Perrone bei der *Piazza San Pasquale* durch den Kastanienwald, entlang zum *Cretaio* bis in die *Pineta* des *Arso*-Kraters bei *Fiaiano*. Es ist dies ein sanfter Weg mit vielzähligen Blicken ins verwunschene Innere dieser so vielschichtigen und vielgesichtigen, mit jeder Wegbiegung sich wandelnden Insel.
War schon von Lacco Ameno der Aufstieg über Fango und den westlichen Montagnone zum Epomeo ein beeindruckender Spaziergang, so steht die Eineinhalbstundenwanderung von *Casamicciola* via *Bagni* und *Pera bassa* am 594 m hohen *Monte Jetto* vorbei zum Gipfel dem nicht nach. In beiden Fällen läßt sich der Weg nach *Fontana* bis zur *Marina dei Maronti* oder *S. Angelo* fortsetzen. Der übliche Aufstieg zum Epomeo beginnt bei *Maio* und schlägt die *Via Speziera* ein. Wohin man sich auch richtet, Casamicciolas Umgebung hat frische Luft für die Seele, und eine Farbe umrahmt die andere. Dasselbe gilt von den dichtbewaldeten Höhen des Vulkantrichters *Rotaro* mit der ehemaligen Pestgrube, wo die Toten der spanischen Epidemie eingescharrt wurden. Wie in all den tiefen Waldschluchten, so trifft man auch hier zur gegebenen Zeit Kinder, die Pilze oder Arbutus sammeln kommen. Arbutus – oder SORVE PELOSE – sind die etwas mehligen Baumerdbeeren. Pilze werden auf der ganzen Insel mit Passion genossen und delikatest zubereitet, indem man sie lediglich in Öl fritiert und mit frischen Kräutern und grobgemahlenem Pfeffer bestreut. Nirgends sind die Pilzomelette und die PIZZA CON FUNGHI so aromatisch wie hier.
Zu Ostern zelebriert *Casamicciola* LA FIESTA, mit religiös volkstümlichen Darbietungen. Dazu gibt es entweder LA ZUPPA DI PRIMAVERA, eine besondere Minestrone aus frischen Gemüsen oder SAROGO SPINATO, gespickte Brassen, AGNELLO, Osterlammbraten mit dem Duft der Inselkräuter, und zum Abschluß vielleicht CROCCANTI und Gefrorenes.
Casamicciola ist kein Urlaubsziel für mondäne Slop-Sportler,

die Bars und Nachtverschleiß zu ihrer Regeneration brauchen. Ihre lunare Welt des »dolce far molto« bleibe Porto. Casamicciola eignet sich mehr zum »dolce far niente«, zur literarischen Besinnung, ist ein Spazierstockparadies. Seine Quellen sind so vielseitig, zum Teil alkalisch, zum Teil sulforisch, vornehmlich aber radiohaltig, daß man zu jeder Stunde des Tages ein anderes Gesundheitsbad nehmen könnte.

Das Wellblechviertel

Die Rundreise wäre rasch zu Ende, drängte sich nicht auf den letzten fünf Kilometern noch so viel. Da ist gleich als erster Eindruck das Gassengewirr am Ortsende Casamicciolas, in *Perrone*, mit seinem Gelände bunter Nissenhütten, dem Getöse der Kinder, dem Wirrwarr aus Wäsche, Blumentöpfen, verwittertem Hausrat und namenlosen Abfällen, das aber auch zum Stil der Insel gehört. Das Klima ist den Clochards so günstig wie der POESIA POPOLARE. Dazwischen versteckt sich eine bemerkenswerte OSTERIA DA ENRICO mit betont freundlichem, gastlichem Volk. Dem Koch gelingen dort die ZUCCHINI A SCAPECHE, das sind marinierte Kürbisgurken, und POLPI AFFOGATI, in besonders würziger Sauce »ertrunkene« Polypen, sowie die COSTATA ALLA PIZZAIOLA, die gegrillte Ochsenrippe mit der berühmten Tomatensauce der Pizzabäcker, am allerbesten. In Casamicciola selbst wendet sich der Gast mit Freude am Essen an die Pergola-Taverne CIRITIELLA, die mit ausgezeichneten Pizzas aufwartet. Zur richtigen Tafelrunde fährt man hinauf ins CARAVELLA oder bergwärts an den Ostausgang, wo der Weg zum Cretaio führt, bis man das Ristorante LA FORCHETTA, die »Gabel«, findet. In der verwunschenen Kraterlandschaft des Cretaio selbst erwartet einen übrigens als große Überraschung die Anlage eines herrlichen Schießplatzes für Tontaubenschützen, IL TIRO A VOLO.

In *Perrone* beginnt ein Serpentinenweg auf die Naturbühne des rund 100 m hohen *Monte Taborre* mit verträumten Abendaufzügen. Nur wenig Plätze bekunden eine solche Versunkenheit, wenn Casamicciola, Lacco Ameno mit seinem Monte Vico und die Küsten um Pozzuoli sich mit einem Lichtercollier gürten und das besänftigte Meer sich mit dem duftigen Violett des Nachtmantels bezieht.

Lediglich ein paar Aufwärtskurven in Richtung Osten, und wir stehen neuerdings vor einem Friedhof, besser gesagt einem Ruhegarten auf der Freiterrasse über der meerumspülten *Punta della Scrofa* – so heißt ein bizarrer, giftstacheliger Fisch. Nebenan grenzt eine Gärtnerei, die so recht zeigt, daß die Fauna wie die Tierwelt des Landes und des Meeres verschiedenartiger als irgendwo sonst in Europa ist.

Von hier werden die meisten herrschaftlichen Gärten um die zahllosen Villen angelegt, die dem Inselleben mit ihren exotischen Farben den eigentümlich kontrastierenden Reiz des Artifiziellen geben. Welchen Blumenparaden begegnet man hier!

Die Cumaeische Sibylle

Castiglione ist das malerische Zwischenstück von Casamicciola und Porto Ischia. Geologisch formiert sich die übergrünte Küste auf einem Lavadelta des *Monte Rotaro*. Seine sauberen kleinen Strandbuchten, *Spiagetta del Castiglione* und *Bagnatelli*, einer der Meeres- und Strandzonen mit den wärmsten Thermomineralströmungen, zu denen schmale Treppchen führen, waren, wie die zutage gebrachten Spuren mykenischer Kultur zeigen, Standort einer kymeisch-messenischen Flüchtlingssiedlung. Nur in Sizilien habe ich vergleichsweise dichte und mächtige Geranienbüsche, derart gewaltige Schirmpinien und nur um Sevilla so üppige Bougainvillea gesehen wie hier. Die heißen, im Meere brodelnden Quellen *Castigliones* sollen Sprachfehler heilen und Magenschwäche beheben. Dazu birgt der Ort die Sommerhöhle der kymeischen Sibylle. Von Apollon mit soviel Lebensjahren beschenkt, als sie Sandkörner in einer Hand zu halten vermochte, wirkte die prophetische Frau mit dem zweiten Gesicht allein in der hiesigen kymeischen Kolonie über tausend Jahre, eine Reihe davon als Evakuierte im Schlupfwinkel von Castiglione, wo ihre Kymeer sie vor den Zugriffen der Etrusker, Tyrrhener Samniten, sowie der eigenen Tyrannen sicher wußten. Ihre geistigen Gedichte ergaben neun sibyllinische Bücher, gesammelte Sprüche, die sie in Ekstase auf Feigenblättern notiert hatte. Ihr Prophetentum echt orientalischen Ursprungs griff stark in das soziale, kulturelle und politische Geschehen der Campagna, ja später des römischen Weltreiches ein. Unter vielem anderen hat sie von Castiglione aus die Erneuerung der Welt durch das messianische Friedensreich vorausgesagt. Soweit die Legende!

Die von Castiglione westwärts steigende Erhebung ist von der *Pietra Voia*, einer Felsspitze, bekrönt, die ebenfalls ein frühgeschichtlich heiliger Platz, ein Opferaltar der Sonnwendfeiern gewesen sein muß. Er befindet sich auf der Rückseite des bei Casamicciola beschriebenen *Monte Taborre*. Über den *Pietra Voia* hinaus klettert ein Waldweg zum 280 m hohen *Fondo d'Oglio* zwischen dem *Monte Rotaro* und *Montagnone*. Man findet sich dort in dichten Pinien-, Eichen- und Kastanienwäldern. Abermals ein paar Biegungen voran in Richtung Ost gen *Porto* taucht in *Mezzocamino* eine merkwürdige Tropfsteingrotten-Wirtschaft, LA TRATTORIA DEL CASTIGLIONE, mit reich berankter Pergolaterrasse auf, die zu angenehmem Zeitversäumen bei eiskühlem Landwein verlockt. Die Skala der Sorten ist groß und reicht vom strengen Austernwein über den sanften BIANCOLELLA bis zum MALVASIER und honigsüßen Strohwein zum Dessert. Das Meer ist hier besonders farbspielerisch, und seine weißflutenden Wogen brechen sich am abschüssigen Fels mit Agaven, Ginster und Feigen. Es duftet nach blauem Lavendel, und wenn die Tage so heiß sind, daß die Horizonte zittern, zeigen sich die verzackten Küsten des Festlands in vieltönigem Pastell. Oliven, Zedern und Orangen, Lorbeer und Oleander, Mispeln, Nußbäume, Kirschen und Zitronen, sie zeigen, daß die neue Küstenstraße von Casamicciola nach Porto Ischia nicht umsonst *La Panoramica* heißt. Alle paar hundert Schritt findet sich ein Parkplätzchen zum Aussteigen und Umschauen.

Die alte Bourbonenstraße zweigt hier ab, schlängelt sich gesäumt von überwucherten *Parraccine* durch *La Quercia*, den Eichenwaldhügel, und bringt einen zu nicht minder reizvollen Sichten. Wer sich die Mühe macht, am Scheitelpunkt vor ihrem Knick nach *Porto* hinab auf die Veranda des Restaurants BELLAVISTA zu treten, der bekommt den informativsten Eindruck von Porto in seinem Zusammenhang mit Ischia Ponte, denn vom Hafen bis zum Castello ist die ganze Vision des Traumlandes Neapel noch einmal aufgebaut.

Die *Panoramica* indessen, gesäumt von Eukalyptusriesen, Mandelbäumen, Palmen und Zypressen, stößt zum *Monte Alessandro* vor, der im Westen den Kraterhafen Porto d'Ischia umschließt. Wer sich da bei anderer Gelegenheit Zeit nimmt, findet, nach der westlichen Meeresseite gewendet, zur *Spiagga degli Inglesi*, dem Strand der Engländer, einen schmalen Treppenweg, der zwischen Weinbergsmauern zwei Osterias kreuzt. Die Spiagga ist durch vereinzelte überlange Schirmpinien am Ufer markiert. Der sehr angenehme Vormittags- und Hochsommerstrand mit Kabinchen und einem Kioskrestaurant schließt die Bucht von Castiglione im Osten ab, deren Wasser besonders frisch und sauber ist ohne die ölschillernde Gemüsesuppe der Stadtabfälle.

Trotzdem gibt es reichlich heiße Ströme mit allerlei bewährten Wassern gegen die *Efetti isterici*, die hysterischen Wallungen.

Gondelfahrt

Nun geht es im weiten letzten Bogen von der Alexanderhöhe an den Porto. Nein, die Rundfahrt ist noch nicht zu Ende, ihr Abschluß wird die Gondelbahnfahrt auf den *Montagnone*. Die Kaffeestation ist zwar nur 168 m hoch, während der Gipfel 254 m erreicht, aber das Fernbild von dort oben ist höchst beachtlich. Es reicht weit über das Castello hinaus bis zum latarischen Gebirge des Sorrentiner Golfes. Sein Kontrapunkt wäre da drüben der 1131 m hohe *Monte Faito*, den die Drahtseilbahn von *Castellammare di Stabia*, dem Sitz des berühmten Normannen-, Anjou-, Aragonen- und Bourbonenschlosses, erklimmt. Ein Panorama, das selbst das von Sorrent überbietet und unser grünes Epomeo-Ischia im Blickfang hat. Vom *Montagnone* wird so recht die Geometrie des *Porticciula*, wie der geschäftige Kraterhafen auch heißt, erkennbar. Ferner tritt deutlicher als zuvor wieder die Vorinsel Vivara und das Zitronenparadies Isola di Procida mit der berühmt-berüchtigten Silhouette des mächtigen *Castello des Marchese di Vasto* auf der Terra Murata. Das Castello war ursprünglich ein Festungsschloß, das mehr Gästezimmer gehabt haben soll als das Jahr Tage, das jetzt aber als Zuchthaus dienen muß. Von der Küste grüßen der Posillipo, das Capo Miseno, Nisida und schließlich der Lido von Licola. Welch Einklang südlicher Naturerscheinungen!

Bei einem kühlenden Campari mit einem großen Schnitz der köstlich duftenden ischitanischen Zitronen könnten wir die Rundfahrt nun gut sein lassen, läge nicht der Hauptmagnet dieser Insel, besagter *Porticcula d'Ischia*, direkt unter uns mit seinen erwartungsvollen Tavernen.

Ausklang und erstes Summieren der anstrengend vielen Eindrücke bei FRUTTI DI MARE, marinierten Meeresfrüchten, oder bei einem RISO CON CHIOCCIOLE, Schneckenrisotto, und dann vielleicht SQUAGLIE, Wachteln am Spieß, oder STRACCINATIE, geschmorte Auberginen mit Hasenragout gefüllt. Dazu viel PER' É PALUMMO, der Spitzenrotwein Ischias. Zum Magenschluß eine Käseplatte mit BUFALE CARDITO, getrüffeltem Büffelmilchkäse, oder, was ich von Spezialitäten der Insel zu erwähnen vergaß, LA ZUPPA INGLESE, eine hochkarätige Süßspeise, die völlig irreführend englische Suppe genannt wird, oder eine Macedonia di Frutta mit viel Likör.

Abendlicher Ausklang

Nach so viel erregendem Sublimieren stellt sich der Zwang zu reflektieren ein. Schlendern wir deshalb hinauf zum DOLCE SOSTA, dem elegantesten Straßencafé auf dem *Corso Vittorio Colonna* im Mittelpunkt des nächtlichen Schlendrians. PICCOLA DOLCE VITA D'ISCHIA. Trinken wir einen letzten Espresso, löffeln wir ein kühlendes Pistazieneis und last not least eine SAMBUCCA, den traditionellen Abschluß, Anislikör mit knirschenden Kaffeeböhnchen.

Der Entschluß, bald wieder um die Insel zu fahren, diesmal freilich in entgegengesetzter Richtung, ist ohnehin längst gefaßt, denn wieviel betrachtenswerte Schätze haben wir links, im Verborgenen, liegenlassen müssen. Wie lange man auch bleibt, jeder Aufenthalt ist zu kurz, denn Ischia ist zwar eine Welt für sich, doch gleichzeitig nur ein Stern im weiten neapolitanischen Himmel. Dahinter liegen und warten auf Entdeckungen auch Procida, Capri, Sorrent, Positano, Amalfi, Atrani und Ravello, Salerno, Paestum, Pompeji, Stabia, Herkulaneum, Caserta, der Posillipo, Pozzuoli, die Campi Flegrei, der Lago di Averno, Baia, Bacoli, Miseno, der Lago di Fusaro und Cuma und weiter die Inseln um Ventotenne und Ponza, dann der Vesuv und schließlich la bella Napoli...

Jäger und Weinbauern bestimmen im Inneren der Insel das Bild. Nur allzuoft begegnet man den verwegenen Gestalten passionierter Schützen und den mit Barriles vollbepackten Mulikarren.

◁ In die grünen Rebgärten unter dem waldreichen Nordwesten schmiegen sich Lacco Ameno und Casamicciola-Terme, die altberühmten Kur- und Promenadenorte, an die Strandküste.

Langsam weichen der traditionelle Weinbau und die Fischerei dem wachsenden Anspruch des Badetourismus.

Die Spaghetti-Legende

Es ist die schwerste Aufgabe, die Italien dem Fremden aus dem Norden stellt – in den Geist Neapels einzudringen!

Reinhard Raffalt

Nichts ist für den Neapolitaner entwürdigender als die Verwechslung seiner Küche mit der italienischen. »*Pa mmor e Dio!*« Oh, bewahre, unsere solitären Speisen stehen auf höherem Rang; unser Volksverstand hat die Küche zur Polytelosophie, zur Feinschmeckerkunde, erhoben, denn sie erschöpft sich keineswegs im Umgang mit Töpfen, sondern ist der sinnfälligste Ausdruck unserer Lebenshaltung. »*Alla Napolitana*« ist gleichbedeutend mit dem unübersetzbaren »*Gustosissimo*«. Um diese wahre Volksküche freilich zu erfassen, muß man auf das 3000jährige Neapel zurückschauen.

Wenige realisieren, glaube ich, daß die europäische Kochkunst im wesentlichen dort begonnen hat. Denn in der Vorentwicklung unserer Zivilisation, im Zuge der griechischen Kolonisation zwischen 800 und 600 v. Chr., begann sich mit dem Erblühen der Handelssiedlungen von Pithekoussai, wie Ischia damals hieß, Kyme, Parthenope und Neapolis bis Sybaris, Palermo und weiter westlich Marseille und Malaga das Tafelwesen zu kultivieren.

Bis dahin blieb es bei spartanischen Suppen und rustikalen homerischen Gastereien. Ein Berufsstand der Köche war unbekannt; abgesehen von Einzelbemerkungen chinesischer, indischer und ägyptischer Priesterärzte findet sich kein Schrifttum der Küche. Es entsteht erst in den folgenden 500 Jahren, als am reichgesegneten Golf vor der »Neustadt am Vesuv« das griechische Wohlleben erwacht. Der weitreichende Kolonialhandel erweiterte den Genußsinn, man führte Zwiebeln aus Askalon, Artischocken aus Abessinien, Kürbisse aus Ägypten, Granatäpfel, Feigen und Johannisbrot vom Euphrat ein, pflanzte kaukasischen Wein und ließ sich persische Köche kommen. Am Ende folgten die Etrusker und verfeinerten die kulinarischen Künste durch ihr orientalisches Gepränge. Schließlich lernten die Römer hier durch die Begegnung mit der hellenistischen Kultur im Doppelbett bei Tische zu liegen und im Falerner, dem besten Wein des Altertums, zu schwelgen. Im ganzen dauerte die römische Phase Neapels oder Cumaes mit ihrem betriebsamen Vergnügungspublikum 800 Jahre. Sie begründet die Schule der gewaltigsten Schlemmerei. Die vesuvischen Gefilde tragen Kirschen, die sie dem glanzvollen Epikureer Lukullus verdanken, der grausam-geistreiche Sulla brachte die Aprikose aus Kleinasien, Cicero aus Afrika die Erbsen, Augustus entfaltete seinen fressalischen Luxus, Maecenas führte ein großes Haus, Apicius, der Leibkoch des Tiberius, konzipierte hier sein zehnbändiges Kochbuch und führte des Kaisers Schmauserei auf Capri zum Triumphe. Anders der weise Besinger frugaler Kostbarkeiten, Vergil, der die kleinen Dinge der großen Daseinsfreuden aber auch am liebsten vor der Aussicht am Posilippo erlebte. Calligula ließ seine Lustflotten mit eigenen Bankettschiffen vor Ischia kreuzen, und später setzte Petronius mit dem unmäßigen Schwelger Trimalcho das literarische Denkmal des campanischen Tafelluxus.

Mit einem Satz: Neapel hat Europa zu essen gelehrt. Nach dem Durchzug der Goten folgen 600 Jahre Byzantinertum mit einer weiteren Sublimierung des Geschmacks. Sie werden abgelöst oder besser ergänzt durch die Normannen und die weltoffenen Staufer. Da bringt es Neapel zu einer Universität, womit es fortan die gelehrteste Stadt Italiens bleibt. Daneben entstand auch in der Ärzteschule von Salerno im Jahre 1000 der erste Weinbrand und begann der Duft morgenländischer Spezereien durch die Häuser zu ziehen. Dem Islam entlehnten sie ferner den Zucker, das Marzipan und die Gelati. Die Deutschsizilianer bleiben 200 Jahre, dann beherrschen mehrere Generationen der Anjous die goldenen Küsten. In die Anfänge dieser Zeit fallen die Reisen des

Marco Polo, der für Neapels Kochkunst so entscheidend werden sollte, denn er brachte aus dem Fernen Osten die Fadennudeln mit, während Buchweizen, Reis und vor allem die Zitronen mit den Kreuzzügen ins Land kamen. Auf die Franzosen folgten für gut 250 Jahre die weltbeherrschenden Spanier, deren Erdumsegler die Polenta, die Peperoni und unter vielem anderen die Tomate, das Goldapfel-Elixier Neapels, einführten. Nach einem Intervall von Habsburg-Österreich mit Wiener Pastetenbäckerei und Cappuccino nutzten die Neapolitaner das Regiment der Bourbonen und Franzosen, um sich deren unzählige kulinarische Raffinessen anzueignen. Man sieht, daß es im Mutterland der abendländischen Küche erst seit einem Dreißigstel der Zeit – seit dem Einmarsch Garibaldis vor hundert Jahren – Italiener gibt. Trotz bedeutsamer Tradition und natürlicher Begünstigung ist Neapels Küche überaus einfach dem Ablauf des Jahres eingeordnet und sicher gerade darum so vorzüglich.

Büffel-, Schaf- und Ziegenherden, Schweine-, Kaninchen-, Tauben-, Wachteln- und Austernzuchten, ausgedehnte Orangen-, Oliven-, Mandel- und Nußplantagen, die berühmtesten Nudelmühlen, eine Fabrikation feinster Konfitüren, auf den Hügeln Wein, Kastanien, Feigenkakteen, das Meer voller Fische, den Himmel voller Vögel, in den Gebirgen Wild, von den Gletschern das ideale Wasser für den Espresso aller Espressos. In den winterlosen Gärten von der Aubergine bis zur Zwiebel, von der Mispel bis zum Kaki das Beste vom Besten. Und das vor allem: Ein Menschenschlag, der sich aufs Essen versteht und von sich sagt: »So ignorant ein Neapolitaner auch sein mag und sei es der Dümmste der Armen: er kann kochen!«

Von allen Sinnen, mit denen wir das Neapolitanisch-Ischitanische zu erfassen suchen, erfährt es der Geschmack am unmittelbarsten. Essen, das die Not nicht immer zuläßt, ist für den Neapolitaner die wahre Freude am Leben. Kurzum, für ihn liegt das Glück dieser Erde auf einem Maccheroni-Teller, denn er kann das tragische Problem der Unerfüllbarkeit des Lebens seelisch nur durch seine Lieder und materiell durch Spaghettiessen bewältigen.

Begonnen hat die Sache, wie erwähnt, mit Marco Polo, der vor fast 700 Jahren gesehen hatte, wie die besseren Stände der Tatarei, die ja noch kein Hefebrot kannten, mit dem Weizenbrei verfahren sind. Doch seine Venezianer wollten von den Teigfäden nichts wissen, bis sich dort Augsburger Kontorherren – bereits an Spätzle gewöhnt – der chinesischen Maultratzer annahmen. Nach deren Verwandlung in eine schwäbische Leibspeise sind sie auf verschlungenen Wegen über süddeutsche Tuchergesellschaften an der Levante mit griechischen Seehändlern zu jenem neapolitanischen Kardinal gekommen, der nach ihrer Verkostung ausgerufen haben soll: »Ma caronia«, oh welche Beglückung! Gebildeter Neapolitaner, der er war, also dem griechischen Wesen verwandt, leitete er den Namen von einer byzantinischen Mahlzeit ab, die aus Graupen und Brühe bestand und Makaria heißt, was bezeichnenderweise im Doppelsinn soviel wie höchst leckere Speise der Seligkeit bedeutet. Jedenfalls ist das Wort *Maccheroni* von *Makários*, Glückseliger, abgeleitet. In der Tat ein trefflicher Begriff für jene Speise, die den Neapolitaner so sehr in Wonne versetzt. Außer dem eßbaren Spagat bedurfte es freilich noch einer weiteren Zutat, und der Genuese Colombo mußte für die Spanier ausfahren, um die roten westindischen Paradiesäpfel nach Neapel gelangen zu lassen, bevor sich das Wunder dieses *primo piatto*, des ersten Tellers, vollziehen konnte.

Seitdem aber kann man sagen: Spaghetti im allgemeinen stammen aus China, Spaghetti im besonderen jedoch aus Neapel; denn ist es auch nicht Geburtsort der Makkaroni, so sind sie doch hier getauft worden. Inzwischen sind die beiden Begriffe *Spaghetti* und Neapel nahezu synonym. Auch die *Pizzas*, die als Neapels kulinarische Volkslieder um die Welt ziehen, waren vor einigen Generationen noch ähnlich derbe Maisfladen wie die mexikanischen *Tortillas*, bis die in den *Pizzaiolas* vereinigte Artistik der Bäcker und Spaghettiköche auch diese knusperwürzigen Hits zu einer der wandlungsfähigsten Spezialitäten erhob.

Die Ernte der Tomaten – das Zauberelexier neapolitanischer Küchen.

VINO
EPOMEO
CASA VINICOLA
F.lli Calise
LACCO AMENO

1880
Perrazzo
EPOMEO
Perrazzo
SECCO
1963
VINO ISCHIA
1962

Seit Murillo scheint hier nichts verändert zu sein. Die Melonen werden zum Aufbewahren mit Weiden aufgebunden.

Oktopusse auf dem Fischmarkt.

Eine Schwedin zitiert aus dem Jahre 1858 einen italienischen Ruderer, der sie nach Ischia übersetzte, wo er mit ihr essen und *Tarantella* tanzen wollte: »*Viva il Re di Napoli! E gli Maccaroni, si! Ma amo piú i maccaroni ché il Re di Napoli!*« »Es lebe der König von Neapel und die Makkaroni, die ich allerdings höher schätze als den König!« Das trifft die Sache; ein Neapolitaner wird Makkaroni immer mehr lieben als Politik und was sonst vom Vergnügen ablenkt. Denn als Mann erweist sich hier, wer viele neue Menschen in die Welt setzt. Wer aber könnte das, ohne erst einmal tüchtig zu essen.
Es gibt ein einfaches Wohlleben, das zwischen *pasta asciutta*, den beseelten Liedern und den Weingärten alles umspannt, was von einem guten Tage zu erhoffen ist. Wenn Glück, nach Buddha, die Erfüllung unserer Wünsche ist, dann sind diese Menschen stets nahe dabei, denn die Wünsche dieses Inseldaseins beginnen sich mit dem täglichen Teller napolitanischer Spaghetti zu stillen. Man hält es mit Charles de Montesquieu: »Essen ist eines der vier Zwecke des Seins; welche die anderen drei sind, darauf bin ich noch nicht gekommen.« Mir scheint, diesen Menschen ist nur eines wichtig, leichtherzig über das traurige Dasein hinwegzukommen, wozu ihnen das Essen als zweitwichtigstes Mittel zum Zweck dient.
Körper und Seele, genauer genommen Magen und Geist, müssen Balance halten, was in diesem Klima und Tumult gar nicht so einfach ist. Ergo muß angesichts der grandiosen Überfülle an Schönem und Berauschendem die Qualität der Speisen den hochfliegenden Gedanken entsprechen. Nur feinsinnige Gaumenpoesien vermögen diesen beseelten Hunger und vergeistigten Durst zu besänftigen. Da anderseits die Leute von Jugend an auf Kredit vom lieben Gott leben, indem sie dessen unbegrenztes Verständnis für ihr *dolce far niente* beanspruchen, bleiben sie am liebsten arm. Also mußten sie eine Speise erfinden, die unübertrefflich und doch für jedermann jederzeit erhältlich ist. Stellt man einem Computer die Aufgabe, das Optimum unter den feinsten, zugleich einfachsten und billigsten Speisen zu ermitteln, an dem man sich, ohne daß es abgeschmackt wird, jahrelang, täglich deliktieren kann, so wird die Lösung lauten: *Spaghetti alla napolitana.*
Denken Sie bloß nicht, daß Sie sich in und um Neapel über die Spaghettis hinwegsetzen können. Solange sie das tun, bleiben Sie ein mißachteter Barbar, ein »Maccaroni«, wie man einen plumpen Hanswursten nennt oder einen Ausländer mit albernem Italientick, weshalb ich Ihnen rate, sich das Grundvokabular für das Verständnis dieser elysischen Welt anzueignen.
Der Sammelbegriff für Teigwaren heißt *Pasta*, für Nudeln früher *Maccaroni*, heute *Maccheroni*. Das, was wir *Makkaroni* nennen, sind lange Nudelröhren, die je nach Größe von dick bis dünn wie folgt heißen: *Candele*, *zitoni*, *zite*, *mezzani*, *mezzanelli*, *maccaroncelli*, *bucatini*, *tripolini*, *mafaldine* oder *mafalde*. Die kompakten runden Fadennudeln, also die *Spaghetti*, sind von stark bis dünn eingeteilt in: *vermicelloni*, *vermicelli*, *mezzi vermicelli*, *spaghetti*, *spaghettini*, *spaghettoni*, *sopracapellini*, *capellini*, *capelli d'angeli*. Die flachgedrückten Bändernudeln heißen dagegen von ganz breit bis ganz feindünn: *lasagne rigate*, *lasagne*, *mezzelasagne*, *fettuccine*, *mezze fettucine*, *tagliatelle*, *linguine*, *linguettine*. Von allen anderen Formen der Pasta können wir hier ebenso wenig berichten wie von den allgemeinen Zubereitungsarten, denn sie gehen in die Hunderte.
Zum Elementarium der neapolitanischen Spaghettiküche gehört aber, daß man wenigstens über folgende Variationen Bescheid weiß: Wenn im folgenden nur *Spaghetti* steht, so ist das eine weitere Beschränkung, denn nahezu jedes Rezept läßt sich auf mehr oder weniger alle Arten von *Pasta* oder *Makkaroni* anwenden. Spaghetti kochen ist in Neapel eine Kulthandlung, und der vornehmste Neapolitaner stellt dabei mit ausgesprochener Spielfreude, Andacht und Hingabe seine Talente auf die Probe.
Hasten verdirbt den Wohlgeschmack, das gilt fürs Kochen wie fürs Essen.
Spaghetti sind kein Schnellgericht. Wenn das Wasser kocht und der *Sugo* bereitet ist, was durchschnittlich eine Stunde dauert, so muß man noch 7 bis 15 Minuten – je nach Art der Nudeln – zugeben.

Es beginnt mit einem großen, unbedeckten Topf, der gut gesalzenes, brodelndes Wasser und ein paar Spritzer Öl enthält, damit die gekochten Nudeln nicht verkleben. Für die schlankheitsbewußte Dame ist mit 100 g Nudeln und einem Liter Wasser auszukommen. Die Normalportion eines Ausländers für Spaghetti als Einzelgericht verlangt höchstens 150 g mit 1½ Liter Wasser, der Neapolitaner selbst aber ißt ohne weiteres ein Pfund pro Mahlzeit.

Bis vor kurzem hätte einen jede Neapolitanerin ausgelacht, wenn man acht Tage alte Fabrikspaghetti verwendet hätte: Im Zeitalter der Plastikeimer greift auch sie auf die amalfitanische Makkaronikonfektion aus bestem Hartweizen der argentinischen Sandböden zurück. Spitzenqualitäten und frische Makkaroni brauchen nicht abgeschreckt werden. Doch ist es vorteilhaft, die Schüssel zu wärmen und ein wenig einzuölen.

Wehe dem, der säumt, wenn die Spaghetti auf den Tisch kommen. Mit dieser Sünde am heiligen »Maccheronimus« tritt man die Gastfreundschaft mit Füßen.

Um auch das noch klarzustellen: Spaghetti ißt man weder mit dem Messer noch mit einem Löffel, sondern nur mit der Gabel aus einem tiefen Teller, stets aber mit Weißbrot und Wein. Je länger die Spaghetti, desto unterhaltsamer wird das theatralische Kleckerspiel, zu dem die große Serviette erlaubt ist.

Über eine Speise hinaus ist dieses Gabelgefecht nämlich auch ein Amüsement mit dem Gaumen. Zu Gesprächen kommt man erst nach der *Pasta.* An langen Nudeln und kurzen Rechnungen erweisen sich die guten Hausfrauen.

Spaghetti alla Napolitana
genauer *Spaghetti col pomodoro*
oder *Spaghetti a Filetto*
auf neapolitanisch *Spaghetti c'apummarola fresch*
Spaghetti auf neapolitanische Art

1. Es müssen gartenfrische Tomaten sein, und zwar aus San Marzano bei Salerno und sogenannte *Pomodori a fiaschetto,* die Flaschenförmigen. Diese Tomaten müssen mit der Hand zerpflückt, entkernt und so ausgedrückt werden, daß die Schale zurückbleibt.

2. Nach diesen Vorbereitungen wird bestes, möglichst unraffiniertes *Olivenöl* erhitzt und die Tomaten auf sanftestem Feuer darin eingeschmort.

3. Für 98 von 100 Neapolitanern kommt nichts weiter außer frisch gehacktem *Basilikum,* grobgemahlenem schwarzem *Pfeffer* und Salz dazu, für die restlichen 2 Prozent gilt der *Sugo* erst, wenn er
a) etwas *Knoblauch,*
b) eine Prise *Zucker* enthält,
c) zu guter Letzt noch frischpassierte rohe *Tomaten* unterzogen werden.

Man ist sich nicht einig, ob diese Spaghetti mit frisch geriebenem Parmesankäse oder Peccorino vollendet werden, doch sollte man auf jeden Fall besser Vino rosso als bianco dazu trinken.

Spaghetti aglio olio
Spaghetti agl'i è uoglio
Spaghetti mit Knoblauch und Öl

Diese billigste und einfachste neapolitanische Zubereitung ist kein Essen vor großen Liebesabenteuern, aber ein köstliches Landmahl. Sind die *Spaghetti* oder *Vermicelli* fertiggekocht, wird ganz rasch auf der Pfanne möglichst natürliches, »jungfräuliches« *Olivenöl* erhitzt. Unterdessen ein paar *Knoblauchzehen* in Scheibchen schneiden und auf einem Holzbrettchen mit feingehackten, frischen *Peperoncini rossi,* den pikanten kleinen Paprikaschoten, und etwas Salz zerdrückt dazugeben, wenn der *Knoblauch* blond geröstet den Höhepunkt seiner Duftentfaltung erreicht hat, wird noch schnell grobgehackte *Petersilie* beigefügt und die Spaghettischüssel mit dem heißscharfen *Knoblauchöl* durchmischt. Das ist alles. Kein Käse! *Weiß-* oder *Rotwein!*

Spaghetti alle vongole
Spaghetti ch'è vongol
Spaghetti mit Clovissees

Das sind kleine graugerippte *Muscheln,* die nirgends so gut sind wie im Golf von Neapel, aber nicht mit den sehr viel billigeren *Lupini* verwechselt werden dürfen. Die Zubereitung der Sauce beginnt wieder mit *Olivenöl* aus erster Pressung; zuerst kleingeschnittener *Knoblauch,* dann etwas *Tomaten-*

mark werden mit dem erhitzten Öl verrührt, bis die Mischung – ohne freilich anzubrennen – ihre Würze aufschließt. Es folgen ein paar saftige, geschälte *frische Tomaten* und gleich darauf die gut gewaschenen *Muscheln.* (Alle, die beim Durchschwenken an die Oberfläche kommen, sind schlecht und werden entfernt.) In der Hitze des Topfes gehen sie auf und geben genügend Meereswasser ab. Man rührt mehrmals durch, bis sie aufgehen, läßt mit etwas Weißwein garen, pfeffert tüchtig, braucht aber nicht zu salzen. Zu guter Letzt noch *Petersilie* – und man kann servieren. Die *Vongole* bleiben dabei in der Schale. Kein Käse! *Weißwein!* Natürlich nur einen der Trockenen aus der Region.

Spaghetti alle cozze
Spaghetti ch'è Cozzèche
Spaghetti mit Miesmuscheln

Ihre Präparation gleicht dem Rezept für *Vongole*, nur werden in diesem Fall die *Muscheln* aus der Schale genommen. Kein Käse! *Weißwein!*

Von Leopoldo, dem charmanten Meister-Restaurateur aus Panza, weiß ich, daß *Vongole*, *Cozze* oder *Tondine* auch über die Maßen gut sind, wenn man sie nach seiner Art in ½ *Olivenöl*, ½ frischer *Butter* mit *Pfeffer*, *Petersilie* und reichlich *Zitronensaft* zubereitet.

Spaghetti alle tondine (telline)
Spaghetti ch'è tunninel'è
Spaghetti mit kleinen Tellermuscheln

Man kann sie freilich auch wie weiter oben angegeben probieren, und man kann umgekehrt sowohl *Vongole* als auch *Cozze* auf folgende Art, nur mit *Olivenöl*, *Knoblauch*, grobgemahlenem *Pfeffer* und einem Schuß *Petersilie* zubereiten. Diese weiße Art, in *bianco*, untermalt den würzigen Eigengeschmack der *Muscheln*, von denen eine neapolitanische Wirtin sagte, sie seinen Heiltabletten aus dem Meer. Sie sind Meer im chemischen Extrakt, aber auch ein epikureisches Konzentrat. Kein Käse! *Weißwein!*

Spaghetti (linguine) col sugo di polipo (verace)
Linguin'e cho sug è purp(o)
Spaghetti bzw. übliche Art Linguine mit Tintenfischsauce

Auf dem Markt sucht man sich besser die kleinen, *Verace* genannten, *Oktopusse* beziehungsweise *Polypen* aus. Die Prozedur beginnt in einem nicht zu kleinen Topf mit viel *Olivenöl*, das heiß sein muß. Es folgen erst die gewaschenen *Tintenfische*, dann geschälte *Tomaten*. Nach einigem Umrühren und Pfeffern gibt man Wasser zu und läßt auf kleiner Flamme ganz langsam gar kochen; immer wieder Wasser nachgeben. Ist das Tintenfischfleisch gar, was ungefähr 1½ Stunden dauert, wenn die Tiere klein sind, und entsprechend länger bei Verwendung größerer, serviert man zu den inzwischen gekochten, *Linguine* genannten, feinen *Spaghetti*, pro Teller einen ungeteilten kleinen *Verace* oder ein entsprechendes Stück vom großen *Polypen* und übergießt mit dem eingedickten Sud. Kein Käse! *Weißwein* – trockener *Rosé!*

Spaghetti (linguine) alla marinaia
Linguin'e a marinar
Spaghetti auf Matrosenart

Die Sache ist ganz einfach: *Olivenöl*, *Tomatenmark*, *Salz*, *Pfeffer*, kleingehackte schwarze *Oliven* und *Kapern* anschwitzen lassen, zum Schluß feingehacktes, frisches *Basilikum*. Damit die Sauce eine Bindung bekommt, noch frische, durchpassierte *Tomaten* mit ihrem Saft. An Stelle von Tomatenkonzentrat und frischpassierten nimmt die neapolitanische Hausfrau auch ihr hausgemachtes *Tomatenmark* aus den kleinen sonnengetrockneten Herbsttomaten. *Parmesankäse.* Am besten *Rotwein*, doch gehen auch *Rosé* und *Weißwein!*

Spaghetti alla chitarra
Spaghetti alla chitarr'
Spaghetti der Gitarrenspieler

Halb *Öl*, halb *Butter* dienen als Basis eines *Lammfleischragouts*, das mit *Knoblauch*, feingehackten *Paprikaschoten*, *Salz*, *Pfeffer*, *Oregano*, geschälten *Tomaten* und *Rotwein* auf kleiner Flamme langsam eingekocht und am Ende mit frischer *Petersilie* vollendet wird. *Parmesankäse – Rotwein!*

Spaghetti (zite) al ragut
(Spaghetti) Zite à Raù (e maccarun d'à sarz)
Makkaroni mit Fleischragout

Hier sind *Öl*, *Tomatenmark*, *Basilikum*, *Salz* und *Pfeffer* der Ausgangspunkt. Hinzu kommen Fleischwürfel von der *Zwerchrippe*, schließlich noch passierte *Tomaten* und von Fall zu Fall *Wasser*. Das Geheimnis dieses, wie die Napolitaner schwören, besten *Raguts* überhaupt liegt in der liebevollen Ausdauer, mit der es zubereitet wird. Hierzu findet sich immer einer der Familie, der schon vor der Messe aufsteht, um den Herd zu heizen. Der Kochtopf mit dem *Ragut* schmurgelt von da an bis um 2 Uhr nachmittags ganz langsam vor sich hin. Viel reichlich grober, duftender, frischer *Pfeffer* und verschwenderisch viel *Parmesan* perfektionieren diese Makkaronischlemmerei, deren Duft am Sonntagvormittag die napolitanischen Gassen füllt. In jedem Fall *Vino rosso!*

Linguine alla pizzaiola
Linguin a Pizzaiuol'á
Spaghetti nach Art der Pizzabäcker

Knoblauch und *Oregano* müssen dazu in *Öl* anschwitzen, bevor die *Pelati*, d.h. die geschälten *Tomaten*, das *Salz* und der *Pfeffer* hinzukommen, um allmählich einzudicken. So weit so gut. Hierzu hat mir Celestino, mein Starkoch aus Ischia, dessen Bruder Giorgio das berühmte *Santuario dello stomaco*, den Magentempel La Romantica in Forio besitzt, verraten, daß er noch einen Schuß Wein und dem schon fertigen *Sugo* noch rohpassierte *Tomaten* zugibt; und ich behaupte, daß der Trick mit der Zuckerprise, den mir die »Va Vama«, Großmutter Colomba, Leopoldos Tante, aus dem kleinen Bergdorf Panza beigebracht hat, den allerletzten Pfiff gibt. Natürlich *Parmesan* und *Rotwein!*

Vermicelloni e faggioli
Vermicellon ch'è fasul (auch *Pasta ch'è fasul)*
Dicke Spaghetti mit weißen Bohnen

Die weißen, über Nacht eingeweichten *Bohnenkerne* werden in ihrem Einweichwasser mit einer Messerspitze *Natron* und entweder mit *Öl* und etwas *Schweineschwarte* oder nur mit *Schweinefett* sowie einem klein wenig *Knoblauch*, einem Löffel *Tomatenmark* und dem nötigen *Salz* auf mildem Feuer weichgekocht. Umrühren darf man nur mit einem Holzlöffel. Während der letzten 10 bis 12 Minuten des Kochprozesses werden die (rohen) kurz gebrochenen *Vermicelli* eingelegt, bis sie in dem Bohnensaft gar geworden sind. So zu Tisch gebracht, sind sie das allgemeine Montagsgericht bei Napolitanern, bei dem eine Glasschale mit Wasser nicht fehlen darf, darin feingehackte rohe *Zwiebeln* schwimmen, die man sich dazu nimmt. Kein Käse! *Rotwein*, aber auch *Rosé!*

Pasta mista con ceci
Pasta miscat ch'è Sciscer
Nudelbruch mit Kichererbsen

Hierzu werden die gelbrunden *Bohnen* gesondert gekocht, aber auch in ihrem Einweichwasser nur mit etwas *Öl*, *Knoblauch*, kleingeschnittenem *Schweinebauch*, *Salz* und *Pfeffer*. Da dies ein traditionelles spanisches Gericht ist, darf auch etwas *Paprikaschote* dabeisein. Für die Nudeln nimmt man ein Durcheinander verschiedener *Makkaroni-* und *Spaghettiarten*. Die Hauptsache sind auch hier wieder die rohen, gehackten, milden weißen *Zwiebeln*.

Cannelloni alla Sorrentino
Cannlun a surntiar
Canneloni aus Sorrent

Die fertig gekauften, halbweich gekochten großen Teigröhren oder entsprechende *Lasagnas*, die breit genug sein müssen, um sie einrollen zu können, werden mit einer Paste aus gemischtem *Hackfleisch*, das mit *Salz* und *Pfeffer* kurz angebraten wurde, sowie mit *Ricotta*, also *Topfen* und *Mozzarella*, einem Weichkäse aus Büffelmilch, gefüllt. In eine gut geölte, flache Kasserolle oder Gratinform nebeneinandergeschichtet und mit *Sugo di Ragut*, wie schon oben beschrieben, übergossen, im Rohr gratiniert, was ungefähr 30 Minuten dauert. Für die letzten 10 Minuten streut man dick ein Gemisch aus frischen *Bröseln* und *Parmesan* drüber. *Parmesankäse* und *Rotwein* oder bitter-voller *Weißwein!*

Lasagna alla Napolitana
Lasagna alla Napolitana
Lasagne auf neapolitanische Art

Früher ließ man sich bei einem *Lasagnajo*, einem Nudelmacher – nicht zu verwechseln mit einem »Lasagnoné«, was großer Lümmel bedeutet – besonders breite, handflächen große *Lasagnas* zubereiten, die man heute weiß oder rot mit *Tomaten* und auch grün mit *Spinat* zu kaufen bekommt. Der Neapolitaner bevorzugt die weißen. Er kocht sie reichlich in *Salzwasser*, sehr »*al dente*«, und spült sie gut ab. Danach schichtet er sie in eine flache, gut geölte Reine oder Gratinform, benetzt jede Lage mit etwas *Ragut Napolitano* (siehe Rezept Seite 81), bestreut dieses mit einer Mischung aus zerteilter *Mozzarella*, kleingewürfeltem *Provolone*, gewiegtem hartem Ei und kleinzerteilter *Salami*. Dann übergießt man es mit ein wenig *Béchamelsauce*, die mit *Rahm*, *Eigelb* und *Parmesan* angereichert wurde. So legt er mehrere Schichten übereinander, übergießt die obersten *Lasagnablätter* nur mit *Béchamel*, auf die er noch reichlich *Parmesan* und *Brösel* streut. Für 40 Minuten ins gut gewärmte Rohr gegeben, gratiniert das Gericht und bleibt doch saftig. Ein paar *Butterflocken* auf die Kruste und die neapolitanischen *Lasagnas* sind perfekt. Jetzt haben wir die Wahl der Qual für den richtigen *Vino rosso*. In Neapel wird man Ihnen *Falerno*, *Graniano*, einen *Monte Vesuvio* oder einen *Conca* anbieten, auf Capri und Procida den *Roten* von dort, und auf Ischia einen *Epomeo rosso* oder *Per' É Palummo*, in Amalfi einen *Ravello*.
Ganz gleich, welchen der kühlen vulkanischen Tropfen Sie wählen, er wird Sie in Verbindung mit solchen *Lasagnas* mit aller Welt versöhnen, selbst mit dem Regen, den es in Neapel, wie Ihnen die Statistiker beweisen werden, an 111 Tagen des Jahres gibt und ohne den die »Campagna felix« nicht so fruchtbar wäre!

Oben: Eine Strandbucht Ischia Portos im Siestadunst mit der Silhouette des Castello vom Monte S. Pietro aus. *Unten*: Die sinkende Septembersonne vergoldet die Schloßruinen Ischia Pontes.

Unter dem letzten Bombardement durch Admiral Nelson verlosch der Schloß- und Kirchenglanz auf Ischias alter Zitadelle. Aus den Ruinen über dem friedlichen Fischerhafen entstand auf stolzer Höhe schon eine Hotelpension.

Il Castello d'Ischia

Ein paar Türme, wuchtiges Mauerwerk: das ist das Kastell, fremd und lockend wie manchmal in Italien solche Oberstadt. Die Abenteuerlust fühlt sich angeregt.

Theodor Heuss

Verloschener Glanz

Giuseppe della Croce, Ischias SANTORELLO, der durch seine Wunderkräfte sogar der Pest widerstand, hat den Verfall der glänzenden Pracht, die Verwandlung der stolzen Zitadelle in einen zerbröckelnden Taubenschlag, vorausgesagt.

Als der Achtzigjährige 1734 starb, war das phantastische Innenleben der Wasserfelsburg noch intakt, mit Schloß und Garten, mit Kirchen und Kasematten. Ein Tummelplatz für allerlei Gestalten der Weltgeschichte und für den Müßiggang berühmter Mäzenaten, im wahren Sinne des Wortes eine Hochburg der Gesellschaft, der Künste und des Geistes, die fünfzehn Jahrhunderte von den verschiedensten Fremdmächten geprägt wurde. Nun behausen nur noch Blumen und die Winde diesen Ort, duftender Ginster genügt sich in der Wüste, um es mit Leopardi zu sagen. Brombeer- und Kampfergesträuch wuchert auf dem dürren Rücken. Dem Chaos wetterzerfressener Ruinen ist kaum noch abzulesen, daß es im 16. Jahrhundert das autarke Getriebe von 1900 Haushaltungen beinhaltet, was ins Neapolitanische übersetzt mindestens 12000 Individuen bedeutet, mit eigenem Bischofspalast, zehn Kirchen, zwei Klöstern und einem Konvent. Im Zentrum das verschwenderisch konzipierte Schloß mit kompletter Ökonomie, den nötigen Ämtern, einer Garnison samt Arsenalen, Stallungen, Gefängnissen, Zisternen, Falltoren, dazu Signal- und Geschütztürmen, Galerien und Wehrgängen.

Uns begegnet nur noch staubdurchkräuseltes Getrümmer, das nachlässig, müde vom Gezänk der Jahrhunderte, dahindöst. Es bedarf mächtiger Flügelschläge der Phantasie und einer gehörigen Nachhilfe in neapolitanischer Geschichte, um sich die lange Tradition, die kulturelle Ballung und die einstige Größe dieses geschäftigen Ortes in die Vorstellung zurückzurufen.

Die Zitadelle begann als Zwingburg sikulischer Tyrannen, als Fort orientalischer Händler, Kastell graecophiler Cäsaren und Landstation lasziver Römer, wurde Wehrsiedlung gegen Barbaren und dreiste Korsaren, dann Burgfrieden freisinniger Troubadoure, schöngeistiger Prinzessinnen, galanter Kreuzritter, murmelnder Nonnen, schließlich Palast kaiserlicher Feldherrn und regierender Mätressen, Schutzhaus verborgener Patrioten und Domizil weitgereister Kapitäne, entflammter Poeten, intriganter Nobile und diskutierender Gelehrter.

Aus dem Schloß großmütiger Grafen wurde eine Zitadelle voll klatschender Hofdamen, satter Bischöfe, verschlagener Kastellane, feudaler Jagdgesellschaften, spanischer Granden, schmuddelkranker Bettelmönche, raffgieriger Prokuratoren, reisender Herrschaften aus dem Norden, verlauster Sträflinge, britischer Admirale, höflicher Botschafter und geschwätziger Pfaffen.

Unser dämmeriger Aufgang durch die mächtige Felsengalerie Alfons' I. von Aragonien, mit Schächten, Zwischentoren und der Pferdetreppe, mündet in bedrückender Öde. Der Salz- und Muschelgeruch einer schwülen Brise ruscht durch die knisternde Wildnis, Eidechsen schwänzeln um die Schuhe, träge Schlangen verkringeln sich im heißen Gestein, streunende Kaninchen scharren am Gemäuer, Vögel nisten in den Zinnen, in den Verliesen kraschen Ratten. Und ein paar Touristen staunen herum. Sonst ist es still auf dem Castello mit seinen Resten verkümmerter Schönheit aus dorischen, normannischen, arabischen, französischen und spanischen Epochen. Die Jahrhunderte halten Siesta. Die Patrizier wie die kleinen Leute sind fortgezogen, ja, ab 1757 gab es einen regelrechten Exodus. Als letzte Gruppe verließ die Geistlichkeit den Felsen. Das war 1810. Seitdem war das Castello nur noch Gefängnis und von 1811 an bourbonisches Zuchthaus. Die Entvölkerung wurde 1837 durch die Cholera und 1854 durch ein Erdbeben vollendet. Von 1874 bis 1895 dient die Anlage als königlich-italienische Strafkolonie.

Was aber ist der historische Felsenhorst ohne seine festlichen Schauspiele und ohne Neapels malerischen Plebs. Es gibt keine gewerbefleißigen Handwerker mehr, keine gedemütigten Knechte, weder barbarische Soldaten, arme Fischer, livrierte Hofbedienstete noch pfiffige Krämer, gellende Waschweiber oder ranke Stallburschen. Verwaist ist der Platz – sie sind alle fort: die spielenden Kinder, die verschlafenen Wächter und graziösen Wasserträgerinnen; die braungegerbten Gärtner, die gepuderten Bäcker und bebrillten Archivare, die kasteiten Klarissinnen und mieflichen Mulitreiber oder Schweinehirten.

Was ist noch interessant in einer derart verzweigten, jetzt leergeblasenen Festungshauptstadt ohne ihre LAZZARONI, die mildtätigen Franziskaner, ihre dicken Kellermeister und Gassencarusos, die geduldigen Taubenzüchter und hämmernden Schmiede.

Es bedarf erheblicher Vorstellungskräfte, sich diesen historischen Alltag des Castello d'Ischia auf dem vorhandenen Areal, das ein wenig nach Grotte modert, zu vergegenwärtigen. Unsereins durchwandert nur Fragmente und Gesträuch auf dem schroffen Küstenfelsen. Ein Vorhof führt in den anderen, ein Wall umgürtet den nächsten. Wir lassen uns den mächtigen Johannisbrotbaum des hl. Giuseppe della Croce und auf dem früheren Waffenplatz das sechsunddreißigfache Echo der größten Tonvase vorführen, der 15 m tiefen und breiten Zisterne. Es gruselt uns, wenn wir an die bourbonischen Gefangenen denken, die man darin verschmachten ließ, oder wenn in der Katakombe das *Ossarium* gezeigt wird, in dem die Klarissinnen die Mumien ihres Konvents wie sitzende Vogelscheuchen bewahrten.

Der eine belächelt die gefundenen Steinkugeln alter Kanonen, der andere bedauert die 1809 von den Engländern zerschossene Kathedrale, ein dritter findet, daß die wenigen Fresken aus dem 14. Jahrhundert nichts Überwältigendes vorstellen. Doch begeistert uns, wenn man den Pomp der Hochzeitswochen aus der Renaissance nachzeichnet, als Ferante D'Avalos im Dezember 1509 Vittoria Colonna, Italiens Grande dame littéraire, heiratete. Die traurige Gegenwart aber sind verwaschene Mauern, verfallene Tore und abgeblätterter Stuck. Die Aolen und Agaven, vereinzelte Geranien und die Reste einer Ailantus-Allee romantisieren ein wenig die verwehten Spuren.

Wer sich die 1,2 km Serpentinen bis 113 m Höhe auf das sonnengebadete Dach der unvermeidlichen Espressoterrasse gemüht hat, den wird der Gedanke nicht loslassen, daß über kurz oder lang auch hier der Rummel wieder einziehen wird.

Das Castello und seine Hügelanlage ist für sinnlosen Ruinenfraß zu kostbar. Sein erhabenes Plateau über glasblauem und weißgekräuseltem Wasser ist zu schön, um die Restauration nicht herauszufordern. Sie wird kommen mit Schloßhotel und Spielkasino, Ladenstraßen, Tanzterrassen und Gondelbahn. Ein Night Club, Castello d'Aragonese, hat sich an dem künstlichen Isthmus aus dem Jahre 1438 bereits installiert, und unter der Kuppel des Klarissinnenklosters ist eine Pension für bergfeste und romantische Gemüter entstanden.

Lassen wir es uns bis dahin nicht nehmen, trotz der Enttäuschung, daß der ermüdende Aufstieg nur noch verfallende Höhlungen zeigt, uns an dem frischen Saft aus Zitronen und Orangen von den Festungsplantagen zu laben oder einen VINO DEL MONTE CASTELLO, gesättigt vom Feuer aus dem Erdinnern, zu trinken. Als unerwartete Spezialität wird einem an die kleinen Tischchen im kühlenden Wind auch echter Hanseaten-Kaffee serviert.

Ganz oben einmal in der Magie des Mondlichts den Tanz der Burggespenster zu verfolgen oder bei Sonnenuntergang die unglaublichen Farbkulissen vom *Maschio* genannten Hochturm aus zu betrachten, wird zum

ausgesprochenen Erlebnis, zumal in dem Bewußtsein, daß man solches mit den Dichtern Ariost, Petrarca, Tasso, Boccaccio, Sannozaro und Aretino teilt, daß hier auch der Genius Michelangelo Eingebungen hatte. Wo man heute beschaulich sitzt, hat in höfischer Szenerie eine Isabella von Spanien geschwärmt, sind Schlachtpläne entworfen, ergötzliche Sonette geschrieben worden und haben Verräter konspiriert. Der Lichterigel Capri, die Konturen der Sorrentiner Zitronenhügel und der violetten Anderthalbtausender hinter Vico Equense und Gragnano, ferner die Krone des Golfes, sein unterweltlicher Aschenaufwurf, der Vesuvius, davor die Landfetzen der Procidainseln und das abgezupfte Küstenvorgebirge der Spiagga di Miliscola am Capo Miseno. Noch eine halbe Drehung und wir gewinnen unmittelbare Sicht auf die sonderbar magmatische Erscheinung der schwarz-grünen Epomeo-Insel und auf Ponte, dessen verschlissene Fassaden und Kuppelketten sich zusehends mit finsteren Schatten und grellen Leuchtpunkten füllen. Die vielen Loggias werden zu funkelnden Häuseraugen. Dann rauscht es silberglitzernd um die S.-Anna-Klippen, über denen der düstere Guevaraturm im Nymphengarten Posten steht, darüber verstreuen sich die Lichter der Bauernhäuser, Millionärsvillen und Inseldörfer im ansteigenden Gelände Campagnanos.
Bald kommt das klare Mondweiß und bricht sich in den Hafenwellen wie Diamantschimmer. Dann wird nichts sein als die leise atmende Nachtnatur.

Kleiner Ischitanischer Geschichtskursus

Vorgeschichte

Neuerdings häufen sich in der Citarabucht und im Nordwesten der Insel Ischia Funde aus der frühen Steinzeit, die Bewohner aus dem 3. vorchristlichen Jahrtausend hinterlassen haben. Doch genauer wissen wir nur, daß nach den bronzezeitlichen Ureinwohnern aus dem Kreis der Apenninenkultur um 1300 v. Chr. und 1000 v. Chr. im Golfgebiet Neapels zunächst einer der beiden Hauptstämme des oskischen Abruzzenvolkes aufgetaucht ist, nämlich die betont bäuerlichen und kämpferischen Samniten. Vereinzelt entstehen daneben vorübergehende Außenposten der weiter nördlich lebenden, hochgesitteten Etrusker und ihres seeräuberischen Zweiges der Tyrrhener. Nach Zeugnissen letzter Ausgrabungen müssen auch schon die Phönizier um 900 v. Chr. an den Golfinseln vorbeigekommen sein. Vielleicht waren es deren günstige Berichte, die späteren Aussiedlern Griechenlands dieses Ziel setzten. Jedenfalls sahen sie in dem neuen Land ein schönes, mit reichen Gütern gesegnetes Stück »goldener Westen«.

Die Griechen

Dauerhafte Siedlungen wurden erst um 800 v. Chr. von den ins westliche Meer expandierenden griechischen Kolonisten angelegt, die aus dem in der pelasgischen Frühzeit kulturell führenden Böotien stammten.
Der Legende nach soll Apolls weiße Taube die Schiffsbesatzungen der ersten οἰκισταί, der ausfahrenden Neugründer, Megasthenes aus Chalkis und Hippokles aus Kyme, direkt an die campanischen Küsten nach Ischia geführt haben. Es sind unternehmende Auswanderer der euböischen Schwesterstädte Chalkis, Eretria und Kyme, zu denen in der nächsten Phase noch einige Äolier aus dem lydischen Kyme am elatischen Meer stoßen. Euböa, die langgestreckte küstennahe Insel zwischen Thessalien und Attika, birgt Kupfervorkommen und war von den blühenden Seehandelsstädten Chalkis und Eretria – heute Paleo Kastro – am Kanal von Euripos und von dem kleinen Kyme, dem jetzigen Kymi, an der Ostspitze Euböas beherrscht. Das Netz der von ihnen aufgebauten Kolonien reichte im Norden bis zu den mazedonischen Halbinseln um Athos und im Nordosten am Ende der ionischen Handelsstraßen bis an die kaukasische Schwarzmeerküste, wo es noch ein Töpferzentrum Pithys gab. Im Osten entstand der bedeutende Ableger Kymes am kleinasiatischen Gegenufer der Ägäis, in der Bucht von Eläa, zwischen Chios und Lesbos. Im Süden reichten die Handelsstationen den Nil hinauf zu den Skarabäen-Schneidern, und an die phönizischen Karawanenplätze schlossen sich über ein weiteres Chalkis in der Nähe Antiochias die Verbindungen zum Euphrat an. In einem Krieg um kommunalen Feldbesitz hatte Chalkis Eretria hart getroffen und konnte auf dessen Kosten in seiner wirtschaftlichen, politischen und kulturellen Bedeutung weit über die alte Schwesterstadt hinauswachsen. Auf ihrem Vorstoß in den Westen – ausgelöst durch ihre überschüssigen Volks- und Wirtschaftskräfte – haben sie zuerst mehrere Punkte auf

dem angenehm flachgewellten Epomeovorland im Norden der Insel Ischia, der der italienischen Küste zugewandt liegt, befestigt. Zu den Ackerbaukolonien gesellten sich erst provisorische Faktoreien, bald Emporien – das waren feste Umschlagsmärkte – und schließlich eine Kolonie mit wehrhafter Akropolis unter Führung eines Oikisten der Mutterstadt. Der neue Platz und der Komplex seiner Inselgruppe wurde Pithekoussai, Tonvasenstätte, genannt. Mit subtropischem Jahresklima, geschützten Buchten, Roh- und Baustoffen und gutem Frucht- und Waldland war alles gegeben, um Kolonisation, Industrie, Schiffahrt, Zwischenhandel und gelegentlich Seeraub zu betreiben, um also eine feste Stadt gründen und dort die griechische Zivilisation ins Dasein treten zu lassen. Dünkte den Agragiern Eretrias das Land ideal für die Einführung von Weinkulturen und den Olivenanbau, während die ursprünglichen Eichenwälder Wildschweine ernährten, dann fanden die im Umgang mit der Drehscheibe geübten Chalkider für ihre Töpferindustrie beste Voraussetzungen.

In jedem Fall war die Lage der Insel aber für den Handel außerordentlich geeignet, so daß bald in der Montana-Bucht und bei Λᾶας, Lacco Ameno, ein Hafen mit beachtlicher Werft angelegt wurde und auf dem Monte Vico eine Oberstadt mit Akropolis entstand, deren Heiligtum dem delphischen Apoll, den nitrodischen Nymphen und Mitras, dem Lichtbringer, geweiht waren, dazu den Göttern zweiter Klasse: Apollons Sohn, dem in allen Heil- und Wahrsagekünsten bewanderten, wohltätigen Hüter der Schafe, Ölbäume und Bienen, Aristeos, und Aphrodites Sohn Eros, dem allmächtigen und unwiderstehlichen Dämon der Liebe.

Als ältester griechischer Siedlungspunkt auf italischem Gebiet wurde die Insel um 800 v. Chr. der nördlichste Vorposten im westlichen Mittelmeer. Sie war Umschlaghafen für Waren und feine Lebensart aus dem Orient, war Handwerkszentrum mit hochentwickelter Terrakottafabrikation und Schmieden für das etruskische Eisenerz aus Aethalia – heute heißt es Elba –, das hier zusammen mit dem Importkupfer aus Euböa verhüttet und zu Bronze gegossen wurde.

Um 700 v. Chr. brach der Vulkan Rotaro aus, der einen Großteil der Kolonisten veranlaßte, aufs Festland zu wechseln, wo sie der Neugründung ihrer Stadt auf einem 80 m hohen Berg hinter dem jetzigen Lido von Licola vor den phlegräischen Feldern und nahe dem Fusarer See den Namen ihrer Altheimat Kyme gaben. Als das wie Sybaris und Capua reich, prächtig und mächtig gewordene Kyme übervölkert zu werden drohte, begann man in einigem Abstand jeweils eine neue polis eusynoptos, ein in allem überschaubares Gemeinwesen, anzulegen. So wurde dieses dritte Kyme nicht nur die Mutterstadt des römischen Cumae, sondern im Verlauf verstärkter Zuwanderungen aus dem ägäischen Raum, vor allem aus Rhodos, auch nacheinander von Dicaearchia (Pozzuoli), Paläopolis, der Altstadt auf dem Hügel von Pizzofalcone, Parthenope auf dem Posillipo und schließlich des alle Vorgänger dominierenden, kultivierten Neapolis, der Neustadt in der Niederung, die freilich erst 200 Jahre nach Pithekoussai, um 600 v. Chr., etwa gleichzeitig mit Marseille und Nizza entstand. An der Gründung Neapels waren zu großen Teilen Athener und Pithekoussaner beteiligt.

Pithekoussai bildete damit Anfang und Westspitze des engverknüpften Handelsdreieckes zwischen Kyme und Neapolis mit einem ganzen Satellitensystem griechisch beherrschter Plätze in Süditalien und in Sizilien, von denen die politische und geistige Bildung Griechenlands bis Latium und Rom ausstrahlte.

Seit 743 v. Chr. hatten sich andere Chalkidier im Verein mit Messeniern vor allem dort niedergelassen, wo das spätere römische Rhegium, das jetzige Reggio Calabria, liegt.

Während um 500 v. Chr. die selbstbewußten oskischen Samniten ihr Entwicklungszentrum ins campanische Hinterland verlagerten und die Etrusker über den Volturno bis Capua vordrangen, erreichte die Herrschaft der Kymeer unter Aristodemos Malakos, dem Weichling, ihren Höhepunkt. 524, als Athen noch eine Kleinstadt und Rom ein Bauerndorf waren, verteidigte Aristodemos die Hegemonie der kymeischen Seefahrer über die eingeborenen Völkerschaften der Westküste gegen die Tyrrhener aus Capua. Mit diesem Sieg erlangte die schöne und blühende Stadt ebenso sprichwörtlichen Reichtum wie Sybaris. Doch der Volksgünstling Aristodemos wurde für die kymeische Oberschicht zum unerträglichen Tyrannen, so daß sich viele Kymeer samt ihrer pathenopeischen Sibylle – angeblich einer Schwester der delphischen Pythia – veranlaßt sahen, dem Zwang ins autonome Asyl der Vulkan- und Bebeninsel Pithekoussai auszuweichen, wo nunmehr auch in der Gegend des jetzigen Castiglione und am Fuß des Montagnone, dort, wo schon stein- und bronzezeitliche Wohnstätten gestanden hatten, gesiedelt wurde. Schließlich wurde Aristodemos das Opfer einer aristokratischen Flüchtlingsverschwörung auf Pithekoussai.

Kyme, in dessen Kreis die Inseln von Pithekoussai eingeschlossen waren, ist für die Geistesgeschichte des Abendlandes von besonderer Bedeutung, denn alle unsere westlichen Schriften sind vom kymeischen Alphabet abgeleitet, so daß etwas von der damals importierten morgenländischen Magie bis heute nachglüht.

514 v. Chr. war es den Kymeern gelungen, einen Einfall der etruskischen Piraten aus eigener Kraft abzuwehren, doch 476 v. Chr. wurden sie abermals von etrurischen Tyrrhenern mit starker Flotte bedrängt, einem ebenfalls im Kleinasiatischen verwurzelten Volksstamm, der sich auf viele Mittelmeerinseln zerstreut hatte und durch seine Plünderzüge den griechischen Kolonisten genauso zu schaffen machte wie das

von der Toskana landwärts vordringende Brudervolk der Etrusker, die sich im Bund mit den Karthagern wußten.
Was lag also für die jetzt im Inneren zerrütteten Kymeer näher, als den starken Nachbarn des verwandten Rhegium, Hieron I., den Tyrannen von Syrakus, den nach seines Bruders Gelon Tod reichsten Gebieter über die größte Kornkammer des Mittelmeeres und mächtigsten Herrscher Siziliens, um Hilfe zu bitten?
Sein Entsatzheer besiegte 474 v. Chr. die Flotten der Etrusker, wofür ihm die Insel Pithekoussai überlassen blieb. Nachdem so die etruskische Seemacht zerbrochen und der weiteren Expansion des starken Volkes nach Unteritalien ein Riegel vorgeschoben war, gründete Hieron, den Nutzen seines Erfolges abschätzend, ein Waffen- und Schiffsdepot als Stützpunkt seiner Macht auf Pithekoussai. Syrakus löste damit die Vorherrschaft Kymes unter den griechischen Weststädten ab. Hieron etablierte seine Besatzungsmacht zum Teil westlich des Monte Vico auf dem bewaldeten Zaro und im Westen des Cavallaro, so daß in der Ebene Scylax die Vorsiedlung Forios entsteht, während er im Nordosten den strategischen Felsen von Ischia Ponte zur Festung ausbauen ließ. Damit schuf er einen Waffenschutz zwischen der Garnison auf dem Monte Vico und dem Castello. Der 115 m hohe, schroffe Lavakegel mit seiner elliptisch terrassierten Kuppe von ganzen 3450 qm wird fortan zu einer Wehrsiedlung ausgebaut und übernimmt die Wache an der Bocca Grande, an der Schiffspassage zwischen Capri und Procida, und im Kanal von Ischia. Dies Castrum Hieronis wird aber auch zur Operationsbasis eines Expeditionskorps, dessen Schiffe im etrurischen Elba einfallen und Zerstörungen in Korsika hinterlassen. Diese erste Bastion besteht bis zur Schleifung durch Sullas Straftrupps und fängt erst im Mittelalter wieder an, als Schutz- und Trutzberg seine Rolle zu spielen.
Die alte Terracottaindustrie ersteht von neuem: neben einfachem Massengut werden raffinierte Vulkanaschenvasen und Figuren gebrannt, die man mit besonderen, aus bestimmten Meermuscheln gewonnenen Tonfarben verziert und glasiert. Etruskische Eisenerze werden zu Waffen und Geräten verarbeitet, und die Goldschmiedekunst blüht. Nach Strabo soll es auf Pithekoussai um Campagnano am Nordrand des Epomeo Goldminen und entsprechend begehrte Goldarbeiten gegeben haben. Es entstehen Thermalbäder, die auch Hierons Nierensteine kurieren, während auf einer Reihe von Landsitzen der Wein-, Öl- und Getreidebau intensiviert wird. Zusammen mit den Festlandssiedlungen und Zuwanderern aus dem ursprünglichen Messena auf dem Südwestpeloponnes entwikkelt sich der blühende Stützpunkt Pithekoussai zum reichsortierten Stapelplatz für den Handel mit den Etruskern in Toskanien. Man greift dabei auf Markt und Produkte von Rhodos oder bis auf eigene Geschäftsmissionen in Ägypten und an der Orontomündung zurück. Die schwarzgraue Keramik Pithekoussais wird in alle Mittelmeerländer verkauft.
Die Insel ist damit zu einer Kulturdependance geworden, die den Völkerschaften Italiens neue Götter, griechische Lebensart, orientalisches Gepränge, Kaufmanns- und Ingenieurspraktiken und die politische Ordnung ihrer Stadtstaaten vermittelt.
470 v. Chr. tritt ein Erdbeben auf, das die Syrakusaner veranlaßt, ihre Herrschaft wieder aus Pithekoussai zu verlagern, zumal sie auch in neue Kämpfe mit den Karthagern verstrickt sind. Mit nachlassendem Druck und einer allgemeinen Demokratisierung nach Hierons I. Tod schaltet sich nach und nach das Interesse der Parthenopäer beziehungsweise Neapels ein, das mit Unterstützung Athens zur Hauptstadt des Golfes aufrückt und Pithekoussai zu seinem strategischen Außenposten macht. Abermals ruhiger wird es freilich auf der Insel, nachdem ein Einbruchskrater, den jetzt der spiegelnde Porticula-See von Ischia Porto füllt, im vierten vorchristlichen Jahrhundert einen ganzen blühenden Griechenort verschluckt hatte.

Die Römer

Die kriegerischen Samniten und Lukanier lösen im 5. Jahrhundert die etruskische Vorherrschaft in Nordcampanien ab. 438 v. Chr. fallen ihnen das Bollwerk Capua und die Städte Nola und Pompeji in die Hände. Sie verschonen auch die Griechen nicht und besetzen 438 oder 420 Kyme. Allein die Neapolitaner arrangieren sich mit ihnen. Andererseits haben die energischen Samniten die nächsten 340 Jahre immer wieder mit den zielstrebigen Römern zu kämpfen, die nun ihrerseits Stück um Stück Campaniens erobern. Wie Neapel erhalten auch die Kymeer sehr bald eine gewisse Eigenständigkeit. Kyme erwirbt ab 338 v. Chr. das römische Bürgerrecht, die civitas sine suffragio, und nennt sich fortan lateinisch Cumae.
Neapel dagegen verwickelt sich in die Kämpfe zwischen Römer und Samniten und verliert 328 v. Chr. nach zweijähriger Belagerung seine Unabhängigkeit. Das mittlerweile zur Hauptstadt der parthenopeischen Republik aufgerückte Neapolis wird von dem Konsul Publius Philo eingenommen, womit die Vorherrschaft der Römer über die Insel Pithekoussai eingeleitet wird, die nahezu 300 Jahre anhalten soll. Allerdings genießen die Stadt und ihre Inseln bald den Status einer tributpflichtigen Föderation unter Roms Schirmherrschaft, das ab 270 v. Chr. als Protektor und Führer der westlichen Griechen angesehen werden muß. Pithekoussai entwickelt sich langsam zu einem beliebten römischen Ferienplatz, zum Villenort mit Heilbädern, Sudatorien und einem Jungbrunnen für römische Matronen. Diesmal jedoch mehr die Südseite der Insel und der östliche Abschnitt vor dem Castello, Cartaromana und Campagnano sowie Barano, Testaccio und Maronti. In der

Citarabucht entstand ein römisches Verjüngungsbad, das von den Vestalinnen bevorzugt wurde. Eine von ihnen – Cecilia Metella – soll dort Apoll geopfert und den Venuskult gepflegt haben.

Funde an den entlegensten Stellen der Insel bezeugen, daß das ganze Eiland unter den Römern intensiv kultiviert wurde und daß man zahlreiche Landsitze, zum Teil im pompejanischen Zuschnitt, auf ihm errichtet hatte. Unter einem Wachkommando der Besatzung Misenums mit Signaltürmen auf dem wieder befestigten Castello, dem Monte Vico und dem Epomeo hatte sich die Aktivität der Handwerker und Handelsschaften ganz und gar auf die Landwirtschaft und damit auf einen isolierten Lokalbereich verlagert. Das nicht wiederaufgebaute Pithekoussai lebte im Schatten der Konjunktur von Puteoli und Neapolis. Für Fremde stellten höchstens noch die Heilbäder, die Weine, Kastanien und die gebirgigen Jagdgründe Anziehungspunkte dar.

Der Durchzug Hannibals 218 bis 216 v. Chr. und seine Verwüstung der Campania lassen Pithekoussai genauso unberührt wie zunächst auch die Kriege mit den hartnäckigen Samniten. 90 v. Chr. aber bricht in Neapolis ein Bürgerkrieg aus, der allen zusetzte; er war mit dem erbitterten Ringen der marsischen Bundesgenossen gegen die römische Republik verflochten.

Dazu ereilt 82 v. Chr. die ihrem Wesen nach durch und durch griechischen Siedlungen des Golfes das Schicksal, denn Sullas Strafexpedition läßt alle Plätze, die sich zur Partei des Marius bekannt hatten, dem Erdboden gleichmachen. Sulla plündert Neapel, entführt ihm die gesamte Flotte und beschlagnahmt die Insel Pithekoussai für Rom, da sie einem Schiff des Marius auf seiner Flucht nach Afrika Asyl und Hilfe gewährt hatte.

Am härtesten werden die Samniter getroffen, die sich auf die Seite der Marianer geschlagen hatten. Mit ihrer planmäßigen Ausrottung tilgt Sulla ihre Geschichte.

Der folgende Erschöpfungsfriede wird durch einen weiteren Vulkanausbruch während der Zeit des Antonius gestört. 80 v. Chr. explodiert der Monte Taborra und verjagt den Rest der Inselbewohner aufs Festland. Die Basen des Kunst-, Rüstungs- und Schiffsbauhandwerks sind restlos zerstört, so daß auch den Händlern nichts anderes bleibt, als dies ausgeplünderte Dominium Roms zu fliehen. Doch werden neue bäuerliche Besiedler, Veteranen und eine gehobenere bürgerliche Schicht mit Kleingütern und Villulas von der verschwenderischen Fülle des Eilands angelockt. Von der römischen Militärverwaltung wird sogar die Befestigung auf dem Monte Vico restauriert. Im letzten Jahrhundert vor Christus wird jedoch das 528 v. Chr. als Dicaearchia gegründete Puteoli (Pozzuoli), zum wichtigsten Weltverkehrshafen Italiens und wächst über Cumaes Bedeutung weit hinaus. Schritt für Schritt rekonstruiert sich mit Puteoli Neapels alte Hafengemeinschaft im Sinus Cumanus, wie der Golf von Neapel zu Anfang des römischen Regimentes über die Campania hieß. Nach der wirtschaftlichen Überflügelung Cumaes durch Puteoli wurde es der Sinus Puteolanus und erst ganz zuletzt, als alle Orte hinter Neapels Entwicklung zurückbleiben oder in sein Stadtwesen verschmolzen sind, wird es: il Golfo di Napoli. Von Pozzuoli mit dem Labyrinth seiner griechisch-orientalischen Marktviertel aus nahm nun Roms Überseehandel Fühlung mit den fremden und exotischen Kulturen Asiens und Afrikas auf. Wie Pozzuoli Cumae und dieses wieder Pithekoussai als Handelsmetropole abgelöst hatte, so wurde Pozzuoli schließlich selbst durch das neuerbaute Ostia zum Niedergang verurteilt.

Unter Oktavian wird Misenum Kriegshafen der römischen Westflotte. 29 v. Chr. tauscht eben dieser Großneffe und Adoptivsohn Cäsars, inzwischen Kaiser Augustus, die Insel Pithekoussai auf Wunsch seiner ebenso schönen wie gebildeten, aber sittenlosen Lieblingstochter Julia mit der neapolitanischen Stadtrepublik gegen die Insel Caprae ein.

Die laszive Julia, in dritter, allzuoft gebrochener Ehe mit Augustus' Stiefsohn Tiberius verheiratet und damit designierte Kaiserin, wurde allerdings im Jahre 2 v. Chr. auf die Insel Pandataria (Ventotene) verbannt, weil ihre Ausschweifungen zu wüst geworden waren. Tiberius, der sich schon im Jahre 6 v. Chr. allein nach Rhodos zurückgezogen hatte, ließ die Ungetreue, als er im Jahre 14 n. Chr. Augustus nachfolgte, in Rhegium im Hungerturm hinrichten.

Pithekoussai kehrte damit in das neapolitanische Staatswesen zurück, das zum geistigen und wirtschaftlichen Sammelpunkt der griechischen Kolonien Campaniens geworden war. Als Civitas foederata hatte Neapel eine Sonderstellung, die es, von Unterbrechungen abgesehen, auch unter den oströmischen Kaisern und deren byzantinischem Exarchat in Ravenna beibehielt.

Ab 29 v. Chr. hat Ischia kein selbständiges Gemeinwesen mehr. Damit ist seine unmittelbare Geschichte beendet, und es teilt nur noch das historische Schicksal Neapels.

Der kulturelle Schlummer in der Spätantike dauerte nahezu 600 Jahre. Auch das politische Eigenleben Neapels endet seinerseits 1140 n. Chr. mit der Unterwerfung durch die Normannen und seiner Verschmelzung mit Siziliens Geschichte.

Allerdings fehlen in dieser Zeit weder Erschütterungen noch Durchzüge fremder Usurpatoren. 62 n. Chr., also im gleichen Jahr, als die Apostel Petrus und Paulus auf ihrer Fahrt aus dem Orient nach Rom in Pozzuoli an Land gehen, erschüttert ein Erdbeben die phlegräischen Städte und Inseln.

Die Flamme der Christianisierung der Welt, die damals Rom beherrschte, entzündete sich zuerst in den Schwerpunkten griechischer Sprache, die entlang der Küsten den Verkehr bestimmten und den Kulturverbindungen dienten. So war auch der Golf von Neapel eine frühe Zelle, von der aus sich die neuen Offenbarungen ausbreiteten, so daß man daher zwangsläufig in Pithekoussai und Cumae auf frühchristlich-orientalisch-byzantinische Zeugnisse stößt. Das Museum von Lacco Ameno macht das besonders deutlich.

Am 24. August 79 bricht der Vesuv aus und breitet sein lähmendes Entsetzen über die Campania. Pompeji, Herculaneum und Stabiae werden zerstört. Die Folge dieser Naturerschütterung ist ein erneuter Zuzug auf die Insel Ischia in schützender Entfernung. 301 n. Chr., während der Regierungszeit von Diocletian, bricht der Krater des Cremato aus. 360 n. Chr. – Constantinos II. regiert als römischer Kaiser in Byzanz – ist es dagegen der Cacavelli, der sich seiner Höllenglut entledigt.

Die Germanen

Nachdem die Teilung des römischen Imperiums zwischen Rom und Byzanz das Eindringen erleichtert hatte, erschienen 389 die Vandalen, ein Stamm aus dem Odergebiet, der sich mit dem gotischen Völkerbund an den Einfällen in Italien beteiligte, in der Campania.

Ihre Hauptmasse zog jedoch über den Rhein durch Gallien nach Spanien und überschwemmte schließlich Nordafrika, wo sie nach der Einnahme Karthagos 439 ein Vandalenreich gründeten.

Von dort aus plünderten die Vandalen alle Küsten und Inseln des westlichen Mittelmeeres. Ihr König Geiserich, der Eroberer von Rom und Korsika, überfällt dabei Aenaria von 455 an mit schöner Regelmäßigkeit durch mehrere Jahre hindurch. Die Vandalen vernichten eine römische und byzantinische Flotte. Doch zunehmend verfallen die Nordländer dem Charme römisch-hellenistischer Zivilisation und dem Süden und werden schließlich 533 in Karthago von Kaiser Justinians Feldherrn Belisar bezwungen.

Der Heerführer des germanischen Gardekorps im weströmischen Reich, Odoaker, schwang sich durch einen Soldatenaufstand zum König Italiens auf, wurde vom Osten als Patrizius anerkannt und verbannte den letzten Kaiser Romulus Augustus in Neapels Castello dell'Uovo, der alten Villa des Lucullus, womit das Schicksal des weströmischen Imperiums in Neapel besiegelt wurde. Gleichzeitig besetzte König Odoaker die Insel Aenaria.

Der Arianer Odoaker herrschte siebzehn Jahre äußerst klug, tatkräftig und noch immer im römischen Sinne über Italien, mußte aber dem Druck der nachdrängenden Ostgoten weichen und wurde in Ravenna am 5. März 493 auf Veranlassung Theoderichs das Opfer eines Meuchelmordes.

Damit war für die Ostgoten der Weg nach Neapel frei. Auch Theoderichs vortreffliche innere Staatsordnung ließ die altrömischen Ämter bestehen. Seine Kriegsfürsten jedoch zwangen die Vandalen zur Herausgabe Siziliens.

Nach Theoderichs Tod 526 in Ravenna bringen Zwiespalt und Religionsstreit die Fundamente des italienischen Ostgotenreiches ins Wanken. Als Hauptfeind erwuchs ihm wie den Vandalen Belisar, »kaiserlicher Oberfeldherr des Orients«, der nun zu einem Zangenangriff über Dalmatien und Sizilien ansetzt.

Belisar landet 536 in Rhegium und erobert Campanien und Neapel, das grausam geplündert wird. Diese byzantinische Rückeroberung unterbricht auch den Inselfrieden Aenarias. Fortan lösen sich durch alle Generationen neue Unruhestifter und Räuber in lokalen und weltgeschichtlichen Aktionen ab.

Ende 536 sind ganz Unteritalien und Rom in kaiserlicher Hand. Dabei wurden besonders die Gebiete um Cumae Schauplatz wütender Kämpfe zwischen Goten und Byzantinern. Im selben Jahr, 536, erobert Belisar die Stadt, acht Jahre später erstürmt sie wieder Totila und macht das Castrum Cumanum zum Schutzdepot für den immensen Raubschatz der Goten.

Erst 554, nach Totilas und Tejas Tod und einer zweijährigen Belagerung, endete der dramatische Kampf in der sechzigtägigen Schlacht am Laktarischen Berg in der Campania. Sieger ist Belisars Nachfolger, der 75jährige armenische Eunuch Narses. Damit wird die parthenopeische Republik als Herzogtum Neapel samt Golf und Inseln für 600 Jahre byzantinisch.

Nach alledem brachen die aus dem Elbgebiet stammenden, ins Donauland verlagerten Langbärte, die Langobarden, 565 bis 586 in Italien ein, wo sie ab 572 das heißumkämpfte Pavia zur Hauptstadt ihrer wohlgeordneten Monarchie machten. Allmählich katholisiert und weiter in den Süden vorstoßend, drängen sie den Einfluß der griechischen Byzantiner in Italien zurück und schaffen unter anderem ein mächtiges Herzogtum Benevent. Gleichzeitig werden die Byzantiner von den Westgoten aus Südspanien verdrängt und füllen den sizilianisch-neapolitanischen Raum auf.

Während die Goten Neapel mit seinen Inseln an Byzanz verlieren, schmuggeln Mönche aus Ceylon die ersten Seidenraupen nach Konstantinopel und geben damit den ersten Anstoß zur Entwicklung der europäischen Seidenindustrie.

Auch Aenaria wird in der Folge mit seinen idealen Bedingungen für Maulbeerplantagen an der Seidenraupenproduktion beteiligt sein. Die spätere Vorstadt der Zitadelle, das jetzige Ischia Ponte, beginnt sich dann Borgo del Celso, Maulbeeranlage, zu nennen. Denkbar ist freilich auch, daß der Name des Borghettos bloß an Le Celse erinnert, wie seit spanischer Zeit in Neapel das Hurenviertel heißt.

588 wird die Insel Aenaria durch den byzantinischen Kaiser Mauritius offiziell dem neapolitanischen Gemeinwesen überlassen, das sich trotz der Langobarden seine alte, ihm eigentümliche Autonomie bewahrt hatte. Um die gleiche Zeit zieht auf Aenaria der erste Patriarch ein.

Allein 595 wird es von den Herulern geplündert. Die Heruler, ein roher, gewalttätiger Barbarenstamm aus den Ostseegebieten, die im Verband mit den Goten in Italien eingefallen waren, standen wechselweise in den Diensten Odoakers, der Vandalen, der Goten und nicht zuletzt auch als Kriegshandwerker im Sold der Byzantiner. Unter dem Regiment Constans' II., des oströmischen Kaisers zwischen 641 und 668, werden Sizilien und Süditalien neuerdings stark vom Hellenismus beeinflußt, weil das Gebiet die Zufluchtsstätte des Griechentums vor den Arabern zu werden beginnt. 661 erhält die Insel ihrerseits die Autonomie unter einem Gouverneur des Herzogtums Neapel mit dem Titel eines Grafen zugesprochen. Der Langobardenfürst Romualt II. bekommt zwar die ganze Gegend samt Ischia in die Hand, wird aber 717 vom neapolitanischen Herzog Johannes zurückgeschlagen. 774 wird das Langobardenreich des Königs Albuin in Italien durch die Franken Karls des Großen zerstört, die der Papst zu Hilfe gerufen hatte. Damit tritt das Frankenreich die Nachfolge der Langobarden an, deren Volk mit der Spätantike verfällt und in der italischen Kultur aufgeht.

812 taucht die erste sarazenische Flotte vor Aenaria auf; die Insel wird verwüstet, die Basilika in Lacco Ameno mit den Reliquien der Santa Restituta beschädigt. Es handelt sich bei den Sarazenen um mohammedanische Mauren, die Araber Nordafrikas, deren große Ära unmittelbar nach Mohammed im 7. Jahrhundert mit den heiligen Verbreitungskriegen des Islam einsetzt. Die Nachfahren des Propheten, seine Kalifen, dringen bis Indien vor, und am 19. August 813 rettet nur ein vernichtender Sturm Neapel und die Golfinseln vor einer sarazenischen Invasion. Doch hat die Insel noch Jahrhunderte unter einer Kette kleinerer Einfälle zu leiden.

Erst 827 landen die Sarazenen auf Sizilien, als ihre Reichseinheit unter den Omajaden bereits zerfallen ist. Sie brauchen 51 Jahre, bis 878 mit dem Fall von Syrakus ihre Eroberung Siziliens, dem strategischen Mittelpunkt im Formationsgebiet der Kreuzfahrer, vollendet ist. 915 verwüsten die Sarazenen den ganzen Küstenstrich samt Cumae, wo sich fortan in den Buchten, Schluchten und Stollen eine ausgedehnte Seeräuberei einnistet. Bis 1061 bleibt Sizilien muselmanisches Kulturzentrum und Brückenkopf für die ausgedehnten Raubunternehmen sarazenischer Korsaren im tyrrhenischen Gebiet.

Die Normannen

Erst die Normannenkönige Roger I. und Roger II. entwinden den »aufgeklärten« Piraten die alte Kornkammer und damit den Einfluß auf ganz Süditalien, assimilieren aber gleichzeitig deren Kultur.

Die nordischen Seeräuberscharen der gefürchteten Normannen hatten sich seit 911 fest in der Normandie eingerichtet. Bis dahin erschienen sie jahrhundertelang auf sporadischen Beutezügen im Mittelmeergebiet und profitierten bis Kleinasien aus lokalen Zwisten. Im 6. Jahrhundert beginnen sie, Schritt um Schritt in Unteritalien einzudringen, so daß Papst Leo IX. sie bereits 1053, 16 Jahre bevor Wilhelm der Eroberer in England Fuß faßt, mit dem Herzogtum Apulien belehnt.

Das wird die Basis eines neuen, geordneten Reiches unter Roger I., der bald auch Sizilien den Arabern und Neapel samt seiner Inseln den Byzantinern abgewinnt. Mit der Grafschaft Capua und dem Herzogtum Benevent rundet sein Neffe Roger II. das Normannenreich ab und wird 1130 in Palermo von Papst Honorius II. zum König von Neapel und Sizilien gekrönt.

Die Normannen hinterlassen auf Ischia keine großen Spuren und verlieren schließlich ihr Reich, das sie nur 59 Jahre lang, bis 1184, beherrschten, durch Heirat und Erbfolge an die deutschen Staufer.

Hier ist nachzutragen, daß mittlerweile durch die Epoche der Kreuzzüge eine Reihe italienischer See-, Handels- und Stadtrepubliken zu Macht und Pracht gelangte. Unter ihnen Pisa, das im 11. Jahrhundert mehrfach erfolgreich gegen die sarazenischen Flotten gekämpft hatte und ihnen Sardinien, Mallorca und Palermo entreißen konnte.

1135 nahmen die Pisaner aber selbst nach freibeuterischer Manier einen Überfall auf ihre größte Rivalin, die in Süditalien dominierende reiche Seerepublik Amalfi, vor. Sie füllten mit ihren Plünderungen ihre Stadtkasse auf und nahmen die Gelegenheit wahr, ihren Raub auf Ischia zu komplettieren. Zwei Jahre danach wiederholten sie ihre Vernichtung der blühenden Johanniterzentrale und plünderten abermals Ischia. Vier Jahrzehnte später, 1179, bekommt Aenaria den ersten römisch-katholischen Bischof namens Petrus, der unter dem Schutz des Erzbischofs von Neapel steht.

Die Staufer

Das Herzogtum Schwaben, eine Vereinigung alemannischer und suebischer Stämme, wurde 1079 vom damals salischen Kaiser Heinrich IV. an den Grafen Friedrich von Hohenstaufen übertragen, dessen Geschlecht in der dramatischen Kreuzzugszeit die Reichskrone tragen sollte. Der Blick der Staufer ist von vornherein auf Italien gerichtet. Schon Friedrich I. dringt in den Süden vor. 1154 wird Ischia eingenommen und seine Burg um einige Wehranlagen erweitert. Als zweiter Staufer kam der hochbegabte Sohn und Reichsverweser Kaiser Friedrich Barbarossas, Heinrich V., an die Macht. Noch bevor er deutscher Kaiser wurde, hatte er 1184 Constanze von Sizilien und Neapel, Tochter Rogers II. und Erbin des Normannenreiches, geheiratet und zwei Jahre darauf, 1186, nach byzantinischer Tradition den Titel eines Cäsaren erhalten.

Dem letzten, 1189 verstorbenen Normannenkönig folgte damit ein Staufer auf dem sizilianisch-neapolitanischen Thron. Im April 1191 wurde Heinrich VI. in Palermo von Papst Cölestin zum Kaiser und drei Jahre darauf zum König von Sizilien gekrönt.
Dennoch hatte er gegen die Normannen mit harter Gewalt zu kämpfen, um sein Erbrecht durchzusetzen. Dabei ging es ihm vor allem um das kulturell autonome, byzantinisch beeinflußte Neapel als einer Schlüsselposition, die er lange vergeblich bestürmte; denn Heinrich VI. träumte von einem christlichen Universalkaisertum und sah sich als Erneuerer der Magna Graecia, der römisch-byzantinischen-abendländischen Einheit.
Sein Nachfolger Friedrich II. regierte von seinem Lieblingsland Sizilien aus, wo er mit der Gründung eines zentralisierten Beamtenstaates und durch die Förderung der Künste und Naturwissenschaften neue politische Begriffe und die Grundlagen europäischer Bildung schuf. Die von ihm gegründete Universität Neapel mit Thomas von Aquin an der Spitze hatte daran entscheidenden Anteil.
1216 wird Giovanni Caracciola – ein Geschlecht, von dem in Neapels Geschichte noch oft die Rede sein wird – im Namen Friedrichs II. Gouverneur von Ischia. Doch fällt er als tapferer Verteidiger der Feste gegen die welfischen Truppen Ottos IV.
1228 und 47 Jahre darauf, 1275, zerrütten wieder Erdstöße die stillen Orte der Weinbauern- und Fischerinseln. Dadurch erlebt die Insel nur aus der Perspektive ihrer unzugänglichen Gouverneurszitadelle, dem mittelalterlichen Hauptort, wie in der staufischen Zeit – sie dauert rund achtzig Jahre – die Fundamente einer neuen Begegnung von Orient und Okzident gelegt wurden. Doch Friedrich II. gerät mit solchen Weltmachtansprüchen in Gegensatz zu den römischen Päpsten und deren politischen Parteigängern, den Welfen, so daß am Ende der tragischen Auseinandersetzung von Kirche und Staufer Papst Clemens IV. 1260 Karl von Anjou, dem Bruder des französischen Königs Ludwig IX. des Heiligen, das Lehen und die Krone Siziliens und Neapels verspricht, wenn er die in Mittelitalien gefestigte Staufermacht bräche.

Die Anjous

Unterdessen ist Friedrichs unehelicher Sohn Manfred an die Macht gekommen; doch unterliegt er in der Schlacht von Benevent gegen Karl von Anjou und muß sein Leben in schmachvoller Gefangenschaft beenden. Das Königreich Neapel und Sizilien wird damit an Karl von Anjou gegeben, der der ghibellinischen Weltmacht das Ende bereitet, indem er den letzten Staufer, den aus Deutschland herbeigeeilten 17jährigen Konradin, gefangennimmt und am 29. Oktober 1268 auf dem Marktplatz in Neapel enthaupten läßt, obwohl ihn sein eigenes Kriegsgericht freigesprochen hatte.
Auch die anderen Stauferprinzen in Karls Hand werden grausam zu Tode gefoltert. Nur Peter III. von Aragonien, dem Schwiegersohne Manfreds, gelingt es, seine Frau, die Stauferprinzessin Constanze, dem allgemeinen Blutbad zu entreißen, worauf sie alle staufischen Ansprüche auf Neapel und Sizilien ihrem Gemahl und damit Aragonien überträgt.
Karl von Anjou beginnt wohl mit einer Schreckensherrschaft, seine Nachfolger, die für 81 Jahre die neapolitanische Geschichte bestimmen, eröffnen aber eine bedeutende Epoche. Es werden große Bauten aufgeführt, und überragende Meister, wie Giotto, Cavolini, Thomas von Aquin und viele mehr, geben Impulse zur Frührenaissance.
Das Grafengeschlecht der Anjous aus dem Loiretal erlosch an sich 1060, aber Titel und Besitz gingen über weibliche Zwischenglieder an den Bruder von Ludwig IX. von Frankreich weiter, der als Karl I. von Neapel ein neuer Stammvater des Hauses Anjou wurde.
Die über Karl von Anjous Gewaltregime erbitterten Sizilianer erheben sich 1282 unter Führung Johanns von Procida und metzeln am Ostersonntag in der Sizilianischen Vesper alle Franzosen in Palermo nieder. Peter III. von Aragonien wird damit König von Sizilien.
Da auch die Insel Ischia zu dieser Rebellion steht, wird sie 1285 von den Aragonen übernommen. Erst 1299 gelingt es Karl II. von Anjou, der inzwischen unangetastet in Neapel weiterherrscht, die Festung Ischia zurückzuerobern und man erzählt, daß die Verwüstungen seiner 400 Krieger schlimmer gewesen seien als die Verheerungen des Lavastromes, der zwei Jahre später, am 28. Januar 1301, aus dem Monte Arso bei Fiaiano ausbrach.
1305 kehren die Ischitaner auf das Kastell zurück, und Karl II. setzt den verdienstvollen Cäsar Sterlich als Gouverneur ein. 1309 folgt mit Robert von Anjou eine bessere Zeit. Dieser Enkel Karls I., Robert der Weise, herrscht bis 1342 und tritt als Mäzen Petrarcas und Boccaccios auf. Mit ihnen blüht das kulturelle Leben am damals prunkvollsten Hofe Italiens, denn während die Päpste in Avignon residieren, glänzt Neapel als einziges Königreich in ganz Italien.
Auf den Tod Roberts folgt Johanna I., dann entspinnen sich Thronstreitigkeiten zwischen Ludwig d'Anjou und Carl III. von Durazzo. Dieser Anjou besetzt 1385 Ischia, bis Ladislaus, der Sohn Carls III., des früheren Anjouherrschers in Neapel, 1386 die Insel nach einer harten, turbulenten Schlacht um den Monte Rotaro für seine neapolitanische Linie zurückerobert.
In der Nachfolge gibt es ein mehrfaches Hin und Her im Herrschaftswechsel zwischen den Anjous, den Spaniern und den lokalen Rivalen.

Die Aragonen

Das Königreich Aragonien reicht in das Jahr 1000 zurück. Es umfaßte den Norden Spaniens mit der Hauptstadt Zaragossa, dazu Katalonien, den Südteil des jetzigen Frankreich, Valencia und die Balearen. Peter III. erwirbt Sizilien und 1327 erweitert sich Aragonien durch den Gewinn Sardiniens.

Das Regime der Anjous verfällt und verdirbt indessen langsam, bis es durch die ebenso verwirrende wie ausschweifende Johanna II., die als Schwester des zügellosen Ladislaus von Anjou nach ihm 1414 Regentin von Neapel geworden war, an deren Adoptivsohn Alfonso V., der doch von Haus aus ihrer Gegenpartei angehörte und bereits Sizilien beherrschte, übergeben wurde. 1421 zieht Alfons recht anmaßend in Neapel ein, was wiederum einen turbulenten Hauskrieg mit der anderen Linie Anjou heraufbeschwört. Alfonso wird aus der Stadt gedrängt, letztlich jedoch vom Papst als rechtmäßiger König beider Sizilien anerkannt.

1438 erst gelingt es Alfonso V. von Aragonien, als König von Neapel Alfonso I. genannt, mit 300 Mann seiner katholischen Elite das Castello d'Ischia zu erstürmen und von dieser Position aus vier Jahre später endgültig in Neapel einzuziehen. In der Zwischenzeit läßt er 600 Ischitaner Familienväter evakuieren, um seine Spanier mit den Frauen und Töchtern zwangsverheiraten zu können, womit er eine katalonische Kolonie begründet, aus der sich die vielen iberischen Familien und Patrizierhäuser Ischias herleiten. Mit dieser dadurch verwurzelten Besatzung läßt er ferner das Kastell großzügig umbauen und hängt den kleinen Zuckerhut im Meer durch einen 288 m langen massiven Steindamm mit Brücke ans Festland. An Stelle einer steilen Außenbrücke wird eine 457 m lange Galerie in den Felsen geschlagen und mit Falltüren, Schächten und Reitertreppen ausgestattet. Seine Burganlagen haben den Namen Castello d'Aragonese geprägt.

Alfonso selbst holte sich die rassige Lucrezia d'Alango aus Torre del Greco, eine, wie es heißt, Meisterin zärtlicher Leidenschaften, die er mit dem prächtig ausgestatteten Castello beschenkt. Unter ihrer Witwenresidenz werden rauschende Feste veranstaltet, und häufig ist der spätere König mit seiner Gesellschaft auf dem Castello zu Gast. Dieser König heißt jetzt Ferdinand I. Ferrante von Neapel und ist der natürliche Sohn Alfonsos, der allerdings die Herrschaft über Sizilien seinem legitimen Sohn, Johannes II., überläßt. Unter Ferrante werden der Handel und das Handwerk, besonders auch die Seidenraupenzucht gefördert. Sein neapolitanischer Hof aber wird zu einer bedeutenden Pflegestätte der Renaissancekultur. 1467 kommt es noch einmal zu einem Intermezzo der Anjous, denn Karl VIII. von Frankreich erneuert die Ansprüche der Anjous gegen den gewalttätigen und zügellosen Alfons II., einen Sohn des Ferrante, die er als König von Neapel für kurze Zeit zur Geltung bringt.

Ischia widersetzt sich allerdings den Franzosen und hält den Spaniern die Treue, die mit Fernandino II. von Neapel, unterstützt vom spanischen König, dem Papst und dem Dogen von Venedig, den Thron Neapels zurückgewinnen.

1501 wird Innico d'Avalos Marchese del Vasto von diesem letzten Aragonen-König Fernandino II. von Neapel als autonomer Herr von Ischia eingesetzt.

Der Streit um Neapel zwischen Frankreich und Spanien ergab im gleichen Jahr zwar noch den absonderlichen Kompromiß, das Königreich Neapel zu teilen und gemeinsam zu besetzen, endete aber letztlich mit dem Sieg der Spanier bei Carigliano. Während das Königreich Aragonien im gesamtspanischen Königreich aufgeht, hat auch der neue Herr von Ischia, Innico d'Avalos, keinen direkten Erben. Titel und Besitz des Castellos gehen deshalb an seine verwitwete Schwester Constanze über, der männliche Verwegenheit nachgesagt wird.

Durch ein Dekret des spanischen Königs – er heißt einerseits Ferdinand II. von Aragonien, ist aber besser bekannt als Ferdinand der Katholische, König der vereinigten spanischen Monarchie – wird Constanze als Burgverwalterin bestätigt und bildet ihre Inselbastion zu einem speziellen Kulturzentrum aus.

Mit der Thronbesteigung Carlos I. von Spanien – er ist gleichzeitig Karl V. – kommt Neapel an die Habsburger und wird fortan bis 1738 dem spanischen Weltreich einverleibt und von Vizekönigen regiert, deren erster, Giovanni di Lannoy, 1522 eingesetzt wird.

Constanze von Ischia vergibt ihre Nachfolge an den Neffen Ferrante d'Avalos, den Marchese di Pescara. Er wurde 1490 in Neapel aus edlem spanischen Geschlecht geboren und stieg zum glänzenden Feldherrn Kaiser Karls V. auf. 1512 wurde er von den Franzosen bei Ravenna gefangen. 1521 tritt er als Eroberer von Mailand hervor und wird 1525 nach seinem berühmten Sieg von Pavia Obergeneral der kaiserlichen Armee in Italien. Zu Ende dieses Jahres stirbt er jedoch. Dieser Ferrante Francesco d'Avalos ist der bekannte Held aus Conrad Ferdinand Meyers »Die Versuchung des Fernando di Pescara«. Unter ihm erlebt das Castello d'Ischia seinen glanzvollen Höhepunkt, denn 1509 wird in dessen mächtiger Kathedrale Ferrante mit Vittoria Colonna, der schöngeistigen Dichterin und Seelenfreundin Michelangelos, verheiratet. Nach seiner Zeit und der geistvollen Hofhaltung Vittoria Colonnas zerbröckelt die Festung im Laufe des 16. Jahrhunderts, während sich in der Vorstadt auf dem Borgo del Celso, dem jetzigen Ischia Ponte, die Patrizierhäuser und Klöster ausbreiten. Unter anderen erscheint die »Nobildonna« Beatrice della Quarto aus Neapel, um in der Einsamkeit des Epomeo ein Clarissinnenkloster zu gründen. Doch geschah das dann 1574 im Schutze des Castello. Dieses Kloster der nur im Sitzen schlafenden Nonnen hat sich bis 1911 in Ponte gehalten.

1729 endet die Herrschaft der Avalos mit dem Marchese Cesare Michelangelo d'Avalos, und Ischia konstituiert sich als Universida, einem freien Gemeinwesen nach spanischem Vorbild.
Unter den Avalos erlebte Ischia seine ruhigste Zeit, die nur von einem kurzen Angriff der Franzosen im Jahre 1501 und einem Seeräuberüberfall 1518 unterbrochen wurde. 1526 versuchen sich vergeblich die Dorias aus Genua der Insel zu bemächtigen.
1543 bricht der Korsar Kair el Din, genannt Barbarossa, ein, und 1548 sowie 1552 entführt der Freibeuter Draugut Hunderte von Ischitanern in die Sklaverei. 1647 gibt es eine Revolution auf der Insel, und das Jahr darauf versucht der Herzog von Guise, Heinrich von Salvigu, mit der Einnahme des strategischen Vorpostens Ischia eine Restauration der Anjous.
1656, nach überstandener Pest, blüht das Land auf. Dies läßt sich an den vielen Kirchen ablesen, die auf dem Castello und auf der Insel in dieser Zeit entstehen.
Bis 1713 bleiben Neapel und Sizilien in spanischem Besitz. Im Verlauf des Spanischen Erbfolgekrieges wird Neapel von den Österreichern besetzt, denen es dann im Utrechter Frieden zugesprochen wird. 1735 allerdings muß Kaiser Karl VI. von Österreich, der Vater Maria Theresias, Neapel und Sizilien an den spanischen Infanten Don Carlos, den späteren Karl III. von Spanien bzw. Karl IV. von Neapel, abtreten.

Die Bourbonen

1735–1759 regiert der Infant Don Carlos als Karl IV. in Neapel. Er ist ein Urenkel Ludwigs XIV. von Frankreich und der Sohn Philipps V., der, den Titel eines Herzogs von Anjou führend, durch den Utrechter Frieden König von Spanien wurde. So verquicken sich die Anjous mit den Bourbonen, die nun auch in Neapel, das als unabhängiges Königreich dem Höhepunkt seiner Geschichte entgegengeht, herrschen. Die Bourbonen erobern auch das Castello d'Ischia und setzen ab 1755 dort Gouverneure ein.
Schon 1753 ernennt Karl IV., der ab 1759 als Karl III. in Spanien regiert, seinen achtjährigen Großneffen Ferdinand zum König von Neapel; bis ins 19. Jahrhundert hinein repräsentiert er als Ferdinand IV. die Bourbonenherrschaft in Neapel.
1778 ist ein Hauptmann der Kastelltruppen, um ein Gelübde einzulösen, mit zwölf seiner Kampfgenossen als Eremit auf dem Epomeo eingezogen.
Während der Wirren um die Parthenopeische Republik sind zu guter Letzt auch noch die Engländer in die Geschichte Neapels verwickelt. Admiral Nelson unterwirft 1799 eine aufständische ischitanische Gruppe, und nach heftiger Beschießung des Castellos wird sein Gegner, Admiral Caracciola, aufgeknüpft. Am 13. Februar 1806 übernimmt das neue Frankreich unter Josephe Bonaparte das Castello; zwei Jahre später, am 13. Juli 1808, wird Murat, der Schwager Napoleons, König von Neapel, während Ferdinand IV. nach Sizilien flieht. 1809 kommt das Castello noch einmal unter britischen Beschuß, wobei die Kathedrale zerstört wird. Am 11. Juni landet ein von der britischen Flotte unterstütztes bourbonisches Korps unter General Colonna di Stigliano und verschafft sich Zugang zum Castello. Erst nach 14 Tagen kann Admiral Bausan mit der Flotte König Murats den britischen Riegel sprengen und Colonna zu einer ehrenhaften Ergebung zwingen.
Kurz vor dem endgültigen Sieg der Engländer und Österreicher setzt sich Murat nach Ischia ab. Nachdem er sich aber wiederum in das Geschehen einmengt und schließlich füsiliert wird, kehrt Ferdinand IV. nach Neapel zurück, nennt sich jetzt jedoch König Ferdinand I. von Neapel und Sizilien. Von 1823 an wird das nun nahezu entvölkerte ehemalige Schloß auf Ischia als bourbonisches Zuchthaus verwendet. 1828 vollenden ein erstes Erdbeben, 1837 die Cholera und 1854 ein zweites Erdbeben den Exodus. Inzwischen ist 1825 Franz I. auf den bourbonischen Thron Neapels gefolgt. Er stirbt jedoch früh, und sein Sohn Ferdinand II. übernimmt 1831 die Regierung, kommt aber erst 1843 nach Ischia. Dort leitet er sogleich eine Periode des Straßen-, Aquädukte- und Hafenbaues ein. Das Castello aber bleibt zum schmutzigen Zuchthaus degradiert, in dessen Verliesen um die Mitte des 19. Jahrhunderts italienische Patrioten eingekerkert sind, die im Sinne Cavours und Garibaldis für ein Königreich Italien eingetreten waren. 1860 ist auch die zweite Bourbonenzeit zu Ende. Neapel öffnet seine Tore dem Befreier Garibaldi, der 1864 auch Ischia besucht, um hier seine Wunden zu kurieren.
1874 übernimmt das neue Königreich Italien auf dem Castello die Gefängnisverwaltung und führt es offiziell bis 1895 als Strafkolonie.
1912 und 1913 kauft der Rechtsanwalt Mattera für nur 43000 Lire, zahlbar in fünf Jahresraten, den ganzen aragonesischen Felsen samt aller Liegenschaften.
1942–1944 ist Ischia von den Deutschen besetzt, und das Castello wird dabei wiederum als Festung verwendet.
1950 wird die Insel Nato- und Radarstation.
Ab 1954 beginnt im großen Stil die Erschließung Ischias, dieses geothermischen Wunders, für die moderne Bädertouristik.
1958 erreicht die neue, große, submarine Wasserleitung die Aragonesenbrücke vor dem Kastell, womit gleichzeitig die internationale Touristeninvasion einsetzt. Es entwickelt sich eine neue Monokultur, die die gesamte Insel in ein einziges Hotellionien zu verwandeln beginnt, das fortan unter der Diktatur von König Gast steht.
Diese Zukunft der pithekussäischen Berginsel mit dem Arztwasser, dem »lacus medicus«, wie Plinius d. Ä. schreibt, hat eben erst begonnen.

Bögen - Tore - Treppen

Da ist ein anderer Himmel, fast eine andere Welt. Heute morgen, als wir uns dem Hafen näherten, habe ich mit einem Mal nur noch Helle und Glanz gesehen.

Neapel, 20. Februar — Hippolyte Taine

Daran gewöhnt, den hemmungslosen Baudrang der Italiener in die schönste Natur und die kostbarsten Altertümer einbrechen zu sehen, erstaunt es, wenn auf dieser Insel allerorts Bögen ins Bildfeld rücken, die etwas von der Unberührbarkeit vorgeschichtlicher Ruinen an sich haben.

Ich meine nicht nur jene auffälligen Korbbögen, die die wohnlichen Loggien überspannen, auch nicht die raffinierten maurischen Hufeisenbögen, die manch kühlen Innenhof umschließen; weder die nachgekünstelten Einfriedungen der Luxusvillen noch das zweistöckige Bourbonenaquädukt. Was so fasziniert, ist das Durcheinander merkwürdigster Wölbungen vom archaischen Rundbogen über simple Flachbogentore, die einen Mauerweg in den anderen führen, bis zu gewendelten Hüftbögen, mit denen sich die engen Wohnviertel verzahnen, und schließlich manch elegantes Ellipsenrund vor einem Klostergarten mit Barockfacetten im Scheitel. Am bestaunenswertesten jedoch sind jene wohl noch durch Auskargung hergestellten Feldbögen in den Weinbergmauern.

Auf Spaziergängen begegnen einem rundum diese Urgebilde und zwingen zur Rückbesinnung auf die Herkunft des Bauens überhaupt. Was verbirgt sich hinter einem solchen Steinrund, das man einem ersten »Homo Architektus« zuschreiben möchte? Diese Bögen sind derart einfältig schön, daß sie aus dem gleichen Empfinden abgeleitet sein müssen, mit denen die Höhlenmenschen den Mutterschoß oder das Wunder des Regenbogens nachzubilden suchten. Ein Naturgefühl, das auch den sternebesetzten Mantel der Nacht in ein Zelt und die Himmelswölbung in eine Kirchenkuppel verwandeln konnte, ist hier noch gegenwärtig. Dadurch ist der Bogen in mannigfacher Weise als Kultform des Bildnerischen in diese Inselarchitektur einbezogen und gibt der MAGNA GRAECIA auf italienischem Boden eine unverfälschte Selbstdarstellung. Hier wird ausgesagt, daß die gewölbte Mauer als Zeichen der auf- und absteigenden Sonnenbahn gilt, die vom Tag- und Lebensaufbruch bis zum Untergang die Welt durchmißt, ihre Lasten trägt, aber sie auch zusammenhält. Von der *Troglodyten*höhle in der Steilwand bis zur klassizistischen Tonnenkirche haben diese Bögen, Tore und Portale sakralen Bezug. Oft einsam in der Sonnenruhe der Felder stehend, könnten sie Bacchus im fröhlichen Weinberg gastlich empfangen oder Triumph-Pforten Floras, der Sabinischen Göttin aller blühenden Pflanzen, sein. Jedenfalls verbreiten sie unter den Vorübergehenden die Traulichkeit eines zeitlosen Landfriedens, markieren die heiligen Haine der Ceres und Pomona, rufen den Befugten an: »Durchschreite uns, pflanze und ernte deine dionysischen Früchte!« Oder warnen: »Fremder, hüte dich, über unsere Schwelle zu treten, denn vielleicht lauert dahinter ein listiger Vulkanus mit seiner begehrlichen Venus, um dich in den Epomeo zu entführen, wie es andernorts Tannhäuser widerfuhr.«

Diese sonderbaren Überspannungen, aus freier Hand improvisiert, führen, ob in Tuffstollen, Bauernhäuser, Weinkeller oder Gärten, stets in trächtige Bezirke. Wer tiefer eindringt, für den werden mit einem Mal diese steinernen PORTICI, Kuppelkirchen und Heiligennischen zu Muscheln, in denen das unergründliche Leben braust, dem Symbol des Schoßes, der die Früchte und Schmerzen der Welt hervorbringt. Ganz gleich, ob dieser Schoß den Namen der Urmutter aller Sinne, der Tethys, Hera, Venus oder der Madonna, trägt, diese klobigen, wildumrankten Wölbungen inmitten jener grobverbauten Dörfer, der weitverzweigten Mauergassen und

Im Inneren Forios ein immer wiederkehrender, ganz natürlicher Zusammenklang von Formen und Farben, Architektur und Leben.

Es lohnt, Ischia immer von neuem zu durchwandern. Noch in den verborgensten Winkeln tun sich interessante Perspektiven bodenständiger Baukunst auf.

verstreuten Felder dünken Wegzeichen zum festlichen Willkommen und schmerzlichen Verlassen, Herausforderungen an das ländliche Gebären und Verwelken.
Ich könnte keine Gegend nennen, der so viele alte Tore Bedeutung geben, und ich kann mir nur erklären, daß diese vorzeitumwitterten Steinzeugen von den Modernen, die überall betonieren und begradigen, mit verständigem Respekt belassen werden, weil auch der heutige Ischitaner – bewußt oder unbewußt – mit seinen alten Göttern in Verbindung steht. Selbst wer in unseren Tagen baut, scheint sich nicht ganz über den doppelhäuptigen Janus hinwegsetzen zu können, den vornehmen Gott der Tordurchgänge, dem die Römer am 9. Januar zusammen mit Vesta, der Göttin des Herdfeuers und Beschützerin der Familien, einen eigenen Staatsfeiertag widmeten. Der in beiden Richtungen Vergangenheit und Zukunft überschauende Gott des Ein- und Ausgangs, des Beginnens und glücklichen Endens, fand sinnfälligerweise den stärksten Halt an seiner Frau Cárdea, der Göttin der Türangeln. Später trat ihnen noch Cárna, die Bewahrerin der Kinder und der Gesundheit, zur Seite als neuere Schutzgöttin der Türen.
Mit jedem Schritt durch diese tiefschichtige Insel tun sich neue Bezüge auf, denn kein Stein ist ohne Legende, kein Gespräch ohne phantasievolle Geschichte. Ich bin sicher, daß man sich auch dann noch, wenn ganz Ischia restlos im Aufruhr des Touristenstroms ertrunken sein wird, das Mystifizieren bewahrt. Wer möchte hier schon vergessen, daß der erste griechische Gott, den die Italiker eingeführt haben, ihnen aus Cumae und Pithekoussai entgegengetreten war, der Sonnengott Apollo mit dem Beinamen Agieus, Hüter der Tore, des Eingangs und der Wege, dessen Figurensäulen bei den griechischen Haustüren der frühen Siedlungen vor Neapel und auf Ischia gestanden hatten. An Apollon, dem seither der Heilzauber und der Bäderkult unterstellt sind, glauben die Insulaner ohnehin besonders gern, beweist sich der schöne Vater von Asklepios doch täglich durch neue Wunder aus ihren Quellen.

. . . Treppe – kleine lange Treppe,
steigst zum Himmel, fällst zum Meer,
hilf mir suchen, hilf mir finden
meine hoffnungslose große Liebe!

Aus dem neapolitanischen Lied »Scalinatella«,
übersetzt von Reinhard Raffalt.

Der Ischitaner ist seinem Wesen nach ein dem Meere abgewandter Landmensch. Die Mitte seines Daseins ist der feldertragende Berg, die Auseinandersetzung mit der See nur ein notwendiges Übel. Nebenan im flachen Procida lebt eine ausschließlich maritime Bevölkerung. Auf dem Eiland des Epomeo sind dagegen Bauern heimisch. Ihr Leben mit dem vulkangetürmten, von unzähligen Schluchten durchgrabenen Gebirge ist an steile Wege gebunden. Der Sentiero, der Bergpfad mit nimmerendenden Stufen, bestimmt ihren Gang der Dinge und läßt sie seufzen. Mithin haben diese Treppen, Stufen, Aufgänge und Stiegen genausoviel Aussage wie die mit ihnen verschlungenen Bögen, Tore und Lavamauern. Sie drängen ihre Dörfer in die Höhe, schmiegen sie in den windgeschützten Hang, verschachteln die Häuser mit einem mehrstöckigen Gewirr von Gassen. Gewagte Höhensteige führen zu den besten Weinterrassen, und noch auf schmalsten Serpentinen klappern die hochbepackten Mulis zu den Buchten oder Gipfeln.
Die Hitze zwingt, viel Schatten einzubauen, darum trennt die Gasse hier nicht die Häuser, sondern integriert sie. Sie ist mitbewohnter Zwischenraum, die partielle Agora, Treffpunkt, Kindergarten, gewerbsame Werkstatt, Markt und Kaffeestube, die Stelle des Lamentierens und der bunten Geschichten. Um auf sie mit dem richtigen Auftritt herabzukommen, braucht der Neapolitaner eine entsprechende Treppe, keine im Inneren

versteckte, sondern eine Freitreppe, auf der er mit pathetischem Stolz der Trübnis seiner Armut hübschen Aufputz geben und die Dramen seines Alltags in heitere Operetten verwandeln kann. Diese ständig vom Klappern erfüllten Treppen sind Zweckbau und Kulisse, denn der Neapolitaner muß aus sich heraustreten können, um seine Melancholie zu überspielen. »Die DISCORSI«, heißt es, »sind uns wichtiger als Brot!« Er muß sich produzieren, um in seiner tumultuaren Kommune bestehen zu können.
Deshalb schwingen sich von Loggia zu Loggia, von Haus zu Haus über die Piazza hinweg die markanten einhüftigen Steinbögen, überkreuzen sich Verbindungsstiegen, wölben sich Übergänge von der Innen- zur Außenwelt. Da es wenig regnet, ist nicht einzusehen, warum eine Treppe Wohnraum beanspruchen soll. Ihre Funktion liegt außen als Bestandteil von Gasse und Fassade zugleich. Diese übergeschlagenen SCALA A DOPPIO RAMO gehören zum besonderen Typus der neapolitanischen Architektur, die spanische, aber auch sarazenische Züge trägt. Mit dem ägäischen Kuben- und Kuppelstil der frühen Ansiedler verschmolzen, ergab das eine ebenso phantasievolle wie einzigartige Volksbaukunst, die uns hoffentlich erhalten bleibt als überzeugendes Beispiel für den konzeptlosen polygonalen Kykladenstil, eine Art Würfelwucherung als Architektur ohne Architekten.

Die Schneemadonna von Forio

Als Vorposten wie ein schneeweißer Wellenbrecher auf der Hafenklippe – so beherrscht die Patronatskapelle der Fischer das Bild Forios im Westen der Epomeosenke. *Santa Maria del Soccorso* bedeutet mütterlicher Beistand und göttliche Nothilfe. Darin verbirgt sich aber auch der Begriff von Vormund und Trauzeuge.
Unter den einundzwanzig Kirchen, die sich in Forio befinden, bietet dieses kleine Kap Sunion zwar baugeschichtlich wenig Erhebliches, doch ist es eindrucksvoll, wie der christliche Poseidontempel mit frommer Grazie Ausblick hält. Leider ist vor einer Generation der blumen- und kakteenüberwucherte Fels in starren Mauern eingepackt worden. Die merkwürdigen fünf schwarzen Wächterkreuze, die naiv aparten MAJOLICA – übrigens Hinweise, daß die einst von den Eriträern nach Ischia gebrachte Tonkunst sich als bäuerliche Kachelbrennerei fortgesetzt hat – ergänzen den herrlichen Rundblick über die blaue Tiefe der tyrrhenischen See und des Golfes von Gaeta mit den pontinischen Inseln.
Man betritt den *Soccorso* von einem weiten Platz her wie die Kommandobrücke eines Schiffes über Freitreppen und gewendelte Stufen. Es ist ein insularer Eigenbau aus orientalischen Elementen mit gotischem CAMPANILE, Renaissanceportal und barocken Schnecken auf einem byzantinischen Fassadentrapez. Ihr jetziges originelles Stildurcheinander ist 1791 fertiggestellt worden, doch sind die Berichte glaubhaft, wonach an diesem Lichtpunkt innerer Besinnung schon vor 1300 ein Klösterl gestanden haben soll, eine Eremitage, die seit 1500 der »Makellosen«, der heiligen Maria vom Schnee, geweiht war. Sie ist es, der die ungezählten rührenden EX VOTI der Seefahrer gelten, mit denen das Kirchlein bislang überladen war. Jetzt muß sich der Interessent für Hinterglasbilder und Schiffsmodelle an den Kaplan wenden.
Unter dem Segen der *Madonna della Neve*, der weißen Himmelsbraut, feiern die Marinai Forios Doppelhochzeit mit dem Meer und den Töchtern des Landes, für die »La Santa« in ihrer zweiten Eigenschaft Schirmherrin der Seefahrt durchs Leben bleibt.
Früher waren Forios Fischer weithin bekannt durch ihre roten Wollmützen mit der schwarzen Borte, denn sie brachten auf kleinen Feluken ihre Handelsschaften bis Genua. Heute ernten sie nach alter Weise in schwarzer Nacht mit den LAMPARAS nur noch vor dem Hafen.
Nicht von ungefähr sind die bemerkenswertesten Stellen des Abendlandes von Kirchen bekrönt. Hier wie für

die Kathedrale auf dem Castello d'Ischia, die Einsiedelei auf dem Epomeogipfel, das Waldkirchlein im Lavastrom von Fiaiano, die zerfallene Wallfahrt von *San Pancrazio* und *Santa Maria del Monte* bei den Kastanienwäldern hoch über Forio zeigt es sich, daß seit der Antike die Wahl des Ortes Vorrang vor der Gestaltung eines Tempels hatte. Nur in Landschaften mit einem Mysterium, von denen eine natürliche Durchheiligung ausgeht, fiel es den Hellenen ein, ihren Tempel zu errichten.

Auf Ischia, das soviel ägäisches Wesen bewahrt, ist dieser Bezug von dämonischem Bezirk auch zur christlichen Kirche erhalten. Die Felsabstürze über dem Brandungsecho, die nymphischen Quellenschluchten, der winddurchraunte Fels und die geheimnisbergenden Olivenhaine umzaubern hier die an sich unscheinbaren, aber in ihrer naiven Inbrunst um so wirkungsvolleren Gotteshäuser.

Hier ist alles einfach. Die Insel hat trotz allem Hin und Her keine aufbauende Historie. Ihr Urgestern ist noch immer lebendiges Heute. Ein Hauch vom asiatischen Geist weht den verlassenen Spuren der einst attischen Kultur bis zu uns nach. Just *il punto del Soccorso* ist so ein Ort, wo der Betrachter in der Ruhe des Abends, wenn die Sonne rotglühend in den Horizont taucht, einen geisterhaften, smaragdgrünen Lichtstrahl aufblitzen sieht, als deute ihm der schillernde Neptun zur Unterwelt, wo er mit seiner Amphitrite und dem phantastischen Gefolge der Nereiden und Tritonen die Wogen aufwühlt und der Vulkane Magma in Bewegung setzt.

Richtigerweise müßte die Schneemadonna ihren Platz unter hohen Felsen haben, aber dort übersonnt mit ihrem Lächeln die chontische Jungfrau vom Weinberg ihre im blauen Dunst dahinträumende Insel. Santa Maria del Monte hat im Schutz der Rebterrassen am Capo dell'Uomo ihr einzigartiges Heiligtum. Das ist keine Kirche im üblichen Sinn, hier hat ein göttliches Wesen sich fürs Diesseits eingerichtet, mit Kapelle und silbriger Kuppel zwar, aber auch mit einer großen Zisterne für den Weingarten und hinter weiß gequaderten Mauern und Felshöhlungen Stallungen und Keller, Gastraum, Bauernhausung und Schafpferch – der autarke Tempelbezirk eines entlegenen Dionysiums. Hier dürren meterhohe Agaven und leise wispert der Wind in den silbrigen Oliven.

Der Inschrift nach muß dort oben, 400 m über Forio, im Jahre 1653 begonnen worden sein, aber diese byzantinische Klause ruht sicher auf uraltem Grund. Daß die liebe Frau am Berg eine Wallfahrt bekam, geht sogar auf eine nur 120 Jahre alte Geschichte zurück: Als nämlich der Weinbau Ischias 1851 durch Rebkrankheiten und zwei Unwetterkatastrophen des September 1852 bis auf den kläglichen Rest einiger Rebstöcke um den Kapellenplatz ausgerottet und vernichtet worden war, ließ sich mit knapper Mühe dort oben noch ein wenig Most keltern. Da aus ihm dennoch ein guter Wein gelang, wurde das einzige Faß im Atrium der Kirche wie eine Reliquie verwahrt. Stets nur am Patronatstag, dem 8. Mai, wurde nach der Wallfahrtsmesse einem erwählten Kreis Forianer Weinbauern die Ehre zuteil, von diesem »vinum purum della Santa Maria del Monte« zu kosten, um so die Erinnerung an den letzten genuinen Wein der Erde Ischias noch ein wenig wachzuhalten.

Gespräche mit Dionysos

Pe bacco nu simm Napulitan,
tra Napule e nuie ci sta o' Mar
ch' ci disinfett...

O bewahre, wir sind doch keine Neapolitaner,
zwischen Neapel gibt's gottlob ein Meer,
das uns desinfiziert...

Ein Ischitaner

Der Wein und das Inselleben

Neapel – Nationalmuseum – Bronzensammlung – Katalognummer 65! Michelangelo muß eine ähnliche Quelle der Inspiration gefunden haben, bevor sein David wurde. Das nackte erzerne Edelmaß, nur die Füße in hochgeflochtenen Sandalen eingeschnürt, die Linke bequem in einen über die Schulter geworfenen Fellschurz gestützt, die Rechte mit beredtem Finger in die Welt deutend und das herbstgoldgelockte Haupt nachdenklich auf den Grund der Dinge gerichtet; ein zarter Jüngling von rankem Wuchs in der üppigsten Blüte der Jugend, eine merkwürdige Mischung weichlicher Reize und schwärmender Hoheit, ganz sicher in sich selbst ruhende Schönheit. In der Würde dieser Bildung wurzelt das Lebensgefühl des freien Menschen aus der Antike und der Weltsinn seiner Götter. Wahrhaftig eine Bildung, deren Gehalt unsere abendländische Kultur bestimmt hat.

»Eleleus!« »Euhoi!«

»Welche Sprache beginne ich zu denken? Wer findet plötzlich meine Gedanken? Weingott, sind es deine?«

– »Götter haben keine Gedanken, sie sind eure Ideen!«

»Aber wo ist das Gepränge deiner Triumphzüge mit den knollnasigen, pferdefüßigen Satyren, die sich aus Tollerei, lüstern nach Wein und Weibern, mit brünstigen Bocksprungtänzen bei den Nymphen tummeln? Wo ist der Esel mit deinem weinentrückten Zechvater Silenos, der mit zynischem Humor weissagt?« –

– »Dieses Ich hier ist nur mein Götze, mein Ich ist nicht der lebensheitere Weinschlauch deiner Vorstellung. Ich bin überhaupt keine Erscheinung.« –

»Dann umgibst du dich auch nicht mit den Thyiaden, deinen ausschweifenden Priesterinnen, und bleibst der Schar wildtösender Mänaden fern? Ist Dionysos vereinsamt, seine Zeit der befreienden Bacchanale, zu denen er mit seinem Panthergespann erscheint, vorüber?«

– »Bist du blind durch Neapel gegangen?« –

»Ich denke, du bist der chontische Hüter der Bäume, der prächtige, frauenumschwärmte Bringer des Weines, des Honigs, der knospenden Natur und befruchtenden Niederschläge?«

– »Auch du verstehst mich nur, wenn ich à la Karneval zum Erntedank und Frühlingserwachen mit Tanz und Rausch aufs Dorf komme. Doch du mußt meine Gottheit weder in Personen noch in Substanzen suchen. Ich bin nichts Stoffliches wie der Wein, aber der Hervorbringer seines Geistes. Ich habe nichts mit dem agrarischen Weinbau oder dergleichen zu tun. Das mag Sache untergeordneter weiblicher Gottheiten wie Demeter und Persephone sein; so wie die Mühsal der Rebkulturen eure Sache ist. Mein ist die brodelnde Zeugung, welche den Most in Wein verwandelt, und die Ursache zur Lust; bin das Orgiastorum, das euch Menschen niederer Sorgen enthebt und reiner Lebensfreude dem höheren Genusse zuführt. Bin auch der Träger deiner Hoffnung auf ein geläutertes Neuentstehen mit unerschöpflicher Weisheit, Schönheit und Fruchtbarkeit, bin einfach der Genuß!« –

»Aber worin bist du erkennbar, ohne Trabanten, ohne Insignien, ohne Kult?«

– »Es genügt der entzündende Funke eurer Phantasie, der Erregung des Gemüts zu sein. Kurzum, ich bin das

Die Patronatskirche der forianischen Seeleute

UMBERTO A MARE
RISTORANTE
BAR

Das gelungenste Konglomerat ischitanischer Baugeschichte ist die originelle Votiv-Kirche der Madonna del Soccorso in Forio.

Das Haus des Münchner Architekten Fritz Zollinger auf dem Monte Caruso. Sein Stil wurde für den modernen Baustil der Inselwelt richtungsweisend.

alle Sinne bezwingende Element der Begeisterung, das den Menschen nur in wenigen Dingen, wie dem Wein, erscheint, nachdem jener aus seiner Täglichkeit tritt. Ich bin nicht einmal so sehr, wie du es mir zuschreibst, der Gott des berauschenden Weines als vielmehr der durch ihn hervorgerufenen Lustbarkeit. Mein Geheimnis – es mag im besamenden Naß der Traube stecken – gibt der Wein nicht im Faß, sondern erst und vielleicht in der Seele des Trinkenden preis. Du könntest mich als des glänzenden Apolls Polarität betrachten. Er, die lichtentbindende Kraft der Sonne, ich, die Gefühle lösende Beschwingung. Ich bereite den Weg der Erdkugel immer dort, wo ihre winterliche Hälfte damit beginnt, den Saft der Trauben zu vergeistigen, und führe sie, bis sich das Verborgene der knospenden Blüten erfüllt. Sieh mich als die Untiefen, aus denen die Gewalten des Lebens aufbrechen, das unbeschränkte Keimen im fruchtbaren Humus der Geschlechtlichkeit, das Schwellen der Natur. Ist nicht so Neapels ganzes Dasein durchflutet von urmächtigen Wogen der Musik und regiert von der fiebrigen Gier und Lockung weiblicher Ekstase?« –

»Und wie kommst du hierher?«

– »Die Helenen haben mich dem Osten entsteigen sehen und nach ihrem Sinn gestaltet, die Zivilisationszüge der Griechen zwischen Indien und Hispanien begleiteten dann auch meinen Einzug, die Römer haben mich etwas klobiger und älter nachempfunden, und die Christen haben mich wieder orientalisiert. Sie predigen als höchstes Gut die alles vergebende Nächstenliebe. Trinke Wein, im Wein ist Brudersinn!« –

»Du hast dir den epomeischen Weinberg ›La Bella Ischia‹ zum Festplatz erkoren!«

– »Ich bin ohne Ort, ohne Entfernung und Zeit, doch der hübsche Umriß dieser Insel des Typhoeus ist ein tatkräftiges Missionarium meines Kultes geblieben, obwohl ihr Christen ja das sinnliche Schönheitsmaß der Antike ins ethische Reinheitsideal der Askese umzumünzen versuchtet und jetzt im Weinberg auf meinen Altären die Madonna anruft.« –

»›Per bacco‹ und ›Madonna mia‹, in diesen Alltagsfloskeln um höchstes Erstaunen auszudrücken, ist doch für ganz Süditalien offenkundig, daß in der Beschwörung des Weindämons und der Mutter Gottes im gleichen Atemzug die goldene Brücke zwischen antiker Mythologie und christlicher Mystik geschlagen wird. Was macht das schon, wenn auf deinen alten Opferstöcken an den Häuser- und Mauernischen jetzt die rührenden Madonellen stehen, wenn aus heidnischen Sanktuarien katholische Feldaltäre geworden sind. Wunderkräftig, vom Heiligen durchgeistigt, ist die segensvolle Erde über dem gefährlichen Magma der Unterwelt geblieben; und schutzbedürftig der Mensch!«

– »Ach, Götter und Religion zählen hier kaum. Es geht höchstens um Aberglauben, Magie und schöne Geschichten, die ständige, so turbulente Demonstrationen ihrer Frömmigkeit ist eine ebenso durchsichtige wie phantastische Heuchelei, um, wer weiß wen, mit einer im Grunde erbarmungswürdigen Selbstherrlichkeit über ihre beispiellose Indolenz hinwegzutäuschen. In diesem aus Furcht, Begierde und Hunger getriebenen Perpetuum-Chaos kann man nur Götter der Toleranz, der Sinnesfreuden und des Humors gebrauchen, eventuell ab und zu eine Madonna des Erbarmens oder Nothelfer wie Neapels beliebte heilige Rita, die in ganz ausweglosen Situationen zur Verfügung steht. Die Neapolitaner schreckt nicht einmal der Tod. Sie lernen zwar, ihm als Kirchenschreck bombastische Reverenz zu erweisen, aber jeder Neapolitaner rechnet im Innersten fest mit einem Sein nach dem Tode, das immer wieder den Beginn der Welt bringt, einer göttlichen Welt, die nur so sein kann wie sein ewiger Traum von ›mia bella Napoli‹. Diese Insel wird ein Voluptia bleiben. Das heiße Blut in den Adern der typhoeuischen Erde lockt noch immer die Jungfrauen in die nächtlichen Gärten, deren Abendluft heiß ist, voll sinnlicher Daseinsfreude, und was sie dann spüren, ist meine Berührung dieses grünschwellenden und üppig blühenden Landstriches. Auch du wirst es empfinden, die lüsterne Wildheit einer moussierenden Natur, die heftigste Erregung eines Körpers und schöpferische Belebung eines Geistes; und der

Durch die bukolischen Höhen und die oft wild verwucherten Felshänge zieht sich ein Netz mühseliger Treppenwege, Mulipfade und verschlungener Sentieros, schmaltrittiger Jägersteige.

Wein von dort, ein Quell zur Kunst und Poesie entfachenden Erotik. Ohne Wein müßtest du das meiste Schöne deines Lebens unerlebt vorüberziehen lassen! Neapel sehen und nicht Wein trinken, wäre Barbarei und Sünde; hier nicht trinken dürfen, eine tantaleische Strafe!« –
»Hat das, was du an Segnungen über dieses Land häuftest, mit ihren Menschen zu tun?«
– »Nicht unmittelbar.« –
»Bist du ihnen gewogen?«
– »Soweit sie bleiben, was ihnen als Neapolitanern zu sein bestimmt ist, ja!« –
»Von sich selbst habe ich sie sagen gehört, ihre Città sei ein von ›Teufeln behaustes Paradies‹!«
– »Wo ist das die Erde nicht? Nur hier beansprucht man mit Herausforderung von den Göttern einen Dauerkredit an unbeschränktem Verständnis für alle Schwächen. Der Leute Maxime ist das ›dolce far niente‹, wenn sie aber unausweichlich etwas zu tun gezwungen sind, suchen sie jemanden, der es für sie erledigen könnte. Findet sich keiner – und das ist die Regel –, so bleibt das Geschehen unbesorgt den Göttern überlassen. Den Unterhalt verschafft sich der Neapolitaner mit der flinken, von Intelligenz geführten linken Hand nach dem Grundsatz: ›Verplempere nur ja keine Minute des kostbaren Lebens unnötig mit Geldverdienen‹.« –
»Und wovon leben sie?«
– »Sie sind so begabt, daß sie ihre bewunderte Lebenskunst aus Nichtstun schöpfen. Das heißt, im Prinzip tut ein vollblütiger Neapolitaner just so viel wie seine Frau, dieser schönste Mangel der Natur, schaffen kann.« –
»Lernen doch die Buben schon: ›Die Kraft der schönen Frau übertrifft allemal hundert Büffel‹.«
– »Er selbst wäre zu anderem gar nicht in der Lage, da alle Energie, die er überhaupt aufbringt sich für die Frau verzehrt.« –
»Die Frau im Plural!«
– »Nun gut! Sein incantevole, sein bezauberndes Napoli, dieses animalische Majestoso, und ich meine hier die laute Stadt so gut wie ihre bäuerlich versonnenen Inseln, dieses Napoli also, Gefäß aller Begierden, ist eine Frau, und wie eh und je im moralischen Sinne ein Besitzteil des Mannes!« –
»Ich verstehe, es ist ihr dionysisches Lebenstalent, das sie zu Neapolitanern macht, die sich ihrer Stadt wie einer Geliebten hingeben, sie aber für sich aufkommen lassen.«
– »Die Frau oder die Stadt, wie du willst, der saturnische Schoß seiner reichen Campania ist für den Ernst des Lebens da. Er indessen jongliert mit Sprichwörtern und amüsiert sich beim Selbstbetrug. Du weißt doch, daß der Schnittpunkt aller Lebenslinien eines Neapolitaners in seiner Redelust zu finden ist.« –
»Ja, der Mann reift hier im Gespräch mit Männern und Espresso, Piazza und Taverne sind seine Volksakademie.«
– »Doch übersieh nicht, daß die Grundlage seiner Weltanschauung des nie endenden Gespräches ständig sich erneuernder Wein ist.« –
»Ich wußte es doch, der Neapolitaner ist die Essenz des dionysischen Golfes.«
»Senza mangiare non c'é festa.
Cosa significa festa senza amore?
E come si parla d'amore senza aver mangiato?«
»Ohne Schmaus kein Fest.
Und was bedeutet schon ein Fest ohne Liebe?
Wie aber soll man mit leerem Magen von Liebe auch nur reden?«
»Mit dem essentiellen Dreierlei: Essen, Musik und Liebe, bevorzugt das Leben Neapels Sonnenkinder, und das, obwohl oder gerade weil sie das Leben wie ihre Frauen behandeln, die sich erfahrungsgemäß von den unver-

schämtesten Gauklern und Gaunern am bereitwilligsten ausnützen lassen. Ganz Neapel fordert leichten Herzens: ›Du mußt alles vom Leben bekommen oder genommen haben, bevor du stirbst.‹ Doch auf der anderen Seite steht der geschmähte und bescheidene Neapolitaner mit des Schicksals Schmerz und Leid auf du und du, behandelt die Sorgen und Übel vertraut und nachlässig wie den Hausfreund. Im übrigen versteht sich die vesuvische Fruchtbarkeit seiner Erde und Frauen von selbst wie Sonne und Wein, und er ist sicher, daß Götter in der versöhnlichen Kulisse der parthenopeischen Sirene nie unmenschlich auftreten. Das Signum seiner Geburt aus dem goldenen Boden Neapels ist seine Lebensversicherung, deren Prämien ihm von einem gönnerhaften Dionysos, einer barmherzigen Madonna oder einem nachsichtigen Santo vorausbezahlt erscheinen. Grauen hat er nur vor der Mühe, die ihn vom Leben abhält, das sich für den Neapolitaner als eine mehr oder weniger gute Unterhaltung versteht.«

»Dazu liefert er jedoch als edle Zutat seinen Gassenwitz, hübsche Lyrik und den Belcanto.«

– »Ja, zwischen flammender Poesie und schmelzenden Melodien zwischen Durst und Tränen, zwischen Rausch und Ernüchterung liegt Neapel. Betörende Leidenschaft und edelste Vorsätze geben den Auftakt seiner Abenteuer und führen die Feder seiner Sturm-und-Drang-Gedichte. Den Ausklang,der sich stets zur Tragödie steigert, geben die weltberühmten melancholischen Canzoni di Napoli. Alles Lieder aus der Asche und Ausdruck postkoitaler Traurigkeit. Kleine Probleme werden mit delikater Schurkerei Fremden und Freunden in die Taschen gejubelt, die unbewältigte Vergangenheit aber mit einer Mischung aus griechischem Geschick, maurischer Gelassenheit und spanischer Würde auf die nächste Generation übertragen. Am günstigsten, man zeugt, um des Daseins Sünden tilgen zu lassen, mehr Menschen mit neuen Möglichkeiten, alles zu bessern, zumal das üppige Neapel den Homo sapiens so gut gedeihen läßt, er wuchert und wildert hier geradezu.

Man gibt sich der Hoffnung hin, das kommende Leben hebe den Gram der Zeit auf. Ihre Philosophie lautet mit einem Wort: ›domani‹, morgen! Ihre Welt ist der Augenblick, alles Notwendige oder Unangenehme geschieht in Neapel erst morgen; denn ›il domani è un futoro che non siste‹. Morgen ist eine Zeitform, die nicht vorkommt, auf domani warten nur die Bettler mit dem unfehlbaren Lottotip.«

»Ich fange an, zu begreifen, erhabener Dionysos, wie sehr der Lebenstrubel im malerischen Rund Neapels sein sanft glitzerndes Meer mit dem tiefumschlingenden Tod, dem sprudelnden Geist, der im Wein und der blühenden Seele, die in der Musik beschlossen liegen, dein Mysterium sind. Musik, hatte ich schon von Stendal gelernt, ist die Malerei der Leidenschaften. Folglich gebiert der Wein Erotik, die Poesie der Liebe.«

– »Damit schließt sich der Kreis!« –

»So betrachtet, sind die unbefangenen Neapolitaner zu beneiden, doch ist es ihre Tragödie, es in Neapel selbst auch zu nichts anderem als zu Wein, Liebe und Musik zu bringen.«

– »Ist das ein Vorwurf?« –

»Oh, Zeus bewahre, hier haben alle Dinge ihre zwei Seiten, wie Sommer und Winter zusammen erst das Jahr ausmachen. Denn wer wollte bezweifeln, daß erst die emsigste und trickreichste Geschäftigkeit das Bild Neapels runden; ein Phänomen auch dies, weil hier wiederum das Geschäft zur leichtfertigsten Kunst erhoben wurde, die freilich am besten meistert, wer mit der sublimsten Grazie zu übervorteilen weiß.«

– »Wie überall in der Kunst sind es zuvor die geheimen Mächte einer Landschaft, die sich im Wein kristallisieren, der sich wiederum in der Seele, die sich mir öffnet, zur Kunst, mit Lust zu lieben, umsetzt. Ich bin es, das alle Sinne bezwingende Element der Begeisterung, das am reinsten im Wein erscheint, dessen Natur ihren wollüstigen Spaß hat, die Freuden des Geistes und der Herzen zu bilden. Musik ist Freude wie der Wein und umgekehrt! Voran der feurige Wein vulkanischer Erde birgt die stürmischen Verjüngungstriebe des Jahres und hat ob seiner alles mit Genuß durchdringenden Erquickung eine unteilbare Wirkung auf Leib und Gemüt.

Darum ist er auch das gegebene Mittel, die ihrer Sünden wegen im Körper eingekerkerte Seele zu reinigen und aufs neue zu vergeistigen.« –

»Sind die Berichte Symbol, welche uns zeigen, daß die ältesten griechischen Schriftzüge in Italien – sie fanden sich auf Scherben eines Nestorbechers in Ischias Boden –, deines Wesens Wein verherrlichen, womit das zivilisierte Italien im ischitanischen Weinberg begonnen hätte?«

– »Schon aus der alten Weinheimat Syrien gekommene Phönizier und Etrusker haben angesichts der am Gardaseeufer gefundenen Rebpflanzungen einsehen müssen, daß ich schon Trauben in Wein verwandelte, bevor uns der Mensch erdenken konnte.« –

»Wird deine Zeit vorübergehen?«

– »Du sahst uns Götter von einst doch wie eh und je hinter den Augen der ischitanischen Frauen und Männer. Wir sind heute nur schwieriger zu finden, weil die Landschaften nicht mehr so klar und die alten Ideen und Dinge neue Etiketten tragen!« –

»Bist du mit den Weinen deiner schönen Insel Ischia unzufrieden?«

– »Ja, wo sie meinen Wein traktieren, um ihre Gäste und Fremden zu täuschen, beschwören sie den Zorn, der nach alten Gesetzen ruft, wonach Weinpanscher so lange eingesperrt blieben, bis sie ihren betrüglichen Wein alleine ausgetrunken hatten. Mir gilt nur Vinum purum!« –

»Es ist für den Fremden gar nicht so leicht, sich auf Anhieb zu dem durchzufinden, was ihm die schönen Legenden vom epomeischen Wein versprechen. Doch dann kann selbst der Gourmet, der sich am Maßstab französischer Schloßkeller orientiert und seine Weinzunge an den Jahrgängen edler Mosel- und Rheinweinauslesen geschliffen hat, mit der klaren Einfalt bäuerlicher Tropfen dieser Erde das Glück der vergilschen Tafelfreuden erfahren.«

– »›Miserabelchen‹ oder ›Pisciarelli‹, wie sie hier sagen, gibt es allemal, auch in den Hochgebieten der Weinkultur.

Das Epomeoeiland ist alles in allem ein imposanter Weinberg, der seit 2700 Jahren die Feldwirtschaft seiner Bewohner bestimmt. Ihre Weingärten, manchmal in bis zu 60 Prozent geneigte Hänge terrassiert, schwingen sich auf kühn gezogenen Mauerwerken bis in die äußersten Klippenwinkel und bis auf 650 m über dem Meer den Berg hinauf. Heute zählt man noch zirka 2300 ha Rebanlagen, das sind fast drei Viertel des in über 3500 Besitzungen zerstückelten Nutz- und Waldlandes der Insel. Du müßtest also die Zahl der Rebsorten und die Weinarten mit der Anzahl der Weinbauern multiplizieren, um auf die Ziffer der Weinproben zu kommen, die du täglich halten müßtest, um alle Weine eines Jahres zu kosten.

Im Durchschnitt werden Trauben für 12 Millionen Liter Wein geerntet. Das ist eine beruhigende Ziffer, denn so hält der Epomeo für jeden Gast ein dickes Faß feil. Pro Hektar 51 hl Weinertrag spricht schon für einen intensiven Rebenbau, wenn man auch andernorts Weinberge mit mehr als doppelt so hohen Ergebnissen kennt.

Ab Anfang September, wenn mit dem steigenden Mond das Gezirpe der Grillen das Raunen der Abendlandschaft übertönt, beginnt im Südosten um *Campagnano*, *Carta Romana* und *S. Pancrazio* LA VENDEMMIA, die Lese. Nach und nach folgen die Gebiete zwischen Barano und Forio und spät im Oktober oder gar erst im kleinen Sommer der ersten Novemberwochen oben um die Höhen von *Buonopane*, *Rosanovella*, *Fontana*, *Calimera* und *S. Maria del Monte* die Nachlese. Erst wenn die letzten Weinstöcke ihrer süßen Last entledigt sind, können die Bauern ihre Schlüsselbeine drückenden TINI, die Schulterbütten, wie man sie von ägyptischen und etruskischen Wandmalereien her kennt, wieder in den Kellern stapeln. Auch die nimmermüden Mulis sind für ein Jahr vom zweiteiligen Sattelholztrog, dem TAVUTIELLO, befreit. Dann zieht durch die kleinen Orte und um die verwunschenen Felsenkeller in den Schluchten der trunkendunstige Mostgeruch; auf den Dächern trocknen die Trester, und schönste Trauben liegen mit Feigen auf Strohmatten, um noch in der Dezembersonne ihren Zuckersaft zu verdichten. Sie bringen als Trockenbeerenauslese den bernsteingoldenen VINO DI PAGLIA und als höchste Steigerung den ACINATO, aus Malvasiertrauben, und den LACRIMAE CHRISTI. – Du kennst die Geschichte dieses Weines? Sie ist der alte Mythos meiner Vergeltung an Typhoeus auf Ischias Venusberg: Aber im kindlichen Neapel erzählt man sie heute so: ›Luzifers tagelanger Sturz aus dem Himmel endete im Pfuhl Neapel, doch blieb dabei ein besonders schönes Stück Paradies liegen, das der zur ewigen Opposition Verdammte mit sich gerissen hatte. Es war einer der trächtigsten Teile aus dem Weinberg des Herren, dem seither Christi Tränen galten. Der heilig benetzte Weingarten sperrte von Stund an den feuerspeienden Mächten der phlegräischen Unterwelt den vernichtenden Durchbruch. Sein köstlich herbes Traubenblut besänftigt die Elemente des Bösen, beflügelt den Geist der Güte und Liebe und zeugt die wehmutsüßen Lieder, wie sie nur das neapolitanische Herz verströmt. Der betörende Himmelswein aus dem wilden Boden der vesuvischen Felder ist für Stunden der Verzauberung, denn er verführt und betört, darum halte ihn den Jungfrauen fern, wenn es deine Töchter oder Schwestern sind. Er reicht ohnehin nicht, um die Nöte aller Romeos, Tristans, Blaubarts, Don Juans oder Casanovas, von denen Neapel voll ist, zu mildern‹.«

– »So sorgliche und fleißige Weinbauern die Ischitaner auch sind, mit den Geschicklichkeiten moderner Kellermeister und den Chemietechniken sind sie kaum vertraut. Das hat sein Gutes wie seine Nachteile.« – »Darum ist der schlichte Landwein Ischias in der Tat ein dionysischer, das unveränderte Produkt archaischer Erfahrungen. Das zwingt unseren an Konsumwein orientierten Zivilisationsgeschmack zur Zurückbesinnung aufs Ursprüngliche, doch wem liegt heute noch viel an der Mühsal fordernden Natur? Darum ist es leider wahr, daß die Insel mit jedem dahinsterbenden Bauern einen Weingarten verliert. Andererseits kann man noch heute wie 1802 J. G. Seume, der unermüdliche Italienwanderer, sagen: ›Je weiter man nach dem Süden kommt, desto mehr gilt, daß sich die italienischen Weine besser hielten, wenn man sie besser hielte.‹ Jedenfalls habe ich nur selten einen Bauern mit modernen Geräten hantieren gesehen.

Doch war ich noch heuer dabei, als junge Mädchen mit nackten Beinen im Palimento die sauber ausgelesenen Trauben abtraten, so daß weder der gepreßten Schalen, zerdrückten Kerne oder der gequetschten grasigen Stengel Bitternis in den ersten Mostabdruck für einen ISCHIA BIANCO SUPERIORE erscheinen, dem der Feinschmecker nur Gutes nachsagen kann. Die Weine der Vorlese oder einer zweiten Pressung werden mechanisch bis auf den letzten Tropfen ausgewrungen und taugen dann nur für einen heurigen Tischwein, einen VINO DA PASTO vom Faß. Wenn man auch davon nicht sein Urteil über den VINO D'ISCHIA bilden darf, so ist er allemal ein gutes Mittel gegen Spaghettifülle und Sommerdurst.«

– »Doch solltest du wissen: selbst der sorgsamst behandelte Landwein Ischias baut nach dem zweiten Jahr wieder ab, ist nichts für eine kultivierte Vinothek, mit einer Ausnahme, nämlich dem roten TINTORE.

Der Kenner kann in guten Jahren in einer Cantina der rechten Gegend bisweilen 14- oder 15-gradige, glasklare Tropfen finden, die saftigen Körper und wuchtigen Ausdruck haben, dabei kernig herb und ein wenig nach dem Jodgehalt der Seeluft munden.« –

A Ischia si mangia, si beve, si fischia.
Dopo mangiato, bevuto e fischiato
viva Ischia e chi l'a creata.
Auf Ischia wird gegessen, getrunken und auf alles gepfiffen.
Doch nachdem wir gut gegessen, fröhlich getrunken
und die Welt ausgepfiffen haben,
lassen wir Ischia hochleben und seinen Schöpfer dazu.

»Dieses ischitanische Trinklied ist ein Toast auf dich, gottmenschlicher Dionysos, und schließt meinen Dank ein für diesen Diskurs!«

– »Pst? Der Wärter wird uns unterbrechen!« –

»Signore, il Museo si chiude! Verzeihen Sie mein Herr, das Museum muß geschlossen werden! – Ich sah Sie ganz versunken in die Statuette! – Sie ist das lange Zeit als Narziß bezeichnete sublime Ideal der plastischen Kunst, die Perle der Bronzensammlung unseres Nationalmuseums! Wenn Sie sich, mein Herr, den Bacchus in der römischen Villa d'Este vorstellen, wird Ihnen an der Ähnlichkeit auffallen, daß dieser Jüngling ganz der hellenistischen Vorstellung von Dionysos entspricht. In der das Zepter greifenden Hand fehlt nur der Thyrosstab, der offensichtlich verlorengegangen sein muß. Diese 63 cm große Kostbarkeit wurde unter den Bourbonen 1862 in Pompejis Lupanaro, dem herrschaftlichen Freudenhaus und Lustgarten, ausgegraben und soll kurz vor der Kaiserzeit entstanden sein als freie Nachbildung eines wunderbar poetischen Werkes aus der Zeit um 300 v. Chr.!« –

»Es ist, als sei Dionysos in ihr moderne Wirklichkeit!«

»Dem Künstler unterlief allerdings ein anatomischer Mißgriff. Die Statue belastet nämlich den falschen Fuß!«

»Ich sehe das anders, er stemmt zwar die Linke in die Hüfte und ruht auf dem rechten Standbein, aber wenn er sich dabei vorbeugt, als stütze er sich auf den hier fehlenden Stab, dann stimmt die Haltung. Ein Narziß stünde falsch, aber als Dionysos hält er sich richtig. – Haben Sie vielen Dank für diese freundliche Unterrichtung. Ich habe heute viel gelernt!«

»Kommen Sie wieder, ›Commentadore‹! Das neapolitanische Nationalmuseum besitzt noch viele Dionysos- und Bacchusdarstellungen!«

»Gewiß – und gern!«

»Wenn ich jetzt bitten darf, ›Dottore‹, dort ist der Ausgang!«

»Hier, damit Sie einen guten Wein kaufen, um auf das Wohl ihres herrlichen bacchantischen Neapels zu trinken!«

»Grazie tante, grazie, ›Professore‹, viva Dionisio e gli nostri visitatori!«

Noch auf den heißen Stufen vor dem Museum, bevor mich als ernüchterten Trinkgeldprofessor das neurotische Stadtgewirr verschlang, fuhr mir's durchs Bewußtsein, daß dieser olympische Dialog nicht mehr aufhören würde, denn Dionysos ist nicht nur durch die Existenz dieser Mutterstadt des Euphorischen unvergänglich, nein, sein bacchantischer und erotischer Rausch hat von unserer gesamten Gesellschaft Besitz ergriffen. Dionysos aus der Vorzeit des Morgenlandes ist der jüngsten Abendländer heimliche Hoffnung geworden, ihr ureigener Gott der Lebenserfüllung, Seligkeit und Daseinsfreude, die Erfüllung ihrer Wünsche nach Lebenslust, Sex und Delirium. Was in beiden Fällen abgekürzt L. S. D. heißt. Ich bin ganz sicher, daß wie eh und je, so auch heute der Schlüssel zu den Erfüllungen des Lebens aus den Händen des Dionysos zu empfangen ist, darum geh getrost nach Ischia in seinen Weinberg und rüste deine Gedanken mit weiten Flügeln, denn es hebe dich der Wein von dort auf den Gipfel deiner Wünsche!

Kleine Weinfibel

Notabene: Feriengespräche über das Wetter, die günstigste Saison, über Sonnenbrand, Espresso, Pensionspreise und Pizza gehören genauso zum touristischen Elementarium wie eine kleine Etikettenfibel vom Vino d'Ischia. Sie sei hier nachgetragen für alle kundigen Thebaner, wißbegierigen Kellerforscher und solche, die nicht zuletzt des Weines wegen immer wieder kommen.

Dionysos, dir sei es geklagt, daß die Not der allzu nassen Jahre wie die Flut unbedarfter Touristen manchen Winzer dazu verleiten, den allzu schweren Wein zu nässen, die allzu dünnen mit Mostsirup zu runden, die allzu leichten übermäßig mit Schwefel, Vitamin und Sprit zu traktieren oder mit Kalk und Gips nachzuhelfen, den Säuregrad und die Reinheit zu verbessern, einen mißratenen Weißen in süffigen Roten zu verwandeln oder gar aus Rotem, Weißem, Sirup und Zucker oder Rosinensaft einen Süßrosé zu mischen.

Auf den windgeschützten Höhen, wo die Trauben die erste und die letzte Sonnenwärme auffangen und sich die Reben dicht über den heißen Boden ziehen, wachsen die feurigsten. In den nordöstlichen Tälern müssen die Weinranken an vier Meter hohen Pergolas klettern, damit sich die Trauben von der feuchten Erde zur Sonne strecken. Diese grünen Weine, die VINI CREZZI, um den Ort Ischia erreichen zwar nur sieben bis neun Grad, haben aber eine erquickliche, etwas nervige und leichte Art, ein wenig mehr Säure und Bukett und perlen bisweilen. Im Süden, also zwischen Maronti, Barano und San Angelo-Serrera, gedeihen je nach Traubensorten die besonders trockenen, etwas erdigen und kräftiger gewürzten. Die Bauern auf den Lößfeldern im Südwesten ernten sowohl quantitativ als auch qualitativ die wertvollsten und schwersten Weißen. Das windgeschützte Sonnenbecken Forios ist mit 750 ha Rebgarten die größte Weinbaugemeinde. Da gibt es sehr gehaltvolle, starke und ambrafarbene Kostproben.

Allein nicht bloß Klimazonen und Höhe stufen die Qualität, sie hängt auch von begünstigten Lagen ab. Im Osten befinden sich die kostbarsten Rebterrassen auf dem Südwesthang von *Fiaiano*, *Campagnano* und auf dem *Castello*, während man um die *Cartaromana* auch Tafeltrauben kultiviert, worauf sich auch die *Contrada Mortola*, eine der besten Lagen bei Forio, spezialisiert hat. Die Höhenzüge des *Monte Cotto* über Testaccio und die Marontiterrassen sowie der Wein vom *Monte Barano* und *Rosanovella*, dann die Weingärten um *Calimera* tragen die zuckrigsten Edeltrauben. Hervorragend fallen auch die Gewächse um die *Spadara Panella* und *Fango* über *Lacco Ameno* sowie auf dem *Monte Vico* aus. Doch Panza, ganz im Südwesten, ist das Weindorado Ischias, aber auch dort ist der CALITTO besser als der MORTOLA und MONTE CORVO, die wiederum besser als die Weine in der *Costa von Citara* und von der *Guardiola*.

In Summa ist der Vino della Campagna rund um den Epomeo das Ergebnis gemischter Rebkulturen, der lediglich nach ISCHIA BIANCO und ISCHIA BIANCO SUPERIORE unterschieden wird. Dabei nennt die Fachwelt gar 51 Rebsorten, die auf der Insel angebaut werden. Im wesentlichen findet man nur eine Handvoll im überwiegend gemischten Besatz der Weingärten.

Soweit der Vino d'Ischia von neapolitanischen Grossisten aufgekauft und als Verschnitt in anderen Weinen untergeht, soweit er nicht als Original Capri-Wein auf der Nachbarinsel die Touristen beglückt, verschneiden, klären und bauen ihn ein paar lokale Weinhändler aus, um ihm stolze Namen, bunte Etiketten und damit höhere Preise zu geben. Altbewährt und in der ischitanischen Gastronomie beliebt sind die Weinkellereien und Handlungen der Brüder *Calise* in Lacco Ameno, deren ROSÉ D'ISCHIA an der Spitze steht. Im selben Ort fabrizieren die Firmen *Vienna* unter anderem ihre Marke IL FUNGHO und *Filippo De Siano* den MONTE VICO. In Casamicciola ist es der Exporteur *Sirabella*, in Porto die Handlungen *Vedova Baldino* und *Balestreri* mit ihrem EPOMEO D'ORO, in Ischia Ponte Vincenzo *Mazzella* mit der besten Jahrgangsauslese vom VINO EPOMEO und dem selten gewordenen MALVASIER, dann der Burgherr *Mattera* mit dem leider raren CASTELLO, in Campagnano die Brüder gleichen Namens mit dem GROTTO DEL MAGO von den Vingerts auf der Felszunge auf *S. Pancrazio* und schließlich der größte der kleinen Umfüller *Di Meglio* in *Molara* auf dem Wege nach Barano sowie die Firma *Buono e Figli in Serrara*, deren SORRISO und ROSATO von den Besuchern des Belvedere gekauft werden. Jeder hat ein Sortiment von einfachen Weißen und Roten, dazu eine besondere Marke und dieser oder jener auch SORRISO D'ISCHIA, das »beglückende Lächeln«, anzubieten, der nach lieblichen Kinderliedern schmeckt und in Variationen als SECCO, trocken, ABOCCATO, lieblich und DOLCE, süß, erscheint wie der LACRIMAE CHRISTI. Der größte Aufkäufer und Veredler ischitanischer Landweine ist aber die seit 1880 bestehende Firma der Brüder Perrazzo in Porto d'Ischia, deren Verkaufsorganisation bis Deutschland reicht. Hier versteht man sich recht gut aufs Abstimmen und läßt die Naturburschen mit ein bißchen kontinentalem Zuschnitt in eleganten Flaschen auftreten. Aus einer Auswahl der Bauernweine entsteht so ein Markensortiment von ISCHIA BIANCO über den SUPERIORE und EPOMEO bis zum BIANCOLELLA und FORASTERA sowie des Hauses Stolz, dem Edelverschnitt DON ALFONSO, für die anspruchsvollen Tafeln und Restaurants.

Nur drei Unternehmen besitzen moderne Kellereien zur methodischen Verarbeitung der Trauben und Großtanks zum Ausbau der Moste und Weine nach Qualitätstypen, Jahrgängen und Lagen. Da ist einmal die 1964 ins Leben gerufene Cantina Sociale im Tal zwischen Ischia Porto und Piedimonte bei den Pilastri. Als zentrale Genossenschaftskellerei ist sie dazu bestimmt, den großen Weincontainer für den Mischmasch der vielen kleinen Inselwinzer zu bilden und nach Kräften für einen gepflegten, marktfähigen Konsumwein zu sorgen, der sich auch exportieren läßt.

Dann das Haus D'Ambra, dessen pompejanisches Rot die Westflanke des Hafens von Ischia Porto beherrscht, geführt von drei Brüdern: dem ischitanischen Weinbauprofessor, dem Praktiker der Weinguts- und Betriebstechnik und dem Verkaufs- und Exportmanager im Bürohaus Neapels. Dieser traditionellen Weinzentrale fällt das Verdienst zu, der Vitikultur Ischias großen Aufschwung gegeben und als erste Firma feinere, sortenechte Qualitätsweine entwickelt und ihnen den internationalen Markt geöffnet zu haben. Hier wird ausschließlich ischitanischer Wein zum guten Teil aus eigenem, sonst aus Vertragsanbau, produziert, unter anderem als VINO NOBILE, als Ischias Nobelwein, sortenrein verlesener, jahrgangsweise und pfleglich ausgebauter FORASTERA, der vielfach prämiiert wurde, ebenso wie der sensiblere BIANCOLELLA und der besonders hervorzuhebende volle, blaurote PER' É PALUMMO. D'Ambra-Weine sind nach modernsten Erkenntnissen vinifiziert, trotzdem aber in ihren Spitzenprodukten noch nach der unübertrefflichen Landmannsart durch Treten anstatt durch Hydraulik entsaftet. Sie sind haltbar abgefüllt und wurden als einzige Ischiaweine in die berühmte staatliche Önothek, die Enoteca di Sienna, dem Schaufenster italienischer Edelweine, aufgenommen.

Ischias weißer Spitzenwein jedoch kommt, in begrenzter Menge freilich, vom dem Weingut der *Casa vinicola des Marchese Giuseppe Piromallo Capece Piscicelli di Monte Bello* mit bevorzugten Lagen um Panza. In dieser »Schloßkellerei« werden Eigengewächse nach traditionellem Reinheitsgebot aufs sorgfältigste ausgebaut, so daß der MONTE BELLO D'ISCHIA BIANCO, ROSSO und ROSATO eine Klasse für sich bildet und nur noch vom CALITTO, dem einzigen Lagenwein Ischias, übertroffen wird.

Man muß freilich ein bißchen darauf achten, unter dem zugkräftigen Namen MONTE BELLO nicht auch auf Weine anderer zu stoßen.

Ischia Bianco

Das Gros der *Vini di Pasto*, der Tischweine, wie sie die ischitanischen Kellereien aus den gemischten Landweinen verschiedenster Herkunft gewinnen, ist folglich in seiner Qualität sehr schwankend. Der *Ischia Bianco* präsentiert sich in leichtem Strohgelb mit 8 bis 10 Alkoholvolumenprozent oder Grad, hat einen weinigen Duft, aber ein flaches, leichtes Bukett, schmeckt trocken, hat einen kernigen Körper und harmonische Frische. In den minderen Qualitäten tritt manchmal der Schwefel stark hervor. Es ist der allgemeine Mittagstischwein, der zu leichten Fischspeisen, weißem Fleisch, gedünstetem Gemüse und zu jeder Art von Pasta mit Fisch oder Muscheln angebracht ist. Als passenden Käse würde ich alle leichten Milch- und Büffelmilchkäse wie Ricotta salata und Mozzarella empfehlen. Er paßt zu allen leicht säuerlichen Früchten vom Apfel bis zu Mispeln. Er wird kühl bei 8° bis 10° C serviert und verträgt auch ein Stück Eis ins bald getrunkene Glas.

Ischia Bianco Superiore

Ein Wein, der auch unter anderem Namen, wie *Epomeo Bianco, Piedimonte, Monte Epomeo, Monte Corvo, Monte Bello, Monte Vico, Castello, Crotta del Mago* oder *Epomeo d'Oro* etc., auftaucht. Er wird von allen örtlichen Weinhandelshäusern und Kellereien, aber nicht überall in konstanter Qualität angeboten. Er ist der Haupttischwein der Restaurants und der allgemeine Markenkonsumwein. Seine Farbe ist funkelndes helles Stroh, sein Alkoholgehalt schwankt zwischen 11° und 12°. Er ist eine rustikale, dennoch delikate Erfrischung, die sich betont am Gaumen abdrückt, da der kräftige Körper würzig ist. Ein herber, temperamentvoller Begleiter leichter Vorspeisen mit Fisch, der weißen primi piati und der Makkaroni mit Muscheln oder Fisch, der gratinierten Auberginen und aller Gerichte aus magerem Fisch. Alle leicht gewürzten, nicht fetten Käse wie Bocconcini di Cardinale und die Büffelmilchspezialität Mozzarella passen dazu, ferner jedes säuerlich herbe Obst, Spätäpfel, Granat, Mispeln, Feigenkaktus etc. Die korrekte Temperatur, ihn zu kredenzen, liegt zwischen 10° und 12° C.

Forastera d'Ischia

Die *Forastera*-Rebe, aus Korsika eingeführt, ist der starkwüchsige Massenträger, der sich im Klima und Boden Ischias besonders ausdrucksreich entwickelt.

Als sortenreine Auslese von der Firma D'AMBRA kreiert, ist dieser Tafelwein eine würdige Visitenkarte des epomeischen Weinberges, denn verschiedene Jahrgänge des *Forastera* von D'AMBRA sind international prämiiert worden. Dieser Wein kann also auch haltbarer Bestand einer Önothek sein. Er hat klarstes, ein wenig weingrünes Strohgelb, ist 11,5 – 12°ig und fällt durch seinen extrem trockenen Geschmack auf. Hat ein relativ säurehaltiges, harmonisch weiniges Bukett mit ganz, ganz leicht prickelnder Frische und ist fein jodbitter und darum eine der kräftigsten Austernweine Italiens, der gelassen neben manchem Entres-deux-Mers oder kleinem Chablis stehen kann. Für Vorspeisen aus Frutti di Mare, marinierten Muscheln, Salade Maritime, grünen Oliven etc. ist er ebenso vorzüglich wie zu Artischocken auf jüdische Art, gefüllten Zucchini, gebackenen Finocchi und ähnlichem Zartgemüse, das zu den fetten Fischarten – Tintenfisch, Oktopus, Aal oder Muräne – paßt. *Forastera* ist aber auch der gegebene Begleiter einer original ischitanischen Fisch- oder Muschelsuppe sowie zur Frittura di Pesce. Von den campanischen Käsen kommen hier nur die cremig milden Büffelmilchprodukte, die Butterkäse, und die auf Topfenbasis entstandenen in Frage. Äpfel, Trauben und Pinienkerne können die Sinfonie von Käse und Wein noch steigern. Doch bitte *Forastera* immer ausgeruht und stark gekühlt, nicht über 10° C servieren.

Biancolella oder Jancolella

ist die verbreitetste und bevorzugte Ischiarebe. Sie ist bei mittelmäßigem Ertrag anspruchsvoll an Boden und Klima, dafür aber gehaltvoll, fein und zuckrig – kurz, eine Qualitäts-, keine Quantitätstraube. Sie wird ebenfalls in den D'AMBRA-KELLEREIEN zu einem Nobelwein verarbeitet und ist das mildere, finessenvollere Gegenstück zum bittertrockenen *Forastera*. Der *Biancolella d'Ischia* von D'AMBRA gehört zu den herausragenden Weißweinen Italiens. Hier wie beim *Forastera* konkurriert nur die Firma PERRAZZO. Lichtgolden hat er 12° Alkohol, ein feines, blumigeres, durchaus delikates Bukett mit kleinem Säurespiel. Gegenüber anderen Ischiaweinen hat der *Biancolella* einen etwas wärmeren und etwas weicheren Körper sowie bei beschwingter Harmonie einen klaren Ausdruck. Mit einem Wort: ein gefälliger Tropfen. *Biancolella* ist in erster Linie Krebswein, also für die Scampi-, Gamberi- und Langustengerichte vorzuziehen; ist aber auch ein angenehmer Begleiter für die feinen Fischgerichte wie zum Beispiel die Spezialität Leopoldos in Panza: Seezunge mit Minze, für fritierten und gebackenen Fisch, kaltes Geflügel, auch bouillongekochtes Fleisch, das mit Zucchini, Erbsen, Pariser Karotten, grünen Bohnen etc. garniert wird, zum berühmten Vitello Tonnato, Kalbfleisch mit Thunfischsauce, dem Huhn auf ischitanische Art und natürlich zum zarten weißfleischigen Zuchtkaninchen auf Jägerart. Der milde Provolone, gemischter Ziegenkäse, Fiordilatte, und La scamorza, möglichst in Verbindung mit Nüssen, dann aber auch süße Desserts sowie Birnen und Bananen lassen diesen vielseitigen Wein, der von allen ischitanischen dem deutschen Weinempfinden am weitesten entgegenkommt, voll wirken. Er soll kühl, aber nicht kalt, eher mit 12° als mit 11° serviert werden.

Calitto Bianco

Ein *Biancolella* der Hügel von Panza, der weiße Spitzenwein Ischias. Ein bemerkenswert delikater, trockener Fischwein, eine Art kleiner Chablis mit reizvollem Bukett, beschwingter Frische, strengem Charakter und betont weinigem, leicht bitterem Ausdruck, den ich, abgesehen von feinen Fischen, Krebsen, Galantinen, von Fisch und Geflügel, den Schneckengerichten zuordne. Der *Calitto* hat nämlich die gewisse herbsüßliche Würze, die zu den spanisch inspirierten Zubereitungen von Schnecken, wie man sie auf Ischia leider nur selten bekommt, so glänzend paßt. Die richtige Pasta ist hier Caso e Uova, Makkaroni mit Käse und Ei, dann die Gemüse, wie

Blumenkohl, Artischocken, Erbsen und Karotten, ferner Spezialitäten, wie Capretto, Zicklein. Als Käse seien auch hier Fiordilatte und Burrino empfohlen, als Früchte alle feinaromatischen mit zarter Säure, Frühäpfel, Birnen, Bananen und Anonen.

Sorriso

Das ist Kompliment und Versuchung der ischitanischen Weinbauern für die Damen, schreckt aber den Weinkenner etwas, da er ein gemischter, kein verschnittener Wein ist. Er besteht gewöhnlich aus Weißem, seltener aus Rotem, neuerdings auch ab und an aus einer Mischung von Weiß und Rot und dazu Traubensirup, unter Umständen mit Zucker. Das heißt, zum *Sorriso* wird entweder ein Most aus zirka zwei Drittel reinem Traubensaft bereitet, der dann vergärt, oder es wird der fertig ausgebaute Wein mit Traubensirup versetzt. Das ist eine in Marsalla ähnlich geübte Praxis. Im ersten Fall führt das zu einem dunkelgelben, wuchtigen, schweren, aber wenn auch süffigen, so doch noch herbkernigen Wein; im zweiten Fall zu einem ausgesprochen bernsteinfarbigen, süßen Dessertwein mit lieblicher Fülle, aber plattem Aroma. *Sorriso* ist dementsprechend alkoholstark und erreicht die obere Grenze der natursüßen Weine zwischen 15° und 16°. Manches Hausrezept verwendet *uva passita*, getrocknete Weinbeeren oder Johannisbrot zum Süßen und Färben. Im Falle von Sprit- und Zuckerzusätzen ist er auch stärker. *Sorriso* ist kein Tafelwein, aber zu Kuchen, süßen Nachspeisen und Gebäck kann er ebenso die richtige Wahl bedeuten wie zu einem stillen Flirt bei Mondschein und Mandolinen. Dann sollten ihn als kleine Aufmunterung gesalzene Mandeln, Nüsse oder Kastanien sowie Aprikosen, Arbutus, Johannisbrot etc. begleiten. Wird dieser *Sorriso* nach einer Eisschrankkühlung serviert, so ist das kein Schaden. Der eine oder andere *Sorriso* enthält Muskateller oder Malvasier, was sich dann im Bukett deutlich ausdrückt.
Sorriso Rosé ist übrigens eine vorzügliche Grundlage, um mit Orangensaft, Zitronen-, Aprikosen-, Birnen- und Melonenschnitzen, Trauben sowie Eis eine Sangria, die ideale Abendkühlung ischitanischer Hundstage, zu mischen. Und noch eins: *ischitanischer Malvasier*, *Muskateller*, *Lacrimae Christi* oder *Vernacchiaweine* finden sich nur noch ganz selten; was im Handelsumlauf ist, stammt größtenteils aus Kalabrien, Sizilien und Sardinien.

Ischia Rosso

Noch nicht ganz ein Prozent der auf Ischia angebauten Trauben sind rot, respektive blau. Doch ein Prozent von 12 Millionen ergibt immerhin 120000 Liter Rotweinkonzentrat, denn auf Ischias Weinbergen wachsen die Grundlagen starker Rotweine, und zwar die verschiedensten Sorten, so daß die Zahl der Verschnitte und Rotweinspezialitäten außerordentlich groß ist. Da gedeiht zum Beispiel die Quarnacia-Rebe, die in Frankreich den Chateauneuf-du-Pape und in Spanien manch guten Rioja ausmacht; dann die immer beliebter werdende Barbera-Traube, die Corasola, Arilla, die Tintora sowie die Piedi di Colomba, auch Per' É Palummo, Taubenfüßchen, genannt. Der gewöhnliche, aus dem gemischten Satz gewonnene *Ischia Rosso* ist als natürlicher Landwein extraktreich stark und ausgesprochen tanninbitter. Er färbt die Zunge blauviolett, darum wird er mit weißem Ischia aufgehellt und auf 12° abgestimmt, ist dann jedoch immer noch ein kräftiger, prononcierter und herber »Vin ordinaire«, wie der Franzose seinen Tischwein nennt. Er paßt zu allen Gerichten mit Tomatensalsa, soweit sie nicht Fisch enthält, empfiehlt sich also zu einer großen Auswahl von Makkaronigerichten und Pizzas, zu kleineren Fleischplatten aus der Pfanne oder zu herbem Gemüse, wie Paprika, weiße Bohnen, geschmorte Zwiebeln, Broccoli etc. Auch einige ischitanische Spezialitäten aus fettem Fisch, zum Beispiel eingemachte Polypen, gratinierte Sardinen oder Glasaale kommen meines Erachtens besser mit dem Roten zur Wirkung, vorausgesetzt, er wird dann kühl, das heißt mit 11° bis 12° serviert, während der Rote sonst Zimmertemperatur von 16° bis 18° haben sollte, denn zu gebratenem Fisch gehört einfach raumwarmer Wein.
Abends aber, wenn man den Roten zu Nüssen, Orangen, Äpfeln oder würzigen Ziegen- und Schafskäsen trinkt, sollte er auch kellerkühl mit 11° gereicht werden, und wenn man ihn, was ganz ausgezeichnet ist, nach spanischer Art zu einer Sangria mischt, dann dürfen auch ein paar Eiswürfel mit dabei sein.

Ischia rosso superiore

Er ist der gehobene rote Tischwein und taucht als Markenwein dieser Art auch unter anderen Namen wie *Epomeo rosso* etc. auf. Hier führen seit einigen Jahren die Firmen D'Ambra, Perrazzo und Calise. Dieser Wein sollte wenigstens zwei Jahre alt sein, wobei zu dem Thema Jahrgänge insgesamt zu sagen ist, daß man das nicht zu ernst nehmen darf. Das Etikett erzählt hier oft die wohlklingende Legende eines Heurigen, denn in mancher Kellerei weiß man, daß die Weine ohne besondere Hexerei durch einen Schock um Jahre altern. Man braucht den Wein nur auf 60° C erhitzen, steril abzufüllen und auf 7° C abzuschrecken. Dann ist der Wein haltbar und hat sich zwischen Abfüllen und Etikettieren ganz legal von einem 70er in einen 68er verwandelt. Roter, dem die Reifeerziehung im Faß anzuschmecken ist, wird immer seltener, denn er leidet an der gängigen, weil billigeren Konkurrenz. Solcher etwas teuerer *Rosso Superiore* fällt violett schirmend mit 11 bis 12° Alkohol ins Glas. Er hat etwas Barberabukett, ist aber nicht so weich. Trotzdem er streng, trocken und kernbitter auf die Zunge kommt, ist er frisch und fruchtig, also ein Wein zu Schinken und Melone, zu rohen Finocchi und Salami. Wein zur Pasta mit Ragut Napolitano, zu Lasagne und Canneloni, zur Lende alla Pizzaiola und den hier ausgezeichneten Schweinekoteletten, den pikanten Fleischklößchen Polpetti und kleinen Wildgerichten, zu Involtini alla cacciatore, gefüllten Schinkenrollen etc., ein rustikaler, natürlicher und unbeschwerter Kumpane. Zum Käse nach Tisch wird man hier geräucherte Mozzarella, Caciocavallo und älteren Provolone picante wählen, vor allem aber Nüsse aller Art, Kokos und Mandeln sowie als Früchte Kirschen, Birnen, Melonen und Kaki. Er darf schon bis 19° C oder 20° C temperiert werden.

Per' É Palummo

Diese immer konsequenter ausgebaute Rebsorte wird nur von der Kellerei D'Ambra zu einem hervorragenden, zum »Vin nobel rouge« Ischias ausgebaut. Sortenrein und nach Jahrgängen standardisiert, ist er haltbar und exportbewährt. *Per' É Palummo* ist ein richtig voller, trockener, tiefroter, würziger Qualitätswein mit dem leichten Parfüm frischer Veilchen, womit er einen Anklang an Weine von Bilbao und Bordeaux gibt, ein immer noch saftiger und weiniger taninherber Rotwein mit 12°. Zur Vorspeise mit Melone und Schinken, Leberpasteten, Wildgalantinen, frischen Feigen mit Mortadella, schwarzen Oliven etc. ist er ebenso perfekt wie zu gegrilltem Fleisch, zu Wild und Wildgeflügel. Spezialitäten, wie Hammelbraten im Rohr, Auberginen mit Hasenragout, Wachteln und dem klassischen ischitanischen Wildkaninchen sowie die berühmten Funghi trifolati, die geschmorten Pilze, werden mit *Per' É Palummo* zu Hochdelikatessen. Zum Abschluß kann man aus der Campania geräucherten Provolone, pikanten Schaf- oder Ziegenkäse, sonst natürlich Gorgonzola nehmen. Mit Erdbeeren und saftigen Birnen, Arbutus, Kakis, Kastanien, Walnüssen oder Käsegebäck trinkt er sich auch gut in den langen Abend hinein. Doch der ischitanische Kullerpfirsich mit *Per' É Palummo* sollte von jedem probiert werden. Mit Ausnahme dieser Kombination sollte der ausgezeichnete Rotwein eher mit 21° C als mit 19° C serviert werden. Doch bitte nicht im Wasserbad wärmen, sondern aufgezogen ein paar Stunden Zimmerwärme annehmen lassen.

Tintore

Das ist Ischias ursprünglicher Rotwein oder Dionysosmedizin, eine Originalität, die leider nicht gehandelt wird, von der es aber heißt, daß »Ischias Quellen zwar Kranke und Krüppel gesund machen, der *Tintore* aber Tote erwecken könnte«. Ich meine eher – und führe da gute Erfahrung ins Feld –, daß er süßen, allen Gram auflösenden Tiefschlaf spendet, so daß, wer danach mit blauen Lippen aufwacht, sich wie neuerstanden fühlt. Dieser unverfälschte, tief dunkle, blaurote, dickflüssige Wein von den Epomeohöhen wird überwiegend von den lokalen Tintore- sowie Barberatrauben gewonnen, ist tanninherb, schwer, stark und veilchenduftend, doch etwas süß-saftig, weshalb man ihn unverschnitten fast nie ausschenkt. Man behandelt ihn wie Extrakt, und viele Ischitanerinnen wissen einen Bergbauern, der nur ihnen einmal während des Mondlaufes eine Flasche *Tintore* zukommen läßt. Die einheimischen Männer trinken ihn mit Zurückhaltung, denn ihrer Meinung nach brauchen die Frauen mehr Kraft und vertragen Tiefsinnigkeit besser.

Ganz alter Wein von solcher Sorte ist dann 15° und kann moussieren. Findet sich in einem verstaubten Keller so eine Sektentdeckung, dann bedeutet das besonderes Glück. *Tintore* ist natürlich kein Vorspeisenwein, sondern wird nur zu großen Wildbraten, am besten zum Wildschwein, oder wenn die Jäger Drosseln, Wachteln oder Wildtauben mitbringen, kredenzt oder befeuert Räubergeschichten und Kunstgespräche. Mit gerösteten Kastanien, altem Parmesankäse und frischen Pfirsichen darf man dann nicht sparen. Er muß wohltemperiert, das heißt: mit mehr als 20° und im großen Glas wie ein Burgunder oder die schweren Weine aus Nordkastilien serviert werden.

Calitto Rosato

Mit dem *Rosato d'Ischia* ist das so eine Sache! Die für viele Normaltouristen, die den bestimmenden Konsumenten stellen, viel zu schwerfülligen, trockenbitteren, herben Naturrotweine sind so farbintensiv, daß sie zu Verschnitten mit den überschüssigen Weißweinen geradezu herausfordern. Die Masse der Rosés sind also weder aus hellroten Trauben noch als Süßdrucke wie die Tiroler Kretzer oder Württemberger Weißherbste gekeltert, sondern Mischweine aus Rot- und Weißwein, wie das mit großem Erfolg zum Beispiel auch in der Schweiz gehandhabt wird.

Der einzig echte *Rosato*, also ein Weißherbst aus roten Ischiatrauben bester Lagen um Panza, ist der *Calitto Rosato*, der eine erfrischende, halbtrockene Weinspezialität der Insel ist und dem Rosétrinker Freude machen wird. Ergo ist er kühl, aber nicht geeist aufzutragen, mit 8 bis 10° C. Paßt zu den kleinen Zwischenspeisen, zur Fischsuppe, zu warmen Muschelgerichten und hervorragend zum Kaninchen auf Jägerart. Zwischen Brot mit Bocconcini di Cardinale und La scamorza und dazu Rosinen in Weinblätter gewickelt, frische Feigen und Kaktusfrüchte oder Trauben sind meine Empfehlung hierzu.

Kleines Touristen-Abc

Die Zahlen hinter den Stichwörtern verweisen auf Stellen im Text

Aliscafi = Flügelboote s. Verkehr.

Angelis, de Eine ischitanische Künstlerdynastie. Hans Purrmann, der berühmte Schüler von Matisse, hat 1924 die malerischen Talente des Barbiers Luigi de Angelis entdeckt und gefördert. Inzwischen gehört er zu den international bekannten Sonntagsmalern, deren Arbeiten fast so hoch dotiert werden wie die des Pariser Zöllners Rousseau und der Grandma Moses. Der Sohn Giovanni de Angelis ist dann Bildhauer geworden und gehört längst zur profilierten italienischen Avantgarde. Auf dem Corso Vittorio Colonna in Porto indessen werden jetzt in der zur Galerie umgewandelten Barbierstube auch die beschwingten Malerarbeiten Fredericos de Angelis III. diskutiert.

Anonen Ein Baum südamerikanischer Herkunft mit einer saftigen, facettierten, sehr säuerlichen Frucht, deutsch »Alligator-Apfel«.

Aquarium Auf dem Monte S. Pietro im Nordosten des Hafens von Porto liegt im pompejanischen Rot weithin sichtbar ein meeresbiologisches Studienzentrum. Es ist eine Zweigstelle des von dem Stettiner Anton Dohrn im Jahre 1870 gegründeten zoologischen Institutes in Neapel, wo heute unter dem Protektorat der Stiftung Volkswagenwerke Anton Dohrns Arbeiten über Fauna und Flora des Golfes von Neapel fortgesetzt werden (s. Buchner, Dohrn).

Arbutus 66 Erdbeerbaum, ein immergrüner Strauch mit kirschgroßen roten, stark gekörnten Früchten, die, in großen Mengen genossen, berauschen können und besonders in Spanien, Portugal und Griechenland zu aromatischem Alkohol destilliert werden.

Arso 39, 66, 93 Der Krater des Monte Arso, der am 18. Januar 1301 ausgebrochen ist und in Ischia viele Menschenopfer forderte. Er vernichtete Tiere, Häuser und verschüttete einen See durch einen schlammigen Lavaglutstrom, der sich zwei Monate lang zwischen Ischia Porto und Ponte ins Meer schob und den Vorsprung des Punta Molino bildete. Auf der düsteren Lavakruste wurden von dem englischen Botaniker Gussone exemplarische Schirmpinien gepflanzt, so daß in diesem Gebiet einer der schönsten und mächtigsten Pinienwälder des Mittelmeergebietes entstand (s. Punta Molino).

Associazione degli Albergatori Hotel- und Gaststättenverband in Ischia Porto, Via F. D'Avalos, Tel. 891205, in Casamicciola Terme, Corso Garibaldi, Tel. 894421, wohin sich jeder mit einschlägigen Fragen oder Beschwerden wenden kann.

Ausgrabungen Der Schwerpunkt archäologischer Funde liegt im Gebiet von Lacco Ameno in der Montana-Bucht, auf dem Monte Vico und um die Piazza Santa Restituta. Andere interessante Funde aus den Zonen von Castiglione, Porto, Campagnano, Succhivo und Citara sind zum Teil in den Museen von Porto d'Ischia, Lacco Ameno und im Nationalmuseum von Neapel zugänglich.

Autofähren s. Verkehr.

Automobil Club Ischia Porto, Corso Vittorio Colonna.

Auskunft Amtliche Informationen zu touristischen Belangen, über Hotels, Unterkünfte, Fahrpläne, Ausflüge, Veranstaltungen, Besichtigungen etc., erhält man im Ufficio del Forestiero am Porto d'Ischia, Scalo Marittimo, Tel. 891829, und in Forio im Ufficio Turistico Informazioni, Piazza Medaglia d'Oro L. Bellofiore, Tel. 897142.

Barano 39, 51, 115 Hauptort und Sammelgemeinde vieler Kleinorte auf der Südseite, zirka 6 km von Porto, auf 200 m Höhe über der Marontibucht. Früher bedeutendes Kurzentrum der Römer durch die Vielfalt seiner heißen und kalten Salz- und Süßwasserquellen, Fumarolen und Sudatorien. Barano ist ein besonders schöner Panoramapunkt im Dreieck Buonopane, Casabono und Testaccio.

Barchetta, La Der Felsen am Isthmus von S. Angelo und an dem kleinen Hafenbecken.

Bargheer, Eduard Prof. 7, 15 Aus Fingenwerder bei Hamburg, lebt seit 1935 mehr oder weniger ständig auf Ischia und ist in erster Linie Landschaftsmaler. Seine Abstraktionen konzentrieren sich auf Lichtflächen und feine Zwischentöne. Die Kunst dieses Aquarellisten von hohen Graden ist stark von der Insel Ischia bestimmt worden; er begann in S. Angelo im Kreise seiner Freunde Gilles und Purrmann, lebt aber nun schon lange in Forio.

Beverello Die Landungsbrücken für die Inselschiffe neben dem Überseehafen in Neapel.

Biblioteca Antoniana 37 ist eine Schrifttumssammlung über die Insel Ischia, aufgebaut auf den 16000 Bänden der Bibliothek des Monsignore Onofrio Buonocore, der selbst in unseren Tagen über 40 Schriften meist zur Geschichte der Insel Ischia beigetragen hat (s. Buonocore).

Bocca Grande Die Öffnung des Golfes von Neapel zwischen Capri und Ischia.

Bocca Piccola Die Golfpassage zwischen Sorrent und Capri.

Bocciadrom 37 Eine Anlage betonierter, schattig-berankter Bocciabahnen, der italienischen Version unseres ländlichen Kegelns, in Porto d'Ischia, nahe dem Punta Molino.

Böcklin, Arnold, 1827–1901, aus Basel, war zweimal zur Kur auf Ischia; seine Werke zeigen, daß er von dieser Insel tief beeindruckt wurde.

Borgo del Celso 37, 85, 91, 95 = Borghetto Ischia Ponte, das alte Ischia an der Brücke zum Castello d'Ischia, eben Ponte, das im 16. Jahrhundert durch Klosteranlagen, Patrizierhäuser und kleine Palazzi in den merkwürdigsten Verwinkelungen der neapolitanisch beeinflußten Inselarchitektur entstand (s. Castello).

Buchner 21 Das ist für die Insel ein bedeutungsvoller Name geworden, seit im Jahre 1934 Professor Paul Buchner, der international bekannte Zoologe und Geologe, von München auf den Alessandro-Hügel bei Porto Ischia übersiedelte und Ischia zu seinem Studienplatz erwählte. Des Naturwissenschaftlers Sohn, Professor Georg Buchner, Direktor am Nationalmuseum Neapel, hat als Prähistoriker und Archäologe maßgeblichen Anteil an den vielen Ausgrabungen der Insel. Zwischen Vater und Sohn ergab das eine kongeniale Ergänzung, der wir neben grundlegendem Schrifttum über die Insel auch die Museen in Ischia Porto und Lacco Ameno verdanken. Hinzu kommt, daß auch Dora Buchner, Professor Georgs Frau, wichtige Studien zur Geographie der Insel beigetragen hat. Eine erlesene Bibliothek, ein Haus voll Sammelstücken und eine lange Liste wichtiger Veröffentlichungen, zuletzt von Paul Buchner die bibliophile Kostbarkeit »Zu Gast auf Ischia«, sind der Niederschlag jahrzehntelangen Insellebens.

Buonocore, Francesco 26, 37, 39, 95 Geboren 1768 auf Ischia. Diesem umfassend historisch und literarisch gebildeten, königlich bourbonischen Oberhofarzt verdankt man die Heranziehung der Fornello- und Fontana-Mineralthermen am Porto d'Ischia zu Kurzwecken. Buonocore unterhielt als Privatunternehmen ein köstliches »Payingguesthouse«, das als Sanatorium spezielle hydrotherapeutische Behandlungen verabreichte. Wie ein echtes Landhotel mit eigener Ökonomie geführt, stand es den Nobilitäten, Fürsten und hochgestellten Ausländern zur Verfügung. Dieser Decurio Ischias, der schon in Madrid der persönliche Arzt des Infanten Carlos gewesen war, konnte so ein Casino gründen, das der ihm nachfolgende Neffe Crescenco an König Ferdinand IV. als Sommerresidenz verkaufte. Heute ist die Villa Reale mit ihrem prachtvollen Park des Botanikers Gussone ein großes balneologisches Militärsanatorium.

Buonopane 40, 112 »Wo es gutes Brot gibt«, auf 286 m Höhe gelegenes verträumtes Bergdorf an der Schlucht Cava del Ponte mit den uralten Nitrodi- oder Nitruoli-Heilquellen, einem antiken Heiligtum des Apoll. Bekannt für seinen Wein und gute Früchte. Außer reizvollen Winkeln gibt es eine merkwürdige Tonnenkirche, S. Giovanni Battista. Hier findet sich die Abzweigung des Maultierweges Candiano, und ein Abstieg in die Marontibucht. Am 24. Juni wird La 'Ndrezzata, der Kostümtanz, aufgeführt.

Calimera Was auf griechisch guten Tag heißt, in diesem Fall aber Schönblick bedeutet, ist ein bergverstecktes Nest griechischen Charakters über Serrara auf dem Südhang des Pietra dell'Acqua.

Campagnano 38, 59, 112, 115 Kleines Bergdorf um die Verkündigungskirche von 1608 mit auffälliger Majolikafassade. Es liegt steil über der

Cartaromana auf dem Südhang des 376 m hohen Torone, dem Castello gegenüber. Am äußersten Ortsende auf 167 m vor großartigem Panorama befindet sich die Terrassentrattoria Da Vincenzo und auf der Abfahrt zu den Pilastri das Restaurant Solitaro. Campagnano ist Ausgangspunkt eines Küstenrundgangs nach S. Pancrazio und Testaccio.

Via Candiano Führt in zwei Stunden ab Barano-Buonopane die Cava Candiano hinauf, nordwärts über die Höhen am 502 m hohen Monte Trippodi vorbei und weiter durch die Bucete nach Casamicciola hinunter; ist aber auch der Anfang eines Wanderweges, der, nach Westen abbiegend, den Epomeo erreicht.

Cartaromana 21, 38, 112, 115 Im Osten der Insel zwischen Ischia Ponte unter Campagnano liegt der geschützte Strand mit 52° heißen, vorwiegend eisenhaltigen Quellen. Er ist über einen Treppenweg vom Friedhof Campagnanos aus zu erreichen oder per Boot vom Fischerhafen Ponte. Nahe liegt auch die Grotta della Parata und del Mago und eine Steilküste mit Tiefen bis zu 105 m, was für den Unterwasserjäger interessant ist; ein anderer Steilweg führt nach Campagnano.

Casabona-Piedimonte Eine Ansammlung von Bauernhäusern an der Straßenkreuzung Ischia–Barano und Fiaiano–Testaccio im fruchtbaren Kratertal mit Wein- und Obstgärten, besonders eindrucksvoll die großen Oleanderhecken entlang der Straßen.

Casamicciola-Terme 51, 57, 60, 65ff., 66 War schon ein Heilbad römischer Veteranen und ist auch jetzt ein hochentwickeltes Kur- und Thermalbäderzentrum. Casamicciola schmiegt sich an den grünen Berg und zieht sich an zwei leichtgeschwungenen Flachbuchten der Nordküste entlang. Das Ortsbild ist von Pensionen, Hotels und schattigen Platanenalleen bestimmt. Die Strände sind klein, aber gut zugänglich und geschützt, das Wasser ist klar, und die Sicht reicht hinüber zum Festland. Der Ort hat erholsame Viertel ohne großes Nachtleben, nur am Hafen, der jetzt auch für Fährverkehr ausgebaut ist, staut sich der Betrieb.

Castello d'Aragonese 85ff., 86, 90, 94, 115 Die Festungs- und Klosterstadtruinen auf dem Felskegel bei Ischia Ponte. Ein aufschlußreicher und schöner Spaziergang durch reiche, wilde Vegetation, über Treppen, durch Tunnels und die historischen Hinterlassenschaften bis hinauf zum Terrassen-Restaurant und Café lohnen die Mühe.

Castiglione 67, 88 Der malerische Zwischenteil der grünen Ufer zwischen Casamicciola und Ischia Porto. Die mit Wein bewachsenen Abhänge mit riesigen Pinien sind von noblen Villen durchsetzt und münden auf versteckten Strandbuchten mit vielen heißen Quellen. Man findet noch Reste alter Siedlungen und eine Grotte, die von der cumaeischen Sibylle bewohnt worden sein soll.

Cava Scura 40, 49, 50, 51 Merkwürdig verwachsene Schlucht, die aus dem Epomeokessel zum Marontistrand fällt. In ihr befinden sich zwei Etagen mit Höhlenketten, lauter Felskammern für Schlamm- und Thermalbäder gegen Rheuma, Ischias, Harn-, Haut-, Nieren- und Verdauungsbeschwerden. Seit der Antike bestehende Leitungen führen die 101° heißen Wasser durch Stufenkühlung zu den Wannen im Tuff.

Cava dell'Isola 52 Das ist sowohl eine Schlucht mit Warmwasserquellen als auch eine Strandbucht unter der Küstenstraße von Citara nach Forio bei den Pietre Rosse, den roten Felsen. Ein Treppenweg führt wie in einen Steinbruch zur windstillen Enklave.

Ciglo Häusergruppe um ein weißes Kapellchen an den Serpentinen zwischen Serrara und Panza inmitten bester Weinlagen, in der Nähe stehen einige der behausten Tuffsteinfindlinge. Hier ist die Abzweigung des schönen, Vagnulo genannten Weges auf die Falanga und nach Santa Maria del Monte (s. Quellen).

Citara = Poseidongärten. Der bedeutendste Strand- und Thermalbäderkomplex Ischias in der Südwestbucht zwischen dem Punto Imperatore und den Pietre Rosse mit vielen zum Teil überdachten Schwimmbecken, Restaurants, Dancings, Parkplätzen und einem offenen Strand mit heißen Quellen im Sand und im Meer. Citara soll sich auf den Begriff fruchtbar beziehen und im Zusammenhang mit antiken Heiligtümern stehen.

Colonna, Vittoria 86, 94 1490–1547, aus einer bedeutenden Familie Italiens, die Tochter des Großconnétablen von Neapel, Fabrizio Colonna, den Macchiavelli verherrlichte. Mit 19 Jahren Vittoria d'Avalos, Marchesa von Pescara und Herrin auf Ischia. Vierzehn Jahre später, 1525, ist sie als Witwe noch immer eine vielbewunderte Schönheit, deren Geist und Tugenden man verehrt. Unter den vielen Berühmtheiten ihrer Zeit, die sie um sich versammelte, trat besonders Michelangelo Buonarotti hervor. Die Freundschaft zwischen beiden inspirierte sowohl den großen Darsteller bildender Künste und Meister feinsinniger Sonnette wie auch die bedeutendste Dichterin Italiens. Zwei Bildnisse Vittoria Colonnas, eines, das sie als blonde Mädchenschönheit zeigt, ein anderes von Jule de Vefre, ein Porträt der Witwe, befinden sich in Ischias Biblioteca Antoniana (s. Michelangelo).

Cuotto 52ff. Wein- und Häuserzone über der Citarabucht an der Straßenbiegung zwischen Panza und Forio, zwei interessanten Belvedere über den Poseidonbädern und zwei Restaurants, eines davon Terra del Fuoco mit schöner Pergolaterrasse und Fumarolen.

Entfernungen *Auf der Insel:*
Von Ischia Porto nach:
Barano 5,8 km, Maronti 8,7 km, Fontana 10,2 km, Epomeo 13,6 km, Serrara 12,1 km, Panza 14,1 bzw. 16,1 km, Sant Angelo 19,1 bzw. 21,1 km, Forio 9,7 km, Lacco Ameno 6 km, Casamicciola 4 km.
Rund um die Insel 31 km. Ischia Porto–Neapel–Beverello 34 km. Ischia Porto–Neapel–Capodicchino 40 km. Ischia Porto–Neapel–Mergellina 30 km.
Ischia und Umgebung: von Ischia Porto nach: Amalfi 63 km, Capri 34 km, Capo Miseno 13,5 km, Caserta 56 km, Cuma direkt 18 km, Monte Procida 10 km, Paestum 130 km, Ponza 86 km, Positano 55 km, Pozzuoli 20,5 km, Prodica Sancio Cattolico 8,5 km, Salerno 86 km, Sorrent 40 km, Ventotene 44 km.

Epomeo 21, 22, 24, 49, 51, 90 Die höchste Inselerhebung (nach Brockhaus 792 m). Der Name soll von Epechons »feurige, glühende Kohlen« abgeleitet sein und die Bedeutung über den Feuern der vulkanischen Tiefen haben. Er hieß auch lange Zeit Epopeus. Der Gipfel diente einem Neptunstempel und einer griechisch-römischen Signalstation, die nachts durch Feuer, tags durch Rauch oder Spiegelzeichen den Westen des Golfes von Neapel beschirmte. An klaren Morgen nach einem Regen oder vor dunstfreien Sonnenuntergängen bieten weder die Aussichten der Villa Gimbroni noch der Vesuv oder der Lattarische Faito einen vergleichbaren Rundblick. Heute sind an Stelle der Einsiedelei Rastplätze installiert, wobei man im eigentlichen Epomeorestaurant den besten Cappuccino auf der Insel bekommt.

Exotarium 58 Ein botanischer Felsengarten mit exotischen Pflanzen, vor allem seltenen Kakteenarten der äquatorialen Zonen.

Ex voti 102 Bildtafeln, oft Hinterglasbilder und rührende Zeugnisse dankbaren Glaubens. Sie finden sich in fast allen Kirchen der Insel, besonders aber dort, wo die hl. Restituta oder Giovanni della Croce verehrt werden, also in Lacco Ameno, in Ponte und vor allem in der Sakristei der Kirche Santa Maria del Soccorso in Forio.

Falanga 49, 58, 103 Ein von dichten Kastanienwäldern bewachsenes Kraterrund, das, im Osten vom Epomeomassiv zu einer 300 m hohen Wald- und Felsmuschel abgerundet, sich nach Westen öffnet, darin S. Maria del Monte wie eine Perle in der Schale liegt und den Blick über Forio nach dem Meer öffnet. Die Falanga war früher ein Weinbergsareal mit jetzt im Wald verschwundenen Häusern, Zisternen und Kellern (s. Santa Maria del Monte, s. Schnee).

Fiaiano 39, 66, 103, 115 Ein Dörfchen 199 m hoch an der Weinberg- und Kastanienwaldgrenze des 269 m hohen Posto Lurano mit bezaubernder Aussicht über einen der größten Pinienwälder im Mittelmeerraum, über den inselbefleckten Golf von Neapel mit dem Vesuv. Vorbei am St.-Anna-Kirchlein und Arso-Krater führt ein hübscher Spazierweg durch hohe Paraccine die Via Nuova entlang nach Porto.

Fontana 40ff., 66, 113 Malerisches Bergdorf, das höchste auf Ischia, am 450 m hohen Scheitel der kurvenreichen Straße zwischen Barano und Serrara, von wo man zum 3,4 km entfernten, 340 m höheren Epomeogipfel aufsteigt, sich Mulis oder Esel mieten kann, Zicklein auf Jägerart und guten Wein bekommt, vom Marktplatz aus durch verwinkelte Treppengassen und zu Felsenhöhlen spazieren sowie eine Kuppelkirche aus dem 14. Jahrhundert, die älteste der Insel, besichtigen kann. Sowohl in den Süden nach S. Angelo über Noia in die Marontibucht als auch nach Norden über das Gebirge führen mehrere Wege nach Casamicciola, Lacco Ameno oder über einen Bogen um den Epomeogipfel auch nach Forio.

Forio 52ff., 115 Heute eine internationale Künstlerkolonie in der westlichen Weingartenebene, der zweitgrößte Inselort, eine Fundgrube für Spaziergänger mit Sinn für die besondere Inselarchitektur, ihre Farben und Altertümer. Forio ist ein gutes Einkaufszentrum mit Fisch- und Gemüsemarkt, bietet bäuerliche Keramik und Flechtereien. Über den Ort verteilt gibt es 16 Türme aus alter Zeit, darunter der mächtigste am Hafen mit einem Heimatmuseum. Forio hat Schiffsverbindungen nach Porto Ponte und zu den pontinischen Inseln.

Gilles, Werner 50 1894–1961, ein deutscher Maler, dessen abstrahierende Landschafts- und Figurenkompositionen in erster Linie von seinen Mittelmeererlebnissen geprägt wurden, insbesondere von Ischia. Er lebte lange in S. Angelo, und man kann sagen, daß er dessen Mitentdecker und Begründer dieses Ortes als Künstlerkolonie geworden ist. Er stand in enger Verbindung mit den anderen Deutsch-Ischitanern, Hans Purrmann, Eduard Bargheer und Ernst Niederreuther.

Grado 50 Eine kleine Strandbucht in den Schluchten unter der Straße zwischen Succhivo und Sant Angelo.

Gussone, Giovanni (1830–1859) 39 War der zur Betreuung der königlichen Parks und Gärten von Ferdinand II. von Bourbon auf Ischia bestellte Hofbotaniker, auf dessen Veranlassung der jetzt über 100jährige Pinienwald, die Pineta auf dem Lavageriesel des Arso-Krater-Brandschotters, gepflanzt wurde, und der nun den Ort Ischia in so viel würzduftige grüne Kühle taucht. Er hat auch die Gärten der Villa Reale angelegt und botanische Schriften verfaßt.

Grotten und Höhlen Der Tuffstein Ischias läßt sich von Meer und Mensch leicht aushöhlen. So ist es nicht weiter verwunderlich, daß entlang der Küsten, aber auch in den Schluchten der Wasserabfälle und in den Felsstürzen der Berge allerlei Grotten und Höhlen zu finden sind. Von den künstlichen Felsenkellern, Thermalgrotten, Schneekellern und Troglodytenhäusern einmal abgesehen, finden wir den geheimnisvollsten Höhlenkomplex unter dem Punta Imperatore, dort, wo man, von Panza kommend, hinter dem Cacciatore die Klippen bei Chinare di Spadera und ihre Bucht erreicht, *La Grotta di Mavone*, ein wahres Höhlenlabyrinth, um das sich allerhand Seeräuber- und Schatzgräbergeschichten ranken. Die bekannteste Grotte aber, in die man vom Meer aus einfahren kann, ist die *Grotta del Mago* an der Südostküste, vermutlich ein vorgeschichtlicher Sonnentempel und nicht weit davon *La Grotta Verde*, eines der romantischen Verstecke. Zwischen Mittag und 14 Uhr sind die Lichtreflexe in den Grotten am wirkungsvollsten. Bei Castiglione unter dem Friedhof von Casamicciola zeigt man eine Grotte, die der Sommersitz der cumaeischen Sibylle gewesen sein soll, die dort die Geburt Christi prophezeit haben soll. Bei Lacco Ameno um den Monte Vico gibt es mehrere kleine Grotten: die *Grotta Spuntatore* und die *Grotta degli Scorpioni* (s. Seite 60), dann noch den Fungo, welcher unter dem Wasserspiegel ein künstliches Höhlen- und Kellersystem besitzt.

Grotta del Marone 51
Grotta di Terra 38
Grotta di Tisichiello (Grotta del Mago) 38
Grotta di Varule 59
Grotta Verde 38

Häfen *Porto d'Ischia:* Autofähren, Passagierdampfer, Aliscafi, große Segeljachten, Fischkutter, Schwertransporter. *Ischia Ponte:* Passagierdampfer, Fischkutter, kleine Motorboote. *Sant Angelo:* Kleine Motor-Passagierboote und Fischerboote. *Forio:* Passagierdampfer, Fischkutter und Motorboote. *San-Montana-Bucht:* Ankerplatz für Segeljachten. *Lacco Ameno:* Passagierdampfer, größere Segeljachten (Anker), Fischerboote. *Casamicciola:* Autofähren, Passagierdampfer, Aliscafi, Fischkutter, mittlere Segelboote, Motorboote.

Ischia Ponte 37 Der Altort bei der Brücke zum Castello Aragonese, ein geschäftiger Markt, Handwerks- und Hafenplatz mit Tavernen, Kunstwerkstätten, Ateliers und einer neapolitanischen Kulisse mit dem Gewirr alter Inselarchitektur. Früher Hauptort der Insel, besonders nachdem 1810 endgültig die befestigte Stadt auf dem Felsen aufgegeben wurde. In der Kathedrale von 1613 ein frühchristliches Relief und in der Sakristei ein Taufbecken aus dem 12. Jahrhundert.

Ischia Porto Haupthafen und Verkehrszentrale der Insel, auch für Passagierdampfer, Jachten, Fähr- und Transportschiffe, mit Werft. Am Hafen Omnisbusbahnhof, Behörden, Thermen, die größte Weinfirma D'Ambra, Reisebüros, Post und Restaurants. Der Ort ist das wichtigste Laden-, Markt-, Banken- und Wirtschaftszentrum.

Kinos *Ischia Porto:* Unione, Excelsior. *Casamicciola Terme:* Italia. *Lacco Ameno:* Isola Verde. *Forio:* Moderno. *Panza:* Risorgimento. *Freilichtkino: Ischia Porto:* Arena Pineta, Aenaria. *Forio:* Arena Italia.

Kunstgewerbe Terrakotta in Casamicciola, bäuerliche Keramik, auch in Porto nahe der Pagoda, Filigrankörbe, Korbflechterei und Reusen in Porto, Ponte und Lacco Ameno sowie in den Bergdörfern. Korb heißt »Cestino« oder »Paniere«; auch Herstellung von Holzkörben, -trögen und -fässern, Tini und Barile genannt. Moderner Schmuck auf dem Castello, Majolika und Keramik bei Mennella, Casamicciola; Webarbeiten und Schiffsmodellbau auf Procida, Korallenschleiferei in Torre del Greco, Porzellan in Capodimonte und Portici und Intarsien aus Sorrent.

Lacco Ameno 51, 57, 58ff., 59, 60, 88, 91, 115 Soll im 6. oder 5. vorchristlichen Jahrhundert einen Tempel des Herakles, des Ideals männlicher Tugend, gehabt haben, und der Ort soll auch mit dem Namen Heraklea bezeichnet worden sein. Die archäologischen Sammlungen bei der Krypta von Santa Restituta verwahren eine eigenartige Heraklesstatuette. Das hängt sicher mit Herculaneum zusammen, das auch ein Trabantenort von Kyme gewesen ist. Heute ist Lacco Ameno der eleganteste Inselort, dessen kleine Strandbuchten entlang der Küstenstraße im Nordwesten liegen. Es gibt einen Hafen mit einem Ankerplatz für Jachten. Lacco Ameno hat Thermen und Sudatorien, insgesamt zählt man elf verschiedene Heilquellen, vielerlei Sporteinrichtungen, einen Hubschrauberlandeplatz, Boutiquen internationaler Häuser und den luxuriösesten Hotelkomplex. Die oberen locker gestreuten Ortsteile gehen in die Wälder der Epomeohänge und in das Gebiet von Casamicciola über. Damit ist Lacco Ameno Ausgangs- oder Endpunkt vieler Wanderwege (s. Wanderungen).

Lampara 51, 102 So heißt der Nightclub Nr. 1 in Porto, doch versteht man darunter den im ganzen Mittelmeer üblichen Fischfang mit Lampen. In Neumondnächten werden die Fische, besonders Polypen und Tintenfische, von den starken Gas-, Petroleum- oder Karbidscheinwerfern am Heck der Fischerbarken angelockt und gehen so in die Netze oder an die Angeln. Bis weit hinaus kann man bei ruhiger See und mondscheinlosem Himmel die Lichter der Fischerflotten oft noch bis über Mitternacht hinaus auf dem Meere tanzen sehen. Manch Unterwasserjäger bedient sich des gleichen Tricks, und gern nehmen die Fischer auch einen seetüchtigen Gast mit auf ihre Nachttour zum Polypenstechen.

Maltese, Giovanni, 1852–1913, der junge Feldarbeiter aus Forio, begann als Holzschnitzer und hat sich, nach dem Besuch der Kunstschule von Neapel, zu Forios Lokalgenie entwickelt. Seit 1901 mit der englischen Malerin Jon Foirier verheiratet, lebte er in seinem Forianer Atelier in dem zylindrischen Kanonenturm über dem Hafen und schuf eine Reihe von Arbeiten, die jetzt den Grundstock des Museo Civico di Forio im Torrione ausmachen. Dieses Heimatmuseum zeigt Maltelses Lebenswerk als Maler, als Bildhauer und auch als Dialektdichter, denn er war ein Mann von Phantasie, Kunst und Poesie.

Madonna di Montevergine oder Schiappore Das weithin sichtbare Bergkirchlein im Südwesten des 395 m hohen Monte Vezzi, gegenüber von Fiaiano, hübscher Aussichtspunkt auf dem Fußweg Richtung S. Pancrazio zum Monte Barano oder über der Steilküste nach Campagnano. Zu erreichen von den Pilastri, von Molara oder Vatoliero aus an der Straße Ischia Testacchio.

Mandria Ein Strandstück am Übergang des Ortes Porto und Ponte d'Ischia.

Maronti Der größte und breiteste Strand Ischias, die sandige Südbucht der Insel, benannt nach dem griechischen Begriff »warmer, ruhiger Ort«.

Molara 66 106 m hoch, eine kleine Häusergruppe, die man nach der zweiten Westkurve von Ischia kommend hinter den Pilastri Richtung Barano findet. Hier setzt der Fußweg in einem Südostbogen auf den Torone oder zur Wallfahrt Montevergine ein.

Montagnone 88 Der 254 m hohe Aussichtsberg über dem Kraterhafen von Ischia-Porto bis auf 168 m durch eine Seilbahn erschlossen, wo ein kleines Terrassen-Restaurant steht. Dahinter verlieren sich Spazierwege im Dickicht. Westwärts gibt es einen Abstieg zu Le Quercie, nach Castiglione, nach Nordwesten in Richtung Casamicciola und nach Osten auf Fiaiano zu.

Monte Caruso Einer der vornehmsten Villenbezirke auf dem Nordwestkap der Insel mit Blick auf Forio, einer großartigen Vegetations- und Felskulisse zwischen dem Strand von S. Francesco im Westen und der Montanabucht im Norden.

Monte Vico Ein Aussichtsberg auf der Lavakuppe über dem nördlichsten Inselpunkt. Besetzt mit Granatapfel, Zedern und Pinienbäumen, mit Feigenkaktus und einem Aragonesischen Turm. Von Lacco Ameno hinter den Thermen des Regina Isabella führt eine Stichstraße bis zu einem der poetischsten Friedhöfe überhaupt. Kurz davor biegt nach Westen ein schmaler Sentiero auf den Gipfelpunkt, wo ein Marineobservatorium steht. Die felsige Ostbucht mit tintenblauem Wasser birgt einen kleinen Strand, eine Grotte, und die Klippenküste rundum bietet Unterwassertauchern die Gelegenheit zu Polypenstechen.

Museen *Ischia Porto:* »Museum der Insel Ischia« an der Kirche S. Pietro, Via Roma, unter anderem mit den Sammlungen des Archäologen Prof. Buchner. Im »Restaurant dal Calabrese« und der »Galleria am Porto« moderne Bilder und Antiquitäten. In der Via Vittorio Colonna die Galerie des Ateliers »De Angeli«. »Biblioteca Antoniana« auf dem Weg nach Ischia Ponte bei der Chiesa S. Antonio; mehrere tausend Bände allgemeiner und spezieller Inselliteratur. Mo. u. Sa. von 15^{00}–18^{00}, Mi. u. Fr. von 9^{30}–12^{30}. *Ischia Ponte:* Entlang der Hauptstraße befinden sich verschiedene Galerien lokaler Künstler, Maler, Keramiker, Bildhauer und auf dem Castello Aragonese eine permanente Ausstellung moderner Kunst und Schmuckarbeiten. *Castello Aragonese:* Der Gesamtkomplex der Schloßruinen ist als Burgmuseum zu besichtigen, auf der obersten Terrasse ein Restaurant mit Café. *Forio:* das Museum im Torrione di Forio, Il Museo Civico, einem Sarazenenturm aus dem Jahre 1480, mit allerlei heimatkundlichen Funden und den Arbeiten der naiven Kunst des Forianers Giovanni Maltese, eines sehr ursprünglichen Malers, Bildhauers und Dialektdichters. »Maria Internationale« an der Piazza Matteotti mit einer beachtenswerten Kollektion moderner Malerei, die auf der Insel gearbeitet haben. »La Romantica« am Hafen, eine permanente Galerie avantgardistischer Kunst. Galeria der Buchhandlung Vito Mattera, eine ständige Ausstellung in- und ausländischer Künstler. *San Montana:* »Gli Scavi«, die archäologischen Grabungen am Westhang des Monte Vico auf dem Weg von Lacco Ameno zur Bucht S. Montana. Es sind Freilegungen der böotischen Nekropolis, bei denen durch Prof. P. Buchner die ältesten Zeugnisse griechischer Siedler auf italischem Boden gefunden wurden. *Lacco Ameno:* Museum und Krypta von Santa Restituata. Hier wurden nicht nur griechische und römische Thermen freigelegt und man bekommt eine frühchristliche Krypta zu sehen, sondern hier sind auch wertvolle Sammlungen archäologischer Funde ausgestellt.

Märkte In *Ischia Porto* allgemeiner Viktualienmarkt in einem Seitenwinkel der Via Buono Cuore und der Via Roma; in *Ponte:* frühmorgens Fischmarkt am Hafen und Gemüsemarkt in den Innengassen; in *Forio* Viktualien- und Fischmarkt nahe dem Hauptverkehrsknotenpunkt; in *Casamicciola* permanente Ausstellung und Verkauf von Töpferwaren und Keramik in der Terracottafabrik Gebrüder Menella an der Ortseinfahrt Perrone.

Nachtleben 33ff. 40 *Porto:* Lampara, Scotch, Bounty, Taverna Antonio, El Rancho, Taverna Andrea, Taverna dei Pirati, La Carrozzella, Blow up. *Ponte:* El Castillo de Aragona an der Ponte Aragonese. *Casamicciola:* Bar Calise, La Tavernetta. *Lacco Ameno:* Oleander Dancing da Marietta. *Forio:* Bar Internationale Maria, La Romantica, Covo dei Pirati. *Panza:* Da Leopoldo. *S. Angelo:* La Tavernetta. *Testaccio:* Rendezvous-Tavernetta. *Citara:* Poseidon.

Noia 49, 51 Eine kleine 400 m hohe Bergsiedlung zwischen Fontana und Serrara. Die Abzweigung eines Treppensteiges durch reiche Weinberge, die von oben in die Cavascura führt, während steil bergwärts nordwestlich auch ein Maultier- und Jägerpfad zum 720 m hohen Pietra dell'Acqua führt. Nahe von Noia an der schärfsten Haarnadelkurve werden auch die zum Teil bewohnten, zum Teil als Stall oder Keller benutzten Tuffsteinhöhlen in der Cava Pontino sichtbar.

Observatorium 65 Geophysikalisches, wurde 1886 auf 100 m Höhe über Casamicciola an der Via Grande Sentinella eingerichtet. Hier wurden von Prof. Mennella auch die Grundlagen der ischitanischen Klimaforschung geschaffen. Eine weitere meteorologische Station (Marine) besteht auf dem Monte Vico, und auf den Höhen des Monte Letto wurde eine NATO-Radarstation installiert.

S. Pancrazio Einesteils die Halbinsel an der vulkanischen Steilküste im Süden, anderenteils das Promotovio di San Pancrazio, das verfallene Heiligtum auf dem Fundament eines antiken Sonnentempels. Ist trotz imponierender Lage eine aufgelassene Wallfahrtskapelle mit verwilderten, verwitterten Hüttenhäuschen, 166 m über der Steilküste der Scarrupata-Bucht und über der Punta S. Pancrazio, dem Südostkap der Insel, welches unter sich Ischias tiefste Küstengewässer aufweist und daher ein guter Unterwasserjagdplatz ist.

Panella 65ff., 115 Die über Lacco Ameno gelegene Häusergruppe, die sich im 18. und 19. Jahrhundert zur bedeutendsten Gaststätte der Insel entwickelte, die Könige von Sardinien Belgien, Württemberg und Bayern, August Goethe, Lamartine, Anderson, Mendelsson und Madame Curie sind einige der Namen aus den Gästebüchern.

Panza 45, 51ff., 115 Das Hauptwinzerdorf im Südwesten, 122 m hoch, ein unverfälschtes Landdorf, das noch eine große Entwicklung vor sich hat. So klein es ist, besitzt es drei Kirchen, darunter die des heiligen Gennaro, eine Augustinerkirche aus dem 17. Jahrhundert. Panza ist End- und Wendepunkt der Autobuslinien beider Richtungen von Ischia Porto. Besuchenswert: die Weinkeller zu einer Probe, zum Beispiel bei Vincenczo Iacono, Via San Gennaro, die Trattoria da Leopoldo und il Cacciatore, die Thermalquellen-Strandbucht Spiagga di Soliceto (gut gegen Asthma), die Höhlen des Mavone, der Leuchtturm Punta Imperatore, das Weingut der Grafen Piromallo.

La Pera 66 Der Wald und die Höhenschluchten über Casamicciola.

Perrone 66, 67 ist der alte folkloristische Teil Casamicciolas im Osten, bekrönt vom wunderschön gelegenen Friedhof mit seiner sehenswerten Gärtnerei über dem Punta della Scrofa.

Piazza Maio In vergangener Kurseligkeit das elegante Restauro flanierender Ausländer des 19. Jahrhunderts in erfrischender Höhe, ein Kreuzungspunkt der Wege zum Epomeo nach Süden und der Bourbonenstraße Casamicciola/Forio. Von Norden her gibt es auch einen Weg, der von Lacco Ameno aufsteigt. An der Piazza steht ein Magdalenenkirchlein mit Rudimenten aus dem Jahre 1540. Am bemerkenswertesten ist die Pizzeria »da Cateri«.

Piedimonte Häusergruppe, die sich gegen Fiaiano an Casabono anschließt, ein Weinbauerndorf an der Kreuzung Ischia, Barano, Fiaiano, Testaccio.

Pietra dell'Acqua Nach dem Epomeo und dem Capo dell'Uomo mit 720 m der dritthöchste Gipfel der Insel im Südwesten des Epomeomassivs. Es ist ein riesiger Tuffblock, der im Inneren zu einer enormen Zisterne ausgehöhlt ist, in der sich die Regen- und Sickerwasser des Felsens sammeln. Auf dem Gipfel selbst steht ein Eisenkreuz, das aus den Trümmern eines 1947 dort abgestürzten Flugzeuges geschmiedet wurde.

Pilastri 39 Die Pfeiler eines nach römischen Vorbildern angelegten Aquädukts, das die Straße Ischia–Barano dort überquert, wo ein Weg nordwärts nach Fiaiano und ostwärts nach Campagnano hinaufführt.

Pontano Liegt 437 m hoch zwischen Noia und Serrara und ist praktisch dessen Oberteil. Am dortigen Friedhof zweigt der Weg nach Calimera ab und mehr westlich als nördlich der lohnenswerte Weg durch den Bocca della Serra unter der Pietra dell'Acqua hindurch in die Falanga und zur Wallfahrt von Santa Maria del Monte.

Pizzeria Die empfehlenswertesten Pizzerias der Insel sind Gennaro, Umberto und die Lampara-Pizza in Porto, di Massa in Ponte, Franceschina in Barano, da Leopoldo in Panza, da Pasquale in Sant Angelo, da Giorgio in Forio, da Mario in Lacco Ameno, Coritella in Casamicciola, da Cateri in Maio-Casamicciola.

Punta Imperatore 51, 58 Das 234 m hohe Felskap, das den westlichsten Inselpunkt bildet. Es ist besetzt von einem Leuchtturm, dessen Feuer 35 Seemeilen weit leuchtet, sowie einer Funkstation.

Punta Molino 21, 37 Der Mühlenpunkt. Das ist nicht nur der Name eines eleganten Hotels, sondern bezeichnet auch einen der gepflegtesten Strände der Insel in Porto Ischia, der sich auf dem Delta gebildet hat, das durch die Lava des Arso-Kraters entstanden ist.

Pontinische Inseln Nördlich Ischias, der Küste von Latio gegenüber, vor dem Golf von Gaeta, liegen zwei Inselgruppen, die in alter Zeit Stützpunkt zwischen dem Felsen der Kirke und den Sirenusen waren und zum etruskischen und griechischen Einflußbereich gehörten. Es sind zum Teil baumlose Kraterinseln, die schon in der Antike Strafkolonien und Verbannungsorte waren. An Ponza ist bemerkenswert, daß die Insel 6 km lang und 0,5 km breit ist und ihr höchster Berg, der Monte Guardo, 283 m erreicht. Außer guter Fischerei und ein wenig Tourismus gibt es sehenswerte Felsgrotten und die sogenannten Pilatusgräber. Ponza war Verbannungsort für Nero, den Sohn des Germanicus, und für Caligulas Schwester und Dominians Frau Flavia Domitilla. Zanone, die nördlichste Insel, ist nur 184 m hoch und bekrönt von den Ruinen eines Klosters. Palmarola, das westlichste der wilden Inselchen, erhebt sich auf 262 m, und der Aberglaube vermutet hier den Sitz des Teufels. Ventotene, das wie Ischia und Procida zum Kreis Pozzuoli gehört, ist von Ischia aus am besten zu sehen. Wenn es auch nur 139 m hoch, 3 km lang und ganze 400 m breit ist, ist dieses frühere Pandataria das historisch interessanteste, obwohl es nur ein fast baumloser erkalteter Krater ist. Ganz nahe dabei liegt als dessen Splitterinsel Santo Stefano. Auf diese Zwillingsinseln wurde einst Julia, die Tochter des

Augustus, begleitet von ihrer Mutter, kurz darauf auch Julia, die mannstolle Augustus-Enkelin, später Agrippina, die Frau des Germanicus, und Oktavia, die Frau des Nero, in der Verbannung dem Gerede Roms und dem Zorn der Cäsaren ferngehalten.

Insgesamt gelten heute die fünf pontinischen Inseln, besonders aber Ponza und Ventotene, als Geheimtip für solche, die Stille suchen, für Unterwasserjäger und Langustenliebhaber. Von Ischia aus sind die Inseln daher ein erlebnisreiches Ziel für Kreuzfahrten mit Motor- oder Segeljachten, denn es gibt dort manch anmutiges und reizvolles Sandbuchtparadies in den zerklüfteten Klippen. Von Porto und Forio, von Neapel-Pozzuoli, Formia und Gaeta aus verkehren Schiffe dorthin.

Quellen 22, 23, 26, 37, 38, 40, 51 Ischia ist die quellenreichste Zone Europas, ja, neben einem Vulkanquellenzentrum in Japan sogar der ganzen Welt. Ischia bietet eine Konzentration von heißen Mineralquellen, die alkalisch, radioaktiv, jod-, schwefel- oder eisenhaltig sind, und mit Salzwasser entstehen. Andere sind mineralhaltige Süßwasserquellen, viele davon heiß, einige davon kalt. Daneben existieren Dampfquellen und Trockengasdämpfe, die manchmal auch einen mineralsalzhaltigen Sand aufwärmen. Hinzu kommen verschiedene Arten von Fango, also mineralischem und biologischem Thermalschlamm. Auf Ischia findet sich die heißeste und die radioaktivste Thermalquelle, in Citara ist die quantitativ ergiebigste Heißwasserfontäne. Nicht zu vergessen ist eine Reihe von Quellen, die sich auch für Trinkwasserkuren eignen. In der Kombination mit dem milden Mittelmeerklima in verschiedenen Höhen- und Vegetationszonen mit der Mischung von Berg- und Seeklima bietet die Natur Ischias eine fast nicht mehr zu überbietende Vielfalt von therapeutischen Möglichkeiten. Diese Segnungen der Quellen wurden schon von den Griechen vor 2700 Jahren erkannt, so daß es zum vornehmen Leben der handelstüchtigen Pithekoussaner gehörte, in ihrem Kurbad die Frauen der wohlhabenden Böotier oder Athener zu empfangen, wenn deren Kindersegen ausgeblieben war. Eine Reihe dieser Thermen waren Aphrodite, der zyprischen Gottheit des Verlangens, und den Nymphen des Apoll geweiht. Auch den gichtigen Römern und ihrer hellenistischen Millionärshofclique galten Ischias Bäder als Kraftquellen sinnlicher Verjüngung. Alle, die ihre Erfolgschancen mit leiblicher und weiblicher Schönheit verknüpft haben, taten gut daran, die jährliche Generalüberholung auf Ischia zu besorgen. Die Quellen verteilen sich rund um die Insel. In Porto am Hafen sind es zwei Quellen, die schon früh Kurzwecken zugeführt wurden. Sowohl Strabo als auch Plinius erwähnten die Wasser der Fornello- (kleiner Ofen) und Fontana-(Brunnen)-Quellen. Sie speisen heute hauptsächlich die radioaktiven Gemeindethermen, die balneologische Militäranstalt und die Thermen des Jolly-Hotels. Ihrem Gehalt nach sind sie einander ähnlich und 60 bis 65° heiß. Sie werden angewandt als Wannen-, Dampf- und Fangobäder, aber auch für Spülungen und Inhalationen. *Sorgente di Acqua martina* 37: Wer weiß heute noch, daß die Mineralwasser dieser ischitanischen Süßwasserquelle, die mit 18° nahe dem Konvent von S. Antonio an der Strandstraße Punta Molino/Ischia Ponte entspringt, einst in Rom, London und Paris mit Goldmedaillen ausgezeichnet wurden. Ein alkalischer Gesundbrunnen, der wie die Olmitelloquellen von Barano höchst bekömmlich ist, auch wenn er nicht schmeckt. *Acqua del Pontano oder del Capone* ist sozusagen die Zwillingsquelle der Martinawasser, die einst im Palmengarten von Pontano mit 33° hervorsprudelte. *Fonte di Cartaromana* und *Fonte Nitrose* sind eisenhaltige Thermalquellen, die im Strand auftauchen und noch nicht gefaßt sind. Sie entspringen mit etwa 52°. *Succellaro*, der »Sirup aller Wasser«, ist eine berühmte Mineralquelle des Altertums, die an der Küste Baranos in der Scarrupatabucht bei den drei schwarzen Steinen entspringt. Dieses Wasser soll abführen, die Gesichter der Frauen glätten, ihr schlechtes Blut reinigen und ihr gutes in Wallung setzen sowie ihr Haar lang und geschmeidig werden lassen. *Olmitello* in der Marontibucht: 300 m tief in der Cava Aqara versteckt befinden sich Anlagen zur Mineralsalzgewinnung und Mineralwasserabfüllung einer Süßwasserquelle, die von alters her das Bad der Prinzessinnen oder Bagno di Doiano genannt wird. Ein Bad und Sauerbrunnen mit etwa gleichen Effekten wie die Mineralwasser von Monte catini und Vichy, also für Leber- und Nierenkuren, das weithin exportiert wird. Die Salze haben abführende Wirkung, und in römischen Tagen waren diese Quellbäder in Verbindung mit den Thermen der *Cavascura*, den Heilquellen und Sanddämpfen der *Petrella* sowie den lauen *Nitrodi*-Quellen und schließlich den Trockendampfsudatorien von Testaccio eine sonst unbekannte Konzentration von Meeres-, Heil- und Verjüngungsbädern, die in naher Zukunft mit modernsten Anlagen wiederbelebt werden soll. *Sorgente di Nitruoli*, Apollonquellen der nitrodischen Nymphen bei Buonopane, 200 m über dem Meer in der Cava del Ponte oder Candiano. Man findet die Abbiegung über eine Steinstiege unten an der Brücke. Es ist eine Süßwassertherme mit 24°, die in einer kleinen Badeanlage gefaßt wurde. Die Wasser sind höchst wirksam gegen offene Beine, schlecht heilende Wunden und Hautekzeme. *Therme Linda* und *Petrella:* Diese Wasser entspringen auf den Höhen zwischen Serrara und S. Angelo und füllen die Anlagen der verschiedenen Thermalbäder von S. Angelo. *Bagno del Gradone*, eines der alten Naturbäder, die an der Punta Garamma bei S. Angelo/Succhivo hervortreten. Auf den Höhen über Succhivo und S. Angelo entspringt ferner der *Sorgente del Ciglio*, eine Süßwasserquelle, und es sammeln sich die Wasser von *Cava Lasia*, die auch zum Thermalbereich von S. Angelo beitragen. In der Chiaritobucht unter dem Capo Negro, wo man landseits nur von Panza her absteigen kann, brodeln unter Strandsteinen heiße, gegen Asthma wirksame Quellen, die kurz vor ihrer Erschließung stehen und *Bagno di Soliceto* heißen; direkt unter dem Punta Imperatore und in der Nachbarschaft von Citara treten die Thermen *Agnone* oder *Bagno della Castità* hervor. Die *Nymphenquellen* der weitgeschwungenen Citarabucht im Süden Forios werden von alstersher Wunder nachgesagt. Die ganze Zone war ein Heiligtum des Apollo-Isdis. Der Name Cetara – einen gleichnamigen Ort gibt es an der amalfitanischen Küste – ist von Kythereia, der zyprischen Venus, oder vom lateinischen cetara, dem Thunfischnetz, abgeleitet. Vielleicht hängt auch beides zusammen, da die zyprische Göttin auch die Erfinderin der Fischsuppe ist. Schon in prähellenischer Zeit muß man auf jene Therme gestoßen sein, die jetzt die griechische genannt wird. Sie gehört zu einem Quellenkomplex, der heute von den Thermalbädern Regina Isabella genutzt wird, wozu auch die sogenannten *Fonte Romana*, *Fonte Fangoia* und *Fonte Regina Isabella* gehören; sie besitzen eine multiple biomineralogische Wirksamkeit. Die neueste Erschließung ist die Quelle der *Santa Restituta*, die mit 2500 E. Mach die intensivst radiohaltige aller bisher entdeckten Quellen dieser Welt ist. Die Temperaturen der Quellen liegen um 55°, und alle sammeln sich in der Montanasenke und dem Hafenbecken Lacco Amenos unter dem Monte Vico. Im Montanastrand brodeln ferner 52° heiße Thermalquellen mit einer den *Gurgitello*-Wassern ähnlichen Zusammensetzung. Dazu kommen noch in diesen Zirkel die Gasdampfsudatorien auf der Zarohöhe, die *Stufe San Lorenzo* und die der *Villa Arbusto*, eine Mineralsauna, eine Kombination von radiothermalem und Schwitzbad sowie die Fumarolen als reine Trockenmineraldämpfe. Auch *Bagno del Capitello* ist eine Salzwassertherme in Lacco Ameno. Weiter oberhalb, schon auf dem Wege nach Casamicciola, liegt das Bassin *La Rita*, 93 m hoch. In der grünen Schlucht von Rita vereinigen sich drei Faktoren: die weitverzweigte Therme *Bagnitello* mit 94°, die Therme von Rita und der Mineralschlamm aus den Erosionsgräben der Epomeowälder über Fango. Darum hat sich auch hier auf dem antiken Badeplatz eine ganze Thermalbädertraube gebildet. Die hydromedizinischen Qualitäten halten die Waage zwischen den mehr sulforischen *Gurgitello* und den radioaktiven *Restituta*quellen. Sie haben aber auch alle Eigenschaften eines leicht salzigen Bitterwassers für den weiten Bereich der Nierenkrankheiten. La-Rita-Wasser ist früher sogar bis Ägypten exportiert worden. Gurgitello ist ein ganzes Quellensystem oberhalb Casamicciolas, bestehend aus Thermen mit 65° und 37° und 28°. Seiner Bedeutung nach heißt es »kleiner appetiterweckender Wasserwirbel« oder »Lebertröster«, an dem sich die verbrauchten Männer restaurieren, von dem es aber auch heißt, daß die in Wechseljahren stehenden oder unfruchtbaren Frauen zu ihren Freuden zurückfinden. Es ist ein besonderer Komplex alkalisch mineralhaltiger und auch organisch pflanzlicher Teilchen von besonderer hydrotherapeutischer Wirkung. In ganz Casamicciola werden die Thermalkuren damit durchgeführt, und zwar unter Verwendung von 95° heißem Schlamm, von Sauna über Erosol bis zu Trinkkuren. Auf der Nordostseite der Insel gibt es noch an der Punta della Scrofa bei Perrone und Castiglione eine gleichnamige Süßwassertherme, die die Naturanlagen der »Spelunkenbäder« oder *Bagno della Scrofa*, was auch nichts viel Feineres bedeutet, füllt, aber auch in einem Thermalhotel abgefaßt wird. Nicht weit von Punta della Scrofa entfernt ist dann gleich die heiße Untermeeresquelle *Bagnitello*.

Restaurant *Restauro*, die Raststätte, »Baccana«, Weinkneipe im Freien mit einer Pergola. *Betola*, die Kellerschenke. *Taverna*, Hafen- oder Straßenschenke. *Tavola calda*, warmes Buffet, Schnellgaststätte. *Osteria*, Gasthof, Dorfkrug *Cova*, Nest. *Trattoria*, Gastwirtschaft, Eßlokal. *Pizzeria*, Pizza-Fladenbackstube. *Pastificio*, Nudelmacherei. *Pasticeria*, Patisserie, Konditorei. *Paneficio*, Bäckerei. *Saturnario*, einladender Platz zur seelischen und leiblichen Wiederaufrichtung. *Bar*, Espressobar, Mokkaimbiß oder Stehcafé, Snackbar. *American Bar*, Tanz- oder Hotelbar. *Night Club*, Dancing mit Bar.

S. Angelo 40, 49ff., 50, 57, 66 Aus dem alten, primitiven, höchst malerischen Fischerdorf an der warmen Südspitze der Insel ist in wenigen Jahren eines der wichtigsten Kur- und Bäderzentren geworden. Der beherrschende Punkt ist die Piazetta, ein Strandhafen-Marktplatz, nur vergleichbar mit dem »offenen Zimmer« der Piazza von Capri. Dem Orte vorgelagert liegt der 109 m hohe Lavakegel mit Turmruinen, die durch ein Bombardement der englischen Flotte im Jahre 1808 entstanden sind, als man sich von dort aus gegen die Rückeroberung der Bourbonen zur Wehr setzte und ein Pulvermagazin auf die Anhöhe gebracht hatte. Heute ist die Hotelenklave S. Angelo eine Rarität, da der Ortskern von jeglichem Motorverkehr abgeriegelt ist.

S. Antuono 39 Kleine Häusergruppe in der Nähe von Ischia Ponte mit einer Majolikafassade an der Kirche.

S. Francesco di Paolo 58 In den Felsen eingelassener Klosterbau und an der Steilstraße eine naive reizvolle Majolikamadonelle.

San Montana Strandbucht, die zur Hälfte nach Forio, zur anderen nach Lacco Ameno gehört, deren heiße Salzwasser besonders gegen Ischias, Hematosis, Tumore und Halsschmerzen wirken.

St. Restituta 11, 60ff., 92 Die Heilige von Lacco Ameno (eig. »Erneuerung der Glaubenskraft«, »Glaubenseinsäerin«), zu deren Verehrung am 17. Mai ein dreitägiges Fest mit Jahrmarkt, Schiffsprozession und Feuerwerk abgehalten wird. Die nach ihr benannte Basilika geht auf urchristliche Fundamente zurück. In den Katakombenresten des 2. Jahrhunderts, die Kirche selbst stammt aus dem Jahre 1096, sind wichtige archäologische Funde gemacht worden, die in einem Museum ausgestellt sind.

Schlangen Auf der Insel Ischia gibt es wie auf allen Mittelmeerinseln auch Schlangen, darunter eine bis zu 2 m lange dunkelanthrazitfarbene Natternart. Keine dieser Schlangen ist jedoch giftig.

Schnee In der Falanga, die bis vor einer Generation mit Wein und nicht mit Wald bepflanzt war, verbergen sich noch heute ausgemauerte Schneehöhlen, durch Windzug gekühlte, im Tiefschatten gelegene Eiskeller, worin der gepreßte Epomeoschnee mit Stroh und Laub abgedeckt lagern konnte. Auch oberhalb Fontanas wurde bis zum Aufkommen der Kühlschränke ein Fosso di Neve, ein Schneegraben, benutzt. Es gab einen regelrechten Schneehandel, da auch vom Apennin von den Lattarischen Bergen, ja sogar vom Ätna Packschnee in Ballen eingeführt wurde. Für den Schneehandel gab es Pachtverträge mit den Berggemeinden Fontana und Forio. Schon an den Tafeln der Römer für ihre Lidofeste am Golf wurde Gefrorenes aus Epomeoschnee zum normalen Partyvergnügen gezählt. Das braucht nicht zu verwundern, die Geschichte der Eisbereitung berichtet, daß man Eis mit nur 30% Gewichtsverlust vom Ötztal per Schnellsegler über Venedig bis nach Ägypten schaffen konnte. Auf Ischia gehörte der Schnee auch zu den therapeutischen Indikationen, zum Beispiel bei Wundfieber, Influenza und Halsentzündungen. Hier haben wir sicher auch eine Erklärung, warum die traditionellen Gelati der Insel so unbeschreiblich köstlich sind.

Sentinella 65 Ein beherrschender Punkt auf den Höhen bei Casamicciola mit vielen Thermen. Hier liegt die berühmte Villa Pisano, die sogenannte Villa Ibsen, das Observatorium und die Wohnung Benedetto Croces, »La Grande Sentinella«, eine Art Hotelvilla, in der so viele prominente Gäste des 18. und 19. Jahrhunderts gewohnt haben.

Serrara 49 366 m über den Weinterrassen von S. Angelo ist Serrara der Oberort des Fischerhafens. Hier ist das Quellengebiet der Cava Petrella, das S. Angelos Thermen speist. Serrara hat eine alte Kuppelkirche und einen der schönsten Aussichtspunkte.

Soliceto 51 Ein Steinstrand mit Heilwassern, der von Panza aus nach einem etwas unbequemen Abstieg in der Bucht zwischen Punta Chiarito und Capo Negro über den Monte erreicht wird. Die Thermen sind hilfreich gegen Asthma (s. Quellen).

Sport *Wasserski:* in Lacco Ameno, Porto d'Ischia, S. Angelo. *Segeln:* Ankerplatz Porto d'Ischia, auch für große Jachten, Lacco Ameno, Maronti, Forio Porto. *Bootsverleih:* Porto d'Ischia, Marina di Casamicciola, Lacco Ameno, Montanabucht, Spaggia del Porto, Forio, Cava d'Isola, S. Angelo, Maronti, Ischia Porto-Lido di Bagni. *Unterwasserjagd:* Lacco Ameno-Monte Vico, Capo Caruso, S. Angelo, Punta S. Pancrazio, zwischen Punta Imperatore – Capo Negro – Chiaritobucht, La Roia in S. Angelo, Scarrupata, Cartaromana; Korallentauchen außerhalb der Baia di Maronti, außerhalb der Bucht von S. Francesco vor dem Capo Caruso. *Tennis:* Lacco Ameno, Porto d'Ischia-Lido. *Minigolf:* Lacco Ameno, Porto d'Ischia-Lido. *Boccia:* Porto d'Ischia-Punto Molino-Lido. *Camping-Bungalows:* Porto d'Ischia, Monte s. Alessandro und Pineta in der Via Mazzella. *Sportstadien:* Porto d'Ischia, Forio. *Jagd:* Wachteln, Bekassinen, Drosseln, Tauben, Wildkaninchen und Rebhühner überall auf der Insel, aber besonders in der Scanella bei Panza, auf dem Monte S. Angelo, in der Küstenzone zwischen Monte Cotto bei Testaccio und Campagnano sowie in den unbesiedelten Hochzonen des Epomeo um den Monte Toppo und in der Falanga über Forio.

Stufe 15, 59 Die Öfen, das sind Wasserdampfquellen oder Schwefelrauchsäulen, heilsame Vulkangase, mit denen die Sudatorien, eine Art natürlicher Schwitzbäder oder Thermalsaunen, gespeist werden. Es können aus dem heißen Erdgrund sowohl Salzwasserdämpfe als auch Mineralwassernebel und mineralischer Trockenrauch aufsteigen. Am bekanntesten sind die Stufe del Castiglione, Stufe di S. Lorenzo, Stufe di Cava Petrella o del Fondolillo (s. Fumarolen und Sudatorien).

Sudatorien 22 Das sind schon in der Antike gern benutzte natürliche Schwitzbäder in heißen Mineralwasserschwefeldämpfen. Eine besonders wirksame Form des türkischen Bades, der Sauna oder wenn sie mit heißem Vulkantrockenrauch beschickt werden auch für die Kur vieler Krankheiten der Atemwege, der Verschlackung und rheumatischer Beschwerden. Bereits 1588 publizierte der neapolitanische Gelehrte und Arzt Julio Jasolino eine umfassende Untersuchung der Heilquellen der Insel und zählte 35 Thermen, 19 Sudatorien und fünf Stellen mit heißem Sand.

Succhivo 50 Zwischen Panza und S. Angelo ein vermutlich uralter Siedlungspunkt, heute eine kaum auffallende Häusergruppe mit einem Kirchlein aus dem 17. Jahrhundert.

Terzano Via Terzano, der alte Fußweg Barano–Maronti. Die Häuser von Terzano liegen in der Quellenbucht unterhalb von Buonopane nahe den Nitruoliquellen, von dort führt die 700 m lange Schlucht zum Strand von Maronti hinunter.

Testacchio 39 Ein südlicher Dorfteil Baranos, 180 m über der Marontibucht, Ausgangspunkt auf den Monte Cotto; bemerkenswert das kultivierte schwedische Gästehaus »Casa Antica« und der Grotten-Nightclub »Rendez-Vous«.

Thermen *Porto d'Ischia:* Excelsior Belvedere, Jolly (Grande Albergo Delle Terme), Moresco, Continental Terme mit Freianlagen, Felix Hotel Terme, Parco Verde, Royal, Stabilimento Antiche Terme Comunali (öffentlich), Stabilimento Termale Nuovo Terme Comunali (öffentlich), Albergo Conte. *Barano:* Marina dei Maronti-Terme di Cavascura (öffentlich). *S. Angelo:* Casa Rosa, Hotel Romantica, Terme Linda, Giardini di Afrodite (öffentliche Freianlagen), Giardini di Apollon (öffentliche Freianlagen). *Panza:* La Ginestra Terme. *Forio:* Green Flash Hotel-Terme, Santa Catarina-Terme, Villa Thomas-Terme, Terme Stufe S. Lorenzo, Terme Castaldi. *Citara:* Terme Giardini Poseidon (öffentliche Freianlagen). *Lacco Ameno:* L'Albergo Della Regina Isabella, Sporting, La Reginella, Villa Svizzera, Terme Marina. *Casamicciola-Terme:* Stella Maris, Igea e delle Terme, Terme Scioli, Pension Terme Maltempo, Terme Rita, Villa Maresca, Terme Manzi dei Gurgitello (Bagni), Terme Delliazzi, Terme Terra, Terme Lucibello.

Tiro a Volo Wörtlich Flugschuß, ist der Tontaubenschießplatz im Cretaio, dem Kratergelände oberhalb von Casamicciola an der Flanke des Monte Rotaro.

Torrione di Forio Ein Wehrturm gegen die Seeräuberei der Sarazenen aus dem Jahre 1480, heute ein Museum.

Unterhaltung Auch das Unterhaltungsprogramm ist in den allgemeinen Fremdenverkehrs- und Hotellisten enthalten. Für touristische Unternehmungen, über die Jahrmärkte, Festivals, Ausstellung, Modeschauen, Sportveranstaltungen, folkloristische Aufführungen, Feiertage etc. geben außerdem die Reise- und Touristikbüros sowie vor allem die Hotelportiers Auskunft (s. Sport, Nachtleben, Wanderungen und Verkehr).

Unterkunft findet man auf Ischia, so man unvorbereitet dahin kommt und einen die bestellten Gastfänger belästigen, am besten durch das Büro »Ufficio del Forestiero« am Porto, aber auch alle Reisebüros halten eine Liste mit sämtlichen Hotels und Pensionen nebst Preisangaben bereit. Über die Hotels hinaus verfügt die Insel aber auch noch über ein weitverzweigtes Netz von Privatquartieren. Garagen braucht man keine, bewachte Parkplätze gibt es nur in Porto. Man kann überhaupt auf der Insel unbesorgter als im wilden Neapel sein.

Unterwasserjagd Ischia ist nicht mit Giglio, den Termiti oder den äolischen Inseln vergleichbar, da der Golf von Neapel insgesamt zu den befahrensten Wasserstraßen zählt und als ziemlich ausgefischt gilt. Doch ist die Qualität der Fische besonders gut, und vor den strömungsreichen Klippen findet der Unterwasserjäger aufregende Beute. Die besten Zonen sind im Norden vor Castiglione, im Nordwesten um den Monte Vico bei Lacco Ameno und westlich am Punto Caruso sowie an der Punta Imperatore und im Süden bei den Scogli chianare Spadera, am Capo Negro, an der Punta S. Angelo, an der Punta S. Pancrazio, wo die tiefste Stelle küstennahe liegt, an der Punta della Pisciazza und an der Cartaromana. An zwei Stellen südlich der Marontibucht und seeauswärts von San Francesco haben Taucher Korallenriffe festgestellt (s. Sport).

Vagnulo Ein bemerkenswerter Spaziergang, der unterhalb Giglios an der Straße zwischen Serrara und Panza nach Nordwesten abzweigt und über dem Rebendorado Monte Corvo entlang an den rauchschwelenden Fumarolen di Pizzo del Merlo vorbei bis auf den Panoramapunkt Belvedere dei Frassitelli führt. Von da aus bekommt man Anschluß an die Querverbindung, die von Serrara unter dem Pietra dell'Acqua hindurch zur Falanga verläuft.

Ventarole Das Wort heißt eigentlich Wetterfahne, bedeutet aber in diesem Fall Spaltenwinde, wie sie aus den hohlen Felsen des Berges kommen. Sie erzeugen einen kühlen unterirdischen Luftzug, wodurch verschiedene Höhlen zu natürlichen Kühlräumen werden. Das waren die ischitanischen Vorrats- und Frischhaltekammern, in denen die luftgetrockneten Salami und Schinken besonders gut gelangen. Einige solche Ventarole befinden sich noch in der Nähe des Porto, dann auf den Höhen zwischen Casamicciola und Lacco Ameno sowie in den La Pera genannten Waldschluchten über Casamicciola, etwa dort, wo die alten Alaunsteinbrüche sind.

Verde 103 Il raggio verde, ein Phänomen der Himmels- und Seespiegelungen. Im Augenblick, da die glühende Abendrotsonne mit dem letzten Aufblitzen im scirocco-klaren Horizont verschwindet, schickt sie einen grellgrünen Strahl aus, den man in Forio am besten von der Steinterrasse der Kirche auf dem Punto del Soccorso oder vom Torrione über dem Hafen betrachten kann.

Verkehr Zwischen April und Oktober ist Ischia mit dem Festland durch über siebzig tägliche Schiffsverbindungen verbunden. Verkehrszentrum ist Porto d'Ischia, doch verbinden neuerdings auch vom Hafen Marina di Casamicciola Terme Autofähren, sogenannte Traghetti, die Insel mit Procida, Pozzuoli und Neapel-Beverello. Man achte jedoch auf die Linien mit Zwischenhalt auf Procida und die direkten. Passagierdampfer fahren außerdem nach Capri, Sorrent, Positano und Amalfi und über Ventotene und Ponza nach Gaeta-Formia. Die Schnellverbindungen besorgen Aliscafi, Flügelboote, von Ischia Porto und Casamicciola aus nach Neapel, Mergelina mit Anschluß Capri–Sorrent etc. Zwischen Casamicciola und Lacco Ameno befindet sich ferner der Hubschrauberlandeplatz Eliporto. Er verbindet mit Neapel-Statione-Maritima, der Überseebrücke und dem Flughafen Capodichino im Norden der Stadt und mit Capri. Für Inselrundfahrten verkehren nach Fahrplan Vaporetti, kleinere Passagierschiffe und Mietmotorboote. Ausgangspunkte sind Porto, S. Angelo und Casamicciola. Für Inselrundfahrten an Land verkehren die Autobusse der S.E.P.S.A., die von Porto aus bergseits über Ponte, Barano bis Panza pendeln und in der entgegengesetzten Richtung bis S. Angelo, wo sie wenden, um auf der Rückfahrt in Panza Anschluß an die Gegenlinie zu bieten. Weitere Strecken verbinden Fiaiano, Maronti und Citara, auch existiert ein eigener Ortsverkehr Casamicciola–Lacco Ameno mit Einschluß der oberen Zonen sowie eine Speziallinie, die Casamicciola-Bagni und La Rita direkt mit Citara verbindet. Sonderbusse der Touristenbüros fahren täglich 8 Uhr und 14 Uhr zu den Thermalbädern Poseidongärten in Citara und Apollon in S. Angelo. Regelmäßige Gesellschaftsbusfahrten um die Insel, »Giro dell'Isola«, werden von der Firma Di Meglio vom Ufficio Turistico Romano und von der Epomeo Travel & Co. organisiert. In Ischia gibt es außerdem sechs Autoverleihfirmen, Autonoleggi. Rund um die Insel pendeln ständig Taxis, Mikrotaxis und Carrozzellen, Pferdekutschen, die sich anbieten. Mehrere Unternehmen organisieren darüber hinaus kombinierte Ausflugsfahrten nach Neapel mit Rundfahrt durch die Solfatara: über Neapel nach Herculaneum und Paestum; über Neapel nach Pompeji, Amalfi und Via Positano und Sorrent zurück; über Neapel und Pompeji auf den Vesuv; nach Capri und Annacapri. Es gibt sogar eine Zweitagetour mit Besichtigung von Pompeji, Amalfi, Sorrent und Capri sowie Zwei- bis Viertagetouren nach Rom und schließlich Ischia bei Nacht mit Sesselliftfahrt, Besichtigungen und Tavernenbesuch. Auch S. Angelo offeriert Ausflugsfahrten, so zum Beispiel per Schiff direkt über Torre del Greco nach Pompeji.

Villa Arbusto Schon Caroline von Humboldt war in dieser Blumengarten-Villa über Lacco Ameno zu Gast. Sie ist heute im Besitz des italienischen Verlegers und Besitzers der Regina-Isabella-Thermen und -Hotels, Rizzoli, des großen Förderers der Insel und Stifters des modernen Krankenhauses in Casamicciola.

Villa Bagni 33 Der Hauptstrand, der Lido von Porto d'Ischia, einer der gepflegtesten auf der ganzen Insel, mit Badeanstalt, Restaurants, Wasserski- und Ruderbootsverleih.

Villa Mezzatorre Ein weithin sichtbarer Bau über den Klippen der San-Montana-Bucht.

Villa Reale 26, 39, 65, 95 Am Hafen von Ischia Porto erhebt sich hinter einer pompejanisch blaßroten Mauer der Parkhügel mit der Villa Reale, dem ehemals königlich-bourbonischen Sommersitz. Es war dies zuvor das Privatsanatorium des bourbonischen Protomedico, des Ischitaners Francesco Buonocore, dessen Neffe Crescenzo 1786 Ferdinand IV. das Casino am damals noch geschlossenen Kratersee mit dem königlichen Fischgewässer und der kleinen Insel ablassen mußte. Ferdinand ließ die Baulichkeiten erweitern, von seinem Hofbotaniker den englischen Garten anbauen und kam nun oft mit seiner Hofgesellschaft, um hier zu jagen, zu fischen und Schwimmkuren zu nehmen. Ferdinand II., sein Enkel, hat dann von hier aus die Hafenöffnung und den Bau der Inselstraßen dirigiert.

Wanderungen Ischia ist eine einzigartige Spaziergängerinsel mit schier unerschöpflichen Wegen zwischen Weinhügeln, Dörfern, Gebirgen und Küsten. Doch nur die Hauptstraßen sind markiert. Jede Wanderung ist daher ein mehr oder weniger sportliches Unternehmen, denn sowohl die Mulipfade als auch die steilen Treppen und verstrüppten Jägersteige erfordern gute Erkundigung, feste Schuhe und oft, wenn es über Felsen oder Klippen geht, auch Schwindelfreiheit.

1. Die Südost-Nordost-Passage: Cartaromana, San Antuono, Pilastri, Fiaiano. Nun entweder zum Porto d'Ischia oder über den Monte Rotaro nach Castiglione.
2. Von Süd- nach Nordost: Von Maronti oder Testaccio über Vatoliere, Piedimonte, Fiaiano, Cretaio und Monte Taborre nach Perrone-Casamicciola.
3. Von Süd nach Nord via Candiano: Von Maronti via Terzano nach Buonopane die Cava Candiano hinauf durch die Bucete nach Bagni-Casamicciola hinunter.
   Die Candiano ist hinter Buonopane, wenn man nach Westen abbiegt, auch die Einleitung einer Tour über den Monte Jetto zum Epomeogipfel.
4. Süd-Nord-Ost-Passage: Von Maronti durch die Cavascura steil auf nach Noia oder von S. Angelo über die Via del Cugnoluongo nach Serrara und von dort bis Noia. um dann über Fontana und den Epomeoanstieg weiter an der Punta Jetto hinüber und hinunter nach Maio-Casamicciola.
5. Von Südwest nach Nordwest auf der Höhe: Von S. Angelo über Serrara und Pontano nach Calimera, danach über einen Bergweg für Schaf- und Ziegentreiber zur Bocca de Serra und jetzt entweder noch nordöstlich auf den Gipfel Pietra dell'Acqua und auf dem Grat entlang zum Epomeo oder in einer West-Nord-Umgehung durch die Falanga nach Santa Maria del Monte, wo es mehrere Abzweigungen gibt, westwärts hinunter nach Forio, nordostwärts um den Monte dell'Uomo durch die Wälder der Pera Bassa nach Fango und Lacco Ameno.
6. Von Südwest nach Nordwest im Flachen: Ein Querfeldeinspaziergang schlängelt sich auf der Höhe Panzas nach Forio-Monterone und über den Cavalaro nach Lacco Ameno hinunter.
7. Von Südwest nach Nordost: Sowohl von Panza als auch von Citara aus kann man die Via Vagnulo erreichen. Sie zweigt unterhalb der Häuser an der Bergstraßenschleife von Ciglio

nach Nordwesten ab und verläuft als Höhenweg unter den Felswänden zum Waldgebiet Frassitelli und daran anschließend auf die Falanga zu, von wo aus man entweder nordwärts über den Monte dell'Uomo nach Maio-Casamicciola hinunterkommt oder ostwärts über eine steile Stiege zum Epomeogipfel gelangt.

8. Die Ostwestpassagen: Alle Längsdurchquerungen der Insel sind bedeutend strapaziöser, denn der Breite nach mißt die Insel nur 6, längs jedoch über 10 km. Wählt man Ischia Ponte als Ausgangspunkt, dann folgen auf dem Weg zuerst San Michele, San Antuono, di Pilastri, Fiaiano. Von Porto aus geht man direkt nach Fiaiano und hierauf zum Monte Toppo. Von dort geht es über die Höhen zum Colle Jetto, auf den Punta Jetto und weiter zum Monte Epomeo, auf dem Abstieg durchquert man erst die Falanga, erreicht Santa Maria del Monte und nach beschwerlichen Treppen wieder ein San Antuono im Vorfeld Forios. Der Epomeo läßt sich aber auch nordwestlich umgehen. Dann kommt man hinter dem Monte Jetto bei Fango über Lacco Ameno heraus oder, wenn man durch die Bucete absteigt, in Maio-Casamicciola.
9. Die andere Alternative könnte entgegengesetzt in Citara oder Panza beginnen, über die Vagnulo oder über Serrara-Fontana den Epomeo erreichen und nach der Route Monte Toppo zur Carusiello und zwischen dem Fondo d'Oglio und dem Monte Maschiata wieder zum Montagnone hinaufführen, von wo aus man mit der Seilbahn nach Porto d'Ischia abfahren kann.
10. Zu den schönsten Wanderwegen im Nordosten der Insel gehören alle, die sich um den Monte Torone und Campagnano ziehen. Am beliebtesten ist dort der Weg über der Küste von Campagnano zu der kleinen Siedlung von Mormile zur Landzunge von der Punta S. Pancrazio und entlang der Steilküste des ehemaligen Kraterrandes der Scarrupata zum Monte Cotto, dem Cap von Testaccio.
11. Doch auch die kleineren Wege lohnen sehr. Zum Beispiel von Molara hinter den Pilastri auf der Straße Ischia–Barano zur Kuppelkapelle von Montevergine, talauf zur Steilküste des Monte Barano und hinaus auf die Halbinsel S. Pancrazio. Zurück kann man zu den Häusern Chiummano gehen und beim kleinen Weiler Vatoliere nach Testaccio abbiegen.
12. Ein weiterer großer Spaziergarten liegt im Süden zwischen S. Angelo und der Amalfitana über der Citarabucht. Es ist eine wilde Weinberg- und Schluchtenzone. Besonders reizvoll ist der Weg von Panza über den Monte zum Strand Soliceto zwischen Punto Chiarito und Capo Negro. Hinter dem Friedhof von Panza kann man auf die Guardiola oder La Cima steigen und westlich davon auf etwas waghalsigem Steg die Höhlenschluchten und Buchten der Spadera mit der immensen Grotta di Mavone erkraxeln. Bleibt noch der Weg über den Cacciatore und über die Hügelkette zum Leuchtfeuer Punta Imperatore und anschließend die Amalfitana herab auf die Hauptstraße Panza–Cuotto–Forio.
13. Eine der schönsten und größten Touren auf Ischia verläuft entlang der Küste, lungo mare, die man ganz aber wohl nur im Frühjahr oder im Herbst unternehmen sollte; man kann sie aber auch in einzelne Abschnitte unterteilen. Ausgangspunkt ist Ischia Ponte. Von dort geht es zum Cimitero Vecchio, dem alten Friedhof, zu den S.-Anna-Felsen und über einige Stiegen zum Strand der Cartaromana, um von hier ziemlich steil nach Campagnano aufzusteigen. Die Tour geht nun auf dem beschriebenen Weg bis Testaccio, von dort über die Kirche von S. Giorgio auf dem alten Fußweg durch die Cava Acquara zum Strand von Maronti. Von da ab verschwindet der Weg in der Cavascura, zieht sich über der Marontiküste nach S. Angelo-Succhivo und Panza hin. Der nächste Richtpunkt ist der Leuchtturm auf dem Capo Imperatore. Dort geht es weiter entlang der Küste von Citara nach Cuotto und oberhalb der Cava dell'Isola auf dem Küstenweg schließlich nach Forio.
14. Auch der Nordwesten hat sein besonderes Spaziergelände. Es umfaßt die Landschaft, die durch die alte Bourbonenstraße zwischen Forio und Casamicciola verbunden wird, sowie den Komplex der Vulkanzone des Zaro und des Monte Vico bei Lacco Ameno.
15. Nicht weniger interessant sind die Wald- und Weinbergzonen der Pera und das Gelände, das sich über Casamicciola bis zum Monte Rotaro hinzieht. Alle diese Wege teilen sich in nicht gar zu beschwerliche Rundgänge auf.
16. Als großer Wanderweg durch die Nord-Ost-Region empfiehlt sich die Straße von San Francesco hinauf zum Capo Caruso, rund um den Zaro bis zu den Stufe di San Lorenzo. Dort über die neue Verbindungsstraße an der Villa Arbusto zur Pannella und hinauf zur Piazza Fango, wo man über die Borbonica nach Casamicciola gelangt.
17. Hauptzielpunkt aller Wanderungen auf Ischia ist aber der Monte Epomeo. Er liegt im Kreuzpunkt mehrerer Überquerungen von Küste zu Küste, kann also von allen Seiten her bestiegen werden. Der Hauptweg beginnt in Fontana auf 450 m, ist 3,4 km lang und zu einem Teil asphaltierte Straße. Beliebt sind auf diesem Weg Gipfelritte mit Mulis aus Fontana. Von Forio aus führt die Direttissima über Santa Maria del Monte durch die Falanga und eine Serpentinenstiege. Etwas länger und nicht weniger beschwerlich ist der Anmarsch von Lacco Ameno über Fango durch die Waldschluchten des Montagnone auf der Via Cratica und den Falangadurchstieg. Doch nimmt man für gewöhnlich von dort die Route, die auch von Casamicciola eingeschlagen wird und östlich um den Capo dell'Uomo und Monte Jetto herum in den Aufstieg von Fontana her einmündet. Zwei andere Wege von Norden verbinden entweder über Piazza Maio via Pera und den Sentiero dello Jetto oder über Bagni-Casamicciola via Buceto mit dem Gipfel.

Die Fotos auf den Seiten 13 oben, 14 oben und unten links, 27 unten, 28 oben, 48, 53 oben, 54 oben und unten rechts, 61 unten, 62 Mitte, 70, 78 unten links und Mitte stammen von Artur Kulak, München, alle übrigen von Aladar von Wesendonk